For Vanessa and Hugh,
with much affection and love,
Tom

De la dignité humaine

De la dignité humaine

THOMAS DE KONINCK

Presses Universitaires de France

ISBN 2 13 046873 X

Dépôt légal — 1re édition : 1995, mai

© Presses Universitaires de France, 1995
108, boulevard Saint-Germain, 75006 Paris

A Christine

Chaque être humain est unique au monde

> « ... Nothing is but what is
> not. »
>
> *(Macbeth,* I, III, 141.)
>
> « And you all know security
> Is mortals' chiefest enemy. »
>
> *(Macbeth,* III, V, 32-33.)

1 / Tout être humain, quel qu'il soit, possède une *dignité* propre, inaliénable, au sens non équivoque que Kant a donné à ce terme : ce qui est au-dessus de tout prix et n'admet nul équivalent, n'ayant pas une valeur relative, mais une valeur absolue. Ce livre voudrait contribuer à le faire entrevoir en orientant le regard vers un peu de cette humanité qui passe infiniment l'homme, conformément au mot de Pascal. Les obstacles sont redoutables, mais la tâche s'impose aujourd'hui comme sans doute jamais auparavant, pour des raisons multiples[1].

Notre temps est passé maître dans l'invention de catégories permettant d'immoler « à l'être abstrait les êtres réels », selon la juste formule de Benjamin Constant, et en particulier d'exclure tels ou tels humains de l'humanité. Faut-il le répéter, « nos criminels ne sont

---

1. « Rien n'est que ce qui n'est pas » (Shakespeare, *Macbeth,* I, III, 141, trad., Maurice Maeterlinck) ; « Et, vous le savez toutes, la sécurité est la plus grande ennemie des mortels » *(Macbeth,* III, V, 32-33). D'autre part, cf. respectivement, Emmanuel Kant, *Fondements de la métaphysique des mœurs,* deuxième section, trad. franç., in *Œuvres philosophiques,* II, Pléiade, Paris, Gallimard, 1985, p. 301-303 ; dans l'édition de l'Académie de Berlin (AK), t. IV, 434-436 ; Pascal, *Pensées,* Brunschwicg (B) 434 ; Lafuma (L) 131 : « (...) apprenez que l'homme passe infiniment l'homme (...). » Afin d'alléger les notes, nous avons très souvent omis les références aux éditions des textes en langues étrangères, sauf lorsqu'elles s'imposent, ou que les traductions françaises sont soit inexistantes soit, quant à nous, inconnues. Les traductions sont de nous quand il n'y a pas d'autre indication.

plus ces enfants désarmés qui invoquaient l'excuse de l'amour. Ils
sont adultes, au contraire, et leur alibi est irréfutable : c'est la philosophie qui peut servir à tout, même à changer les meurtriers en
juges ». Au crime banal s'est ajouté le crime que Camus appelait
« logique » : « Dès l'instant où le crime se raisonne, il prolifère
comme la raison elle-même, il prend toutes les figures du syllo-
gisme. » En réalité, laissée à elle-même, déracinée du concret, la raison se mue facilement en déraison — « de beaucoup le plus grand de
tous les malheurs qui puisse frapper un mortel », disait déjà
Sophocle[1].

Ainsi, des idéologies ont autorisé, au XXᵉ siècle, des humains à
torturer et à exterminer massivement, par millions, d'autres
humains, en gardant « le regard clair »[2]. Voici que telle idée de l'humanité sert à justifier, à rendre logiquement louables, les actes pourtant les plus vils. Rappelons ce décret de Nuremberg : « Il existe une
différence plus grande entre les formes les plus inférieures appelées
humaines et nos races supérieures qu'entre l'homme le plus inférieur
et les singes d'ordre plus élevé. »[3] Selon l'idéologie nazie, certains
hommes, les Slaves et quelques autres, étaient des « sous-hommes »,
d'autres, les Juifs, étaient « non-hommes », c'est-à-dire n'appartenaient pas à l'espèce humaine. Adorno a écrit : « Dans les camps, ce
n'était plus l'individu qui mourait, mais l'exemplaire. » Jean-Luc
Nancy commente excellemment : « Nous savons [que le libre et
résolu renoncement à la liberté] peut aller jusqu'à l'horreur absolue
d'une "humanité" (se voulant "surhumaine") exécutant exemplaire-
ment toute une autre partie de l'humanité (déclarée "sous-

---

1. Cf., respectivement, Benjamin Constant, De l'esprit de conquête et de l'usurpation, dans
De la liberté chez les modernes, textes choisis, présentés et annotés par Marcel Gauchet, Paris,
Hachette, coll. « Pluriel », 1989, p. 151 ; Albert Camus, L'homme révolté, in Essais, Paris, Gallimard, « Pléiade », 1972, p. 413 ; et Sophocle, Antigone, texte établi par Alphonse Dain, traduit par
Paul Mazon, Paris, Les Belles Lettres, 1955, v. 1242-1243. Voir aussi Hannah Arendt, Le système
totalitaire, trad. franç., Paris, Seuil, coll. « Points », 1972, p. 215 sq.
2. Alexandre Soljénitsyne, L'archipel du Goulag, Paris, Seuil, 1974, t. 1, p. 132.
3. Cf. Mortimer J. Adler, The Difference of Man and the Difference it Makes, New York,
Holt, Rinehart & Winston, 1967, p. 264 : or, comme l'écrit Adler après avoir cité cette phrase :
« Qu'y a-t-il de mauvais en principe dans les politiques nazies à l'endroit des Juifs et des Slaves si
ces faits sont corrects et si les seules différences psychologiques entre les hommes et les autres animaux sont des différences de degré ? »

humaine"), afin de se définir elle-même comme l'*exemplum* de l'humanité. C'est Auschwitz. »[1] Le crime contre l'humanité germe dans les cœurs, dans les concepts et les mots avant de passer aux actes. Il faudrait être bien naïf, ou niais, pour douter encore, de nos jours, de l'impact de la pensée — ou de ce qu'on fait passer pour de la pensée — sur l'agir humain. La question d'Adorno doit être sans cesse posée à nouveau : comment pense-t-on, ou ne pense-t-on pas, après Auschwitz, certes, mais aussi avant[2].

Ce qui n'implique pas qu'il faille oublier pour autant la part de ressentiment, de haine de soi et de l'autre, dans ces réductions dépréciatrices et les crimes qu'elles engendrent. Dans le nihilisme, selon la pensée prémonitoire de Nietzsche, la volonté de puissance est « le réducteur absolu (par le pouvoir, l'idéologie, la technique et le désir) de tout acte moral », se voulant elle-même seule, en affirmant l'Eternel Retour du Même[3].

« Pour les Serbes, les Musulmans ne sont plus humains », d'après un compte rendu des conflits en Bosnie que cite Richard Rorty. A leurs propres yeux pourtant, note ce dernier, « ils ne sont pas inhumains, mais ils établissent plutôt une distinction entre les véritables humains et les pseudo-humains (...) Les Serbes se considèrent comme agissant dans l'intérêt de la véritable humanité en purifiant le monde d'une pseudo-humanité »[4]. L'histoire dira mieux si, ou dans quelle

---

1. « C'est-à-dire l'exemplaire d'un *type* (« racial » en l'occurrence), d'une Idée, d'une figure d'essence (en l'occurrence le Juif ou le Tzigane comme essence d'une non-essence ou d'une sous-essence humaine) » (Jean-Luc Nancy, *L'expérience de la liberté*, Paris, Galilée, 1988, p. 21, voir aussi p. 157 sq).

2. Cf. Theodor W. Adorno, *Dialectique négative*, trad. franç., Paris, Payot, 1978, p. 283-288. Voir en outre Gabriel Marcel, *Les hommes contre l'humain*, nouv. éd., préface de Paul Ricœur, Paris, Editions Universitaires, 1991, en particulier le chapitre intitulé « L'esprit d'abstraction, facteur de guerre », p. 97-102; et Alain Finkielkraut, *La sagesse de l'amour*, Paris, Gallimard, coll. « Folio », 1984, p. 95-101, sur l'exécution de Germana Stefanini par la section romaine des Brigades rouges en 1983. « Ils poussent à son paroxysme le mouvement de réduction interprétative : chacun est absorbé dans sa fonction et comme cloîtré dans sa classe ; tous les visages disparaissent derrière les principes qu'ils incarnent » (p. 98).

3. Cf. Jean-Luc Marion, La liberté d'être libre, in *Prolégomènes à la charité*, Paris, La Différence, 1986, p. 45-67, spécialement 56, 60 et 63.

4. Cf. Richard Rorty, Human Rights, Rationality and Sentimentality, in *On Human Rights*, The Oxford Amnesty Lectures, 1993 (éd.), Stephen Shute and Susan Hurley, New York, Basic Books, 1993, p. 112 sq., citant David Rieff, Letter from Bosnia, *New Yorker*, 23 novembre 1992, 82-95.

mesure, cette accusation contre les Serbes est exacte. Force est cependant de reconnaître, en toute idéologie de « purification ethnique », ici comme ailleurs, des maximes évoquant Auschwitz, qui ainsi se répète et est appelé à se répéter à mesure que se perd la conscience de la dignité inaliénable de tout être humain quel qu'il soit[1]. Cette conscience s'est perdue au même degré dans les massacres inqualifiables perpétrés au Cambodge par des Khmers rouges formés par le marxisme des années 60, dans le génocide arménien, et dans trop d'horreurs semblables au XXᵉ siècle, la plus récente étant, au moment où nous écrivons ceci, le massacre systématique de centaines de milliers d'humains, pour ne pas dire davantage, en quelques semaines au Rwanda[2]. Tout cela suppose un égal mépris de l'humain en tant que tel — ou la même nuit de la conscience à son égard. Or il n'est rien dans cette logique de vengeance qui puisse faire que cela cesse, voire ne s'amplifie.

2 / Toutes les formes de rejet hors de l'humanité d'une partie de l'humanité par une autre méritent d'autant plus d'être qualifiées de barbares — ou, selon le droit des gens, de « crimes contre l'humanité » — qu'elles violent le principe de réciprocité, car celui qui rejette, ou extermine, est aussi un homme. La « règle d'or », autour de laquelle les sagesses s'accordent depuis longtemps et qui est fréquemment citée en éthique contemporaine, n'en est pas moins défiée

1. Elie Wiesel a répété souvent qu' « on n'a pas le droit de comparer quoi que ce soit à Auschwitz », témoignage que nous entendons respecter. Mais dans un texte publié en 1989, après l'avoir redit, il ajoute, à propos de la lutte pour la liberté en Union soviétique : « Depuis que j'ai découvert cette lutte, en 1965, j'y participe de tout mon être » (Elie Wiesel, Réflexions sur la liberté humaine, in *1989. Les droits de l'homme en questions*, Paris, La Documentation française, 1989, p. 31).
2. Il est clair qu'au Rwanda on aura assisté à un génocide encore, où, selon l'horrible formule consacrée, s'envisage à nouveau la « solution finale » ; cf. Alex de Waal, The Genocidal State, in *The Times Literary Supplement*, 1ᵉʳ juillet 1994, p. 3, à propos des trois ouvrages suivants, parus en 1994 : *Ethnicity and Conflict in the Horn of Africa* (éd. Katsuyoshi Fukui & John Makarkis), Londres, James Currey ; Catherine Newbury, *The Cohesion of Oppression. Clientship and Ethnicity in Rwanda, 1860-1960*, New York, Columbia University Press ; *Human Rights and Governance in Africa* (éd. Ronald Cohen, Goren Hyden and Winston P. Nagan), Gainesville, University Presses of Florida.

aujourd'hui avec une intensité croissante. On décomptait, il y a peu, une centaine de pays possédant des écoles enseignant cette forme atroce d'homicide qu'est la torture. « Ce que tu ne voudrais pas que l'on te fasse, ne l'inflige pas aux autres » (Confucius). « Comme vous voulez que les hommes agissent envers vous, agissez de même envers eux » (Jésus). A quoi fait écho à sa manière l'impératif pratique de Kant : « Agis de façon telle que tu traites l'humanité, aussi bien dans ta personne que dans la personne de tout autre, toujours en même temps comme fin, jamais simplement comme moyen. »[1] Le barbare est proprement celui qui ne peut plus reconnaître sa propre humanité.

C'est de l'humain concret qu'il s'agit. Michel Serres en offre une bonne « définition » : « Qu'est-ce que l'homme ? Je ne sais pas mais le voici. Voici le condamné à mort qui va mourir à l'aube. Voici derrière lui, effacé désormais par nos lois, celui dont l'exécution s'avance par les décrets secrets de la nature ou du hasard. Malade, il va mourir : *ecce homo*. Nous n'avons jamais eu besoin de grande philosophie pour reconnaître dans le condamné à mort désigné par le pouvoir des hommes, romain ou autre, l'homme même. »[2]

Plus l'autre apparaît différent (race, ethnie, condition sociale, mœurs, religion, âge, état de santé, patrimoine génétique...), moins l'on risque d'être disposé par sympathie naturelle à prendre fait et cause pour lui. C'est face à la différence que la justice se manifeste avant tout. Toutes les manières de liquider pratiquement autrui participent de l'injustice : racisme, sexisme, fanatisme prétendument « religieux », et le reste. Cet autre a les mêmes droits que moi du fait qu'il est humain ; on n'est pas plus ou moins « humain » en ce sens. C'est donc une perversion évidente que de prétendre, au nom de quelque scientificité par exemple, que tel humain l'est moins que soi, voire

---

1. Voir Confucius, *Les Entretiens,* liv. XV, 23 ; cf. XII, 2, p. 95 ; *Luc,* 6, 31 ; et *Matthieu,* 7, 12 ; Kant, *op. cit.,* p. 295 (AK IV, 429 ; nous citons toutefois ici la traduction d'Alain Renaut, Paris, GF, 1994, p. 108). Sur la règle d'or, cf. en outre *A Companion to Ethics* (éd. Peter Singer), Oxford, Blackwell, 1991, p. 72 (Confucius), 86-87 (Hillel l'Ancien), 95 (Jésus), 178 sq., 545 (Kant), 192 (Rawls), 460 et 545 (utilitarisme), 10-12 (Darwin) ; sur l'impératif kantien, 178 sq., et en quoi il diffère de la règle d'or, 182.

2. Cf. Préface à Jacques Testart, *L'œuf transparent,* Paris, Flammarion, coll. « Champs », 1986, p. 19.

point du tout ; et non moins une perversion que de réduire un individu humain à un groupe, à une catégorie ou à un seul caractère ; ou
de mettre au rancart ceux qui souffrent de maladies épidémiques incurables, comme aujourd'hui le sida. Et on voit mal que prétexter des
critères biologiques, génétiques par exemple, afin d'éliminer, soit à la
vérité plus innocent[1].

Le prétexte d'exclusion prend même de nos jours la forme d'un
hymne à la dignité de la personne, en une certaine « bio-éthique »
bien-pensante, où une définition de la personne est utilisée pour
exclure à la fois les fœtus et les embryons humains, les comateux ou les
déments profonds, et les enfants nouveau-nés (rendant du reste
« moralement acceptable » l'infanticide). Ce sont-là, explique-t-on, des
human non persons. Voici donc une catégorie inédite (ou qu'on croit
l'être), celle d'humains qui ne sont pas des personnes ; or comme c'est
à la personne telle qu'alors définie que reviendrait en droit la dignité,
on n'a pas à accorder à ces humains non-personnes le même respect.
« Les personnes, écrit H. Tristram Engelhardt Jr., pas les humains, sont
spéciales. Des humains adultes compétents ont une stature morale
intrinsèque beaucoup plus élevée *(much higher intrinsic moral standing)*
que les fœtus humains ou les grenouilles adultes. (...) Seules des personnes écrivent ou lisent des livres de philosophie. »[2] Il n'est pas sans
ironie que ce soit le *moral standing* — idéalement, de penseurs, aussi
longtemps qu'ils sont « en forme » en tout cas, et de leurs lecteurs pri-
vilégiés — qui tienne lieu cette fois d'*exemplum*, c'est-à-dire au bout
du compte de critère d'exclusion des autres à un rang inférieur d'hu-

---

1. Cf. Cardinal Jean-Marie Lustiger, *Dieu merci, Les droits de l'homme*, Paris, Presses Pocket,
1992, p. 93-95, 242-258, 454 sq.
2. H. Tristam Engelhardt Jr., *The Foundations of Bio-ethics*, Oxford University Press, p. 104-
105 ; cf. 106-110. La distinction entre être humain et personne est fondamentale pour Michael
Tooley, dans Abortion and Infanticide, *Philosophy and Public Affairs* 2, n° 1 (automne 1972) ; nos
renvois seront à la reprise de ce texte dans *Applied Ethics* (éd. Peter Singer), Oxford University
Press, 1986, p. 57-85. L'infanticide en question concerne les nouveau-nés (sens de *infant* en
anglais) ; il est moralement acceptable, dit Tooley, parce que le nouveau-né humain n'a pas plus
un concept de soi que n'en a un chat nouvellement né : « (...) Everyday observation makes it per-
fectly clear, I believe, that a newborn baby does not possess the concept of a continuous self, any
more than a newborn kitten possesses such a concept. If so, infanticide during a time interval
shortly after birth must be morally acceptable » (p. 83) ; cf. p. 64 ; mais aussi 66-67, 69, 76-78, 81-
85. Nous reviendrons sur ces thèses plus loin.

manité, celui de non-personnes, avec les conséquences concrètes que cela entraîne.

Il est clair qu'il faudra y revenir. S'agissant de l'enfant, fût-il nouveau-né, qu'on nous permette de préférer, en attendant, les réflexions suivantes de Jean-François Lyotard : « Dénué de parole, incapable de la station droite, hésitant sur les objets de son intérêt, inapte au calcul de ses bénéfices, insensible à la commune raison, l'enfant est éminemment l'humain parce que sa détresse annonce et promet les possibles. Son regard initial sur l'humanité, qui en fait l'otage de la communauté adulte, est aussi ce qui manifeste à cette dernière le manque d'humanité dont elle souffre, et ce qui l'appelle à devenir plus humaine. »[1]

3 / La dignité inaliénable de tout être humain s'est pourtant imposée très vite à la conscience. En Inde, les *Lois de Manu*, d'origine ancienne, vont jusqu'à reconnaître même aux plus faibles une noblesse particulière : « Les enfants, les vieillards, les pauvres et les malades doivent être considérés comme les seigneurs de l'atmosphère. »[2] Chez les Grecs, Sophocle nous fait découvrir quelque chose d'analogue dans le personnage du vieil Œdipe, aveugle et en haillons, pratiquement abandonné, déclarant : « C'est donc quand je ne suis plus rien, que je deviens vraiment un homme. »[3]

Mais la figure exemplaire à cet égard est celle de la jeune fille Antigone défendant, contre la loi de Créon, le droit du corps de son frère Polynice à la sépulture, son appartenance à une commune humanité, au nom de « lois non écrites, inébranlables, des dieux. Elles ne datent, celles-là, ni d'aujourd'hui, ni d'hier, et nul ne sait le jour où elles ont paru ». Son cadavre ne doit pas être laissé là « sans larmes ni sépulture », pâture des oiseaux ou des chiens. « J'enterrai, moi, Polynice et serai fière de mourir en agissant de telle sorte. C'est ainsi que j'irai reposer près de lui,

1. Jean-François Lyotard, *L'inhumain. Causerie sur le temps,* Paris, Galilée, 1988, p. 11-12.

2. Cité par C. S. Lewis, *L'abolition de l'homme,* trad. Irène Fernandez, Paris, Critérion, 1986, p. 189.

3. Sophocle, *Œdipe à Colone,* texte établi par Alphonse Dain, et traduit par Paul Mazon, Paris, Les Belles Lettres, 1960, v. 393.

chère à qui m'est cher, saintement criminelle. »[1] Le mort à l'état de cadavre *n'étant plus*, et entièrement à la merci des forces naturelles, les vivants ont à son endroit un devoir sacré : celui de faire en sorte que, tout cadavre qu'il soit, il demeure membre de la communauté humaine. Le symbole du rite de la sépulture le rend à nouveau présent, le restituant à la communauté humaine. Dès la nuit des temps, du reste, l'être humain ensevelit ses morts[2]. Aujourd'hui encore, nos morts sont généralement respectés, même par ceux qui ne croient pas à une après-vie.

Ce qui frappe, c'est, à mesure que naissent et s'affirment les civilisations, la place centrale qu'on y accorde à la mansuétude, au respect, à ce que René Char appelait « avoir l'imagination d'autrui ». La sagesse chinoise, par exemple, met au premier rang la « capacité de conforter les autres »[3] ; le respect des pauvres et de ceux qui souffrent est au cœur des traditions juive et chrétienne ; le Coran met l'accent sur les devoirs envers les orphelins, les pauvres, les voyageurs sans logis, les nécessiteux, ceux qui sont réduits à l'esclavage[4] ; la compas-

1. Sophocle, *Antigone,* trad. Paul Mazon ; voir respectivement, v. 26-30 (cf. 203-206), v. 453-457 ; v. 71-74 ; cf. v. 909-914 : « Un mari mort, je pouvais en trouver un autre et avoir de lui un enfant, si j'avais perdu mon premier époux ; mais, mon père et ma mère une fois dans la tombe, nul autre frère ne me fût jamais né. Le voilà, le principe pour lequel je t'ai fait passer avant tout autre » ; et v. 924 : « Ma piété m'a valu le renom d'une impie » (cf. v. 942-943). « Elle n'insiste, écrit Vladimir Soloviev, que sur son droit absolu de remplir son devoir absolu de piété et d'amour fraternel, de donner une sépulture honorable à son parent le plus proche qui ne peut l'obtenir que d'elle » (...) (*La justification du bien,* trad. T. D. M., Paris, Montaigne, 1939, p. 219 sq.). Sur l'extraordinaire fécondité de la figure d'Antigone à travers les âges, voir George Steiner, *Les Antigones,* trad. Philippe Blanchard, Paris, Gallimard, « Folio », 1992, et Giulia Paola Di Nicola, *Antigone,* Pescara, éd. Traccé, 1991. Les lignes qui suivent doivent beaucoup à Jean Ladrière.

2. Cf. Loren Eiseley, *The Firmament of Time,* New York, Atheneum, 1966, p. 113 ; André Leroi-Gourhan, *Le geste et la parole,* Paris, Albin Michel, 1964, I, p. 158 ; Karl R. Popper et John C. Eccles, *The Self and its Brain,* Berlin, Heidelberg, Londres, New York, Springer International, 1977, p. 453-454, 459-460, 466-467.

3. Selon Marcel Granet, toute la doctrine confucéenne de « la vertu suprême », le *ren* (ou *jen*), se définit comme « un sentiment actif de la *dignité humaine* », fondé sur le respect de soi et le respect d'autrui — dont elle fait au reste dériver la règle d'or ; cf. *La pensée chinoise,* Paris, Albin Michel, 1968, p. 395-398. Voir Confucius, *Entretiens* (trad. Anne Cheng, Paris, Seuil, coll. « Points Sagesse », 1981), XII, 22 ; cf. VI, 23 ; IV, 15 ; et Chad Hansen, Chinese classical ethics, dans *A Companion to Ethics,* (éd. Peter Singer), Oxford, Blackwell, p. 71-72.

4. Cf. *I Rois* 21 ; *Isaïe,* 58, 6-10 ; *Deutéronome* 15, 1-15 ; 24, 10-15 ; 26, 12 ; *Proverbes* 14, 21 ; 17, 5 ; 22, 22-23 ; 23, 10-11 ; *Matthieu* 5, 3-12 ; *Luc* 6, 20-26 ; 10, 29-37 ; *Marc* 12, 41-44 ; *Luc* 16, 19-25 ; *Matthieu* 25, 31-46 ; et Azim Nanji, Islamic Ethics, in *A Companion to Ethics, op. cit.,* p. 108 sq.

sion est un des deux idéaux principaux du bouddhisme[1]. On ne trouverait guère d'exception à une énumération plus complète ; l'unanimité foncière à cet égard de traditions et d'expériences de vie, de sagesses et de religions, si différentes d'autre part, est impressionnante. D'où vient donc cette reconnaissance d'une noblesse spéciale du déshérité, de l'opprimé, de la victime, de ceux qui sont en situation de faiblesse, de « tous ceux qu'on oublie avec soin » ? Quel pourrait bien être le sens d'une dignité du pauvre, de celle ou de celui qui n'a rien du tout, à peine parfois la vie biologique elle-même — voire des restes humains ?

N'y aurait-il pas là, au contraire, un leurre, quelque vieille superstition, de simples belles paroles, bien lassantes de surcroît, masquant en vérité l'absence d'argument quand on ne sait plus que dire pour défendre ce qui est humain[2] ? En ce cas, s'en débarrasser ne constituerait-il pas un progrès évident dans le processus de la civilisation, et non une régression barbare, in-humaine, comme d'aucuns le croient toujours ? L'affirmation de cette dignité n'expose-t-elle pas en outre au reproche de postuler un universel abstrait, appelé « nature humaine », qui n'existe tout simplement pas ?

Rien de tel pourtant chez Antigone. Son jugement est d'ordre éthique et non un simple jugement de fait plaçant un singulier sous une catégorie. Il a la forme d'un engagement : je dis que le cadavre de mon frère mérite tous les honneurs dus à un être humain et c'est mon devoir d'agir en conséquence, même au prix de ma vie.

Ainsi y a-t-il lieu de se demander, avant toute autre forme d'argumentation, si, en des cas d'éthique médicale comme ceux que nous avons mentionnés, l'exemple d'Antigone (ou d'autres qui lui ressemblent) doit être considéré comme dépassé. Ce n'est pas ce que suggère l'expérience ordinaire. Ce vieillard dément, par exemple, est la plupart du temps reconnu comme une personne par ses enfants ; même s'il n'y

---

1. Sur la sagesse et la compassion dans le bouddhisme, voir l'excellent résumé de R. E. Florida, dans Buddhist Approaches to Abortion, in *Asian Philosophy,* vol. 1, n° 1, 1991, p. 39-50.

2. Tel est bien ce que prétend Peter Singer, par exemple, pour qui la « dignité humaine » n'est qu'une de ces « belles expressions » *(fine phrases)* sur lesquelles se rabattent en dernière instance ceux qui sont à court d'arguments *(who have run out of arguments)* ; cf. sa pièce d'anthologie, All Animals Are Equal, in *Applied Ethics* (éd. Peter Singer), Oxford University Press, 1986, p. 227-228.

a pas communication effective, il y a relation à autrui du simple fait qu'eux le reconnaissent. Plus difficile, certes, est la reconnaissance pour l'embryon, car il est « sans figure, sans visage ». Pour d'autres aussi, que la maladie ou la cruauté ont rendus méconnaissables : « Tant son aspect était défiguré — il n'avait plus d'apparence humaine.»[1] Il n'empêche qu'en réalité, comme vient de le faire ressortir Ronald Dworkin, la « valeur intrinsèque, sacrée », de la vie humaine sous toutes ses formes est reconnue par la plupart d'entre nous[2].

Le mort que défendait Antigone est un cas limite. Ceux-là sont en revanche tous des vivants, dont les potentialités, le pouvoir-être, la « propension » (Popper) sont effectivement présents ; non plus de manière symbolique, mais en fait, comme lorsque nous dormons, par exemple ; la plus grande partie de chacune de nos existences individuelles, y incluant notre mort à tous, n'est-elle pas de toute façon, à chaque instant, virtuelle, et l'immédiat actuel infime en comparaison[3] ? Quoi qu'il en soit, le point crucial semble bien être l'obligation d'intégrer à la communauté humaine tous ceux qui y ont droit, de par leur humanité. Un exemple devrait suffire pour l'instant : les malades mentaux, prétendront certains, n'apportent rien à la communauté humaine (ce qui est déjà on ne peut plus discutable) ; des éclairs pour-

---

1. Cf. Dominique Folscheid, L'embryon, ou notre-plus-que-prochain, in *Ethique*, n° 4, printemps 1992, p. 20-43, spécialement 25 ; et *Isaïe*, 52, 14.

2. Cf. Ronald Dworkin, *Life's Dominion. An Argument about Abortion, Euthanasia, and Individual Freedom*, New York, Alfred A. Knopf, 1993, p. 11-13 et *passim* ; sur la dignité, p. 233-241. Selon Dworkin, la profondeur des désaccords autour de l'avortement et de l'euthanasie révèle à quel point « la sainteté et l'inviolabilité de chaque étape de chaque vie humaine sont prises au sérieux ». « Dignity — which means respecting the inherent value of our own lives — is at the heart of both arguments. We care intensely what other people do about abortion and euthanasia, and with good reason, because those decisions express a view about the intrinsic value of all life and therefore bear on our own dignity as well » (p. 238-239).

3. Marcel Conche fait une différence entre le fœtus (qu'il préfère appeler l' « enfant intra-utérin ») et le vieillard : le premier illustrant une puissance manifeste, le second point, parce qu'il est parvenu à la fin de ses jours, la puissance ne valant que pour l'avenir (cf. *Le fondement de la morale*, Paris, PUF, 1993, p. 53-54). Cette distinction ne tient cependant pas compte de l'après-vie à laquelle croient, diversement il est vrai, de nombreux humains de toutes cultures et religions. Qu'on croie ou non soi-même à l'immortalité de l'âme, voire à la résurrection des corps comme les chrétiens, on doit respecter ces croyances comme les autres, nous semble-t-il. « Car personne ne sait ce qu'est la mort, et si elle n'est pas justement pour l'homme le plus grand de tous les biens » (Platon, *Apologie de Socrate*, 29 a-b, trad. Anissa Castel Bouchouchi). Or dans l'hypothèse d'une après-vie, le vieillard est tout aussi en puissance que le fœtus ; de même le patient en état végétatif prolongé, le dément profond et les autres cas inapparents.

tant — ainsi les prodiges d'amitié dont ils sont capables — trahissent leur appartenance à la communauté humaine qu'ils ne peuvent eux-mêmes revendiquer. Au niveau de l'expérience personnelle concrète, qui ne voit que réduire l'être humain au purement fonctionnel, au point de favoriser son élimination lorsqu'il ne satisfait pas à ce critère, est affaire de barbarie ?

4 / Loin de donner tort à la « civilisation » dans les attitudes que nous venons de remettre rapidement en mémoire — et contrairement à ce qu'on peut être tenté de croire, avec de bons motifs d'ailleurs comme nous verrons — le fait est que les acquis de la culture au sens large et riche du terme, rendent plus manifeste et plus étonnante la grandeur humaine, sans toutefois dissiper le mystère. Les arts, la littérature, les sciences, la théologie et la philosophie offrent en réalité des richesses immenses sur l'humain. C'est ce que nous voudrions laisser voir, puisant en outre dans « cette simplicité des Grecs qui nous ont montré à peu près toutes les idées vraies et ont laissé aux scrupules modernes le soin de les approfondir » (Marcel Proust)[1]. Si nous ne puisons qu'à peine, en comparaison, dans les philosophies orientales, c'est faute de connaissances adéquates de notre part ; les recherches récentes révèlent combien l'on perd en ne se tournant pas davantage vers elles et combien d'idées reçues à leur sujet sont fausses, autour du soi et du moi notamment[2].

Afin d'éviter toute espèce de malentendu, un bref rappel relativement à la signification de ces deux mots, « civilisation » et « culture », est nécessaire. *Civilisation* est à entendre ici au sens dérivé du verbe *civiliser* en son acception courante : « Faire passer une collectivité à un état social plus évolué (dans l'ordre moral, intellectuel,

---

1. Marcel Proust, *Sur la lecture* (1905), Paris, Actes Sud, 1989, p. 29.
2. Pour ne citer ici que l'exemple de l'Inde, voir Roger-Pol Droit, *L'oubli de l'Inde. Une amnésie philosophique*, Paris, PUF, 1989 ; P. T. Raju, *Structural Depths of Indian Thought*, State University of New York Press, 1985 ; Michel Hulin, *Le principe de l'ego dans la pensée indienne classique. La notion d'ahamkāra*, Paris, Collège de France, Institut de civilisation indienne, 1978. Voir d'autre part Robert E. Carter, *Becoming Bamboo, Western and Eastern Explorations of the Meaning of Life*, Montréal et Kingston, McGill-Queen's University Press, 1992.

artistique, technique) ou considéré comme tel » (Robert). Mais on peut retenir aussi l'acception qu'a *civiliser* dès le XVIᵉ siècle : « Mener à la civilité, rendre civiles et douces les mœurs et les manières des individus. » D'après la belle étude de Jean Starobinski, en 1756, le marquis de Mirabeau, père de l'orateur révolutionnaire, « est le premier en France à utiliser *civilisation* dans le sens non juridique qui devait rapidement faire fortune ». « Pour les individus, les peuples, l'humanité entière, il désigne d'abord le processus qui en fait des *civilisés* (terme préexistant), puis le résultat cumulatif de ce processus. » Selon Guizot (1828), on reconnaît la « civilisation » à deux signes : à l'amélioration de « la condition extérieure de l'homme » et « partout où la nature intime de l'homme se montre avec éclat, avec grandeur ». Nous n'entendons donc pas ici ce mot au sens où on l'opposera expressément à « culture » — dans le monde germanique, dès le début du XIXᵉ siècle — sens péjoratif qui sera rendu célèbre par Nietzsche, Thomas Mann et Oswald Spengler, où il devient synonyme d'embourgeoisement et de répression. Jean Starobinski constate que les diverses acceptions du mot sont aujourd'hui « toutes également fatiguées. L'usure est manifeste »[1].

L'excellent mot *culture* met d'emblée sous les yeux non pas quelque modèle artificiel, extérieur, mais bien plutôt le seul modèle qui convienne, celui de l'organisme vivant, « qu'on ne mesure pas comme on mesure, grossièrement, les choses », mais qui fournit plutôt lui-même « l'aune de cette mesure », comme le remarque Goethe avec bonheur. Il suggère la continuité de croissance propre à la vie, l'autonomie certes, mais aussi une certaine fragilité et la dépendance par rapport au milieu. L'acception retenue ici est en un mot celle, consacrée depuis Cicéron, de *cultura animi* ; c'est-à-dire le plein épanouissement, non plus de l'arbre seulement, mais de l'esprit humain lui-même — incluant, bien entendu, le cœur — au meilleur de ses potentialités : « Un champ, si fertile qu'il soit, ne peut être productif sans culture, et c'est la même chose pour l'âme sans enseignement, tant il est vrai que chacun des deux facteurs de la production est

1. Voir Jean Starobinski, Le mot *civilisation*, in *Le remède dans le mal. Critique et légitimation de l'artifice à l'âge des Lumières*, Paris, Gallimard, 1989, p. 11-59 ; spécialement 11, 13-15, 48-53.

impuissant en l'absence de l'autre. Or la culture de l'âme, c'est la philosophie » (Cicéron)[1].

On peut aussi rappeler que, sur un plan plus strictement intellectuel, un idéal culturel précieux, hérité des Grecs, celui du *pepaideumenos*, est censé nous avoir appris à distinguer ce qui est vraiment su de ce qui ne l'est pas encore, ou ne peut l'être par les méthodes habituelles ; à être conscients du fait que, loin d'être univoques, les critères de validité ou de pertinence diffèrent parfois du tout au tout selon les disciplines (la science et la rhétorique, par exemple), les ordres de discours, d'expérience, ou de réalité ; que la culture de l'esprit, en bref, se manifeste par le discernement, et l'inculture par un sot réductionnisme, avec son cortège d'intolérances et d'inerties. Dans les termes de Whitehead : « La culture est activité de pensée, et réceptivité à la beauté et au sentiment humain. Des bribes d'information n'ont rien à y voir. Un homme simplement bien informé est le pire raseur sur la terre de Dieu. Ce que nous devrions viser à engendrer, ce sont des êtres possédant à la fois de la culture et de l'expertise en quelque direction spéciale. »[2]

La sensibilité esthétique et morale, et le discernement intellectuel en question, sont d'autant plus indispensables maintenant que la diversité des cultures, et des œuvres de culture, est rendue plus évidente à la faveur des progrès technologiques. Les œuvres de culture ont en commun d'offrir des significations et du sens à la destinée humaine, même quand c'est pour nier un sens immédiat au profit d'un autre ou d'un non-sens apparent qui en tiendra lieu et ne tardera pas à être lui aussi dépassé. Les meilleures d'entre elles survivent souvent à ceux qui les ont créées, voire aux sociétés où elles ont vu le jour. Non seulement attestent-elles la grandeur de l'esprit humain, mais elles contribuent de manière essentielle à la cohésion des communautés et à leurs traditions.

---

1. Cf., respectivement, J. W. Goethe, Studie nach Spinoza, in *Sämtliche Werke*, Artemis-Ausgabe, vol. 16, p. 840-841 ; Cicéron, *Tusculanes*, II, 4, 13, trad. Jean Humbert, Paris, Les Belles Lettres, 1960. Le mot chez Cicéron est non pas *anima*, « âme », mais *animus*, qui désigne plus strictement l'esprit et s'applique au « cœur », en tant que siège du courage, des passions, du désir, ajoutant la dimension affective et morale à la dimension intellectuelle.

2. Cf. Aristote, *Politique*, III, 11, 1282 *a* 3-7 ; *Les parties des animaux*, I, 1, 639 *a* 4 sq. ; A. N. Whitehead, *The Aims of Education*, New York, Macmillan, 1929 ; Mentor Books, p. 13-15.

On ne saurait surestimer, en un mot, le rôle de médiation — de sens et d'humanité à la fois — de la culture[1].

Les impostures ne manquent pas cependant, là non plus, à commencer par l'inflation de commentaires et de critiques faisant écran aux œuvres — « de non-lectures préfabriquées qui transforment un texte en prétexte » — que George Steiner dénonce avec verve. La « présence réelle » de sens jamais épuisés s'incarne dans les chefs-d'œuvre eux-mêmes, le poème avant le commentaire, même si ce dernier pourra être quelquefois créateur et génial à son tour. Χαλεπὰ τὰ καλά, « le beau est difficile », répète Platon. Le jargon vide, le verbalisme cancéreux qu'on lui préfère, « la dévaluation méthodique de la parole », font craindre une civilisation « après le mot ». Il ne faut pas se cacher qu'au lieu d'offrir des solutions, la « culture » risque de s'avérer le problème quand on y substitue le contraire. « Nous savons maintenant que si le Verbe "était au commencement", il peut aussi être à la fin : qu'il y a un vocabulaire et une grammaire des camps de la mort, que les explosions thermonucléaires peuvent être désignées sous le nom d' "Opération Soleil". C'est comme si l'attribut quintessentiel, celui qui identifie l'homme — le *logos*, l'organon du langage — s'était brisé dans nos bouches. »[2]

« Culture de l'esprit » et *philosophie* — mot qui signifie d'abord, rappelons-le car on l'oublie vite, « aimer », *philein*, la « sagesse », *sophia,* et non y prétendre comme le sophiste — ne font idéalement qu'un, pour nous comme pour Cicéron qui parle ici en héritier de la tradition grecque. Une commune urgence les anime. Rien n'est plus faux, et

---

1. Cf. Fernand Dumont, *Le lieu de l'homme. La culture comme distance et mémoire*, Montréal, Ed. Hurtubise, 1971 ; *Le sort de la culture*, Montréal, Ed. de l'Hexagone, 1987 ; et Jean Ladrière, Nature et culture, approche philosophique, in *Le Supplément*, n°s 182-183, octobre-décembre 1992, p. 195-215, spécialement 208-215. Marc Augé fait sur ces dernières décennies l'observation suggestive que voici : « Ce qui est nouveau, ce n'est pas que le monde n'ait pas, ou peu, ou moins de sens, c'est que nous éprouvions explicitement et intensément le besoin quotidien de lui en donner un : de donner un sens au monde, non à tel village ou à tel lignage. Ce besoin de donner un sens au présent, sinon au passé, c'est la rançon de la surabondance événementielle qui correspond à une situation que nous pourrions dire de "surmodernité" pour rendre compte de sa modalité essentielle : l'excès » (*Non-lieux. Introduction à une anthropologie de la surmodernité*, Paris, Seuil, 1992, p. 41-42).

2. Cf. George Steiner, *Réelles présences. Les arts du sens*, trad. Michel R. de Pauw, Paris, Gallimard, 1991, p. 12 ; et *Le sens du sens*, trad. Monique Philonenko, préface de Raymond Polin, postface de Alexis Philonenko, Paris, Vrin, 1988, p. 48-49; aussi 59-63.

néfaste, qu'une vue parcellaire, abstraite par conséquent, de la vie et de l'être, de l'être humain en particulier, qui se fait réductrice. Si merveilleuse qu'elle puisse se révéler en elle-même, dès qu'elle s'isole et se porte à l'absolu, la vision du spécialiste, quel qu'il soit, s'entache d'erreur. Depuis Pythagore, des philosophes se sont reconnu la tâche de reconduire le regard vers la totalité, le tout concret, lieu de vérité et, inéluctablement, de décision. Ce qui n'exclut pas mais au contraire implique aujourd'hui qu'on fasse appel à l'expertise, au questionnement, au témoignage de spécialistes de métiers et de compétences très variées, et non pas seulement à ceux qui font profession de philosophie.

La tâche du philosophe est bien toujours, en outre, de s'efforcer à clarifier ; cela a été vrai pour toute la philosophie classique, et les écoles philosophiques contemporaines, par-delà leurs différences parfois tout à fait majeures, se rejoignent à cet égard, dans leurs *projets* respectifs à tout le moins ; soit en élucidant le langage pour dégager la sagesse qui s'y trouve inscrite, ainsi en philosophie analytique depuis Wittgenstein, soit en mettant au jour les présuppositions de l'existence, de l'expérience, du langage, mais aussi l'inapparent — l' « invu » ou le non encore apparent (Marion) — comme le tente la phénoménologie depuis Husserl, soit en « déconstruisant », ce qui ne veut nullement dire « démolir », mais bien plutôt tenter de reconstituer l'historique du cheminement de pensée, objectif de première importance lui aussi pour notre compréhension de la culture qui, comme tout être vivant, a une histoire et des origines déterminantes. Tous ces projets, de même que ceux des différentes disciplines mentionnées, enrichissent et clarifient, par le biais d'interprétations, d'abstractions, de représentations diverses — ou même sans représentations, comme la musique —, notre sens des réalités concrètes, au premier rang desquelles se trouvent, dans l'expérience immédiate, les personnes et les choses qui nous entourent[1].

Urgente par excellence est la question de la *dignité* humaine, pour

---

1. Cf. Jean Ladrière, *loc. cit.,* 195 sq. ; et Jean-Luc Marion, De l' « histoire de l'être » à la donation du possible, in *Le Débat* (Gallimard, n° 72, nov.-déc. 1992, p. 179-189) ; ainsi que *L'autre regard,* in *Pela Filosofia,* Homenagem a Tarcísio Meireles Padilha, Rio de Janeiro, 1984, p. 303-308.

les raisons qu'on vient d'apercevoir, et d'autres qui apparaîtront vite ; difficile également, comme l'illustrent les problèmes de méthode et de fond suscités par l'explosion du savoir contemporain et par les obscurités inhérentes à la connaissance du sujet humain. Nos deux premiers chapitres y sont consacrés. Au centre de toute « anthropologie » au sens originel du terme (« science ou description de l'homme », disent les dictionnaires), il y a le problème de la relation de l'âme et du corps, célèbre de nos jours sous sa formule anglaise de *mind-body problem*, et auquel les progrès des neurosciences, en même temps que les recherches autour de l' « intelligence artificielle », donnent un relief nouveau. La compréhension de la dignité de notre être de chair et d'os dépend des solutions que chacun apporte, ou refuse, au *mind-body problem*. Cette chose concrète par excellence qu'est le corps humain se voit réduite aujourd'hui à une abstraction souvent, en tout cas à un objet. Aussi nous y attardons-nous quelque peu au chapitre trois. Il faut voir en outre — c'est l'intention des chapitres IV, V et VI — si les raisons traditionnellement apportées à l'appui de l'affirmation de la dignité humaine depuis l'Antiquité et à travers les âges, résistent aux redoutables objections que dresse contre elles le savoir contemporain : l'intelligence, la liberté, la quête de sens, l'amitié, passent-elles l'épreuve de la découverte de tant de déterminismes inconscients qu'étalent la psychanalyse, l'ethnologie, la linguistique, la biologie et le reste ? Une question, enfin, court en filigrane, qui resurgira à la fin. Nous l'avons déjà posée : d'où vient cette dignité particulière du pauvre, de celui ou celle qui est réduit à néant, dont la reconnaissance définit en quelque sorte la civilisation, et la méconnaissance, la barbarie ?

Il s'agit de « traiter nos instincts moraux les plus profonds, notre sens indéracinable que la vie humaine doit être respectée, comme étant notre mode d'accès au monde dans lequel des exigences ontologiques sont discernables et peuvent être discutées et passées au crible de façon rationnelle », ainsi que le recommande Charles Taylor. La philosophie morale contemporaine paraît privilégier « une vue étriquée *(cramped)* et tronquée de la moralité », préférant le « procédural » au substantiel. La thèse de Taylor selon laquelle nous sommes en l'occurrence dupes d'un « modèle profondément erroné de raisonnement pratique » emprunté aux sciences de la nature, mérite considération. Il y a lieu de se demander si cela ne fait pas partie de l'éloignement graduel du concret, à la faveur d'abstractions, de fictions, de « réalité virtuelle », et le reste, qui caractérise nos sociétés. Jean Baudrillard l'a décrit en des formules saisissantes : les communications de masse nous donnent « le vertige de la réalité », mais à l'abri sécurisant des signes et « dans la dénégation du réel ». A force d'être consommées dans leurs représentations à la télévision, par exemple, les horreurs que nous sommes obligés d'évoquer dans ce livre paraissent sûrement déjà étrangement irréelles à certains, comme des phantasmes[1]. Notre temps est marqué parallèlement par une inculture que définit peut-être le plus adéquatement ce que Whitehead appelait « le sophisme du concret mal placé *(the fallacy of misplaced concreteness)* » — nous en parlerons de façon plus détaillée dans notre second chapitre, à propos de la crise —, qui a gagné la philosophie autant que les sciences et les arts. Peut-être ladite préférence pour le « procédural » n'en serait-elle qu'une manifestation de plus. Il est urgent de revenir à ces existants par excellence que sont pour nous les humains. Sans doute en ce sens le primat de l'éthique défendu par Lévinas se justifie-t-il ; mais il implique justement une ontologie, malgré qu'on en ait.

Un consensus, même minimal, quant au caractère unique de chaque être humain, ne peut s'obtenir si les arguments sont trop abstraits, formulés de surcroît dans un langage « technique », ou ésotérique. Il y a là un problème considérable pour une entreprise comme celle-ci, les notions impliquées et les réalités visées étant d'un accès notoirement difficile. Nous tentons le langage le plus clair possible dans les circonstances, et nous demandons l'indulgence du lecteur.

---

1. Respectivement, Charles Taylor, *Sources of the Self. The Making of the Modern Identity*, Cambridge University Press, 1989, p. 8 ; cf. 7 et 3 ; sur le procédural, cf. 85-89 et *passim* ; sur le raisonnement pratique, p. 72 sq. ; Jean Baudrillard, *La société de consommation*, Paris, Gallimard, coll. « Idées », 1970, p. 31-32 : « La vérité de la chose vue, télévisée, magnétisée sur bande, c'est précisément que *je n'y étais pas*. Mais c'est le plus vrai que le vrai qui compte, autrement dit le fait d'y être sans y être, autrement dit encore le *phantasme* » (p. 31). Cf. Philippe Sollers, à propos du dernier grand livre de Kierkegaard, *La maladie à la mort* : « Soit j'oublie ce moi dans une sentimentalité abstraite, narcissique, fantastique, illimitée qui finit par invoquer l' "humanité" en justifiant par là n'importe quel gaspillage de vies humaines (quand ce ne sont pas des massacres) ; soit je confonds ce moi, en me résignant à être *spirituellement châtré* avec les exigences des autres, de la foule, en n'étant plus, donc, qu'un *numéro, un homme de plus, une répétition nouvelle de la même uniformité*. La maladie à la mort est donc emphase humanitaire sur fond de tuerie, ou consentement à l'aplatissement mécanique : on croirait lire la définition de notre époque » (*Le Monde*, 19 novembre 1993, p. XV ; et C. Nasch, *The Culture of Narcissism*, New York, Norton, 1979).

S'agissant d'humanité, heureusement, nul n'a le monopole de l'expérience, et l'intelligence n'est la propriété exclusive de personne. D'autres ont fait et d'autres feront bien mieux que nous. Mais l'entreprise n'aura pas été vaine si elle parvient à donner à quelques-uns le goût d'aller y voir de plus près.

Un des textes importants hérités de la tradition touchant notre thème est de la Renaissance ; il s'agit du discours *Sur la dignité de l'homme* de Jean Pic de La Mirandole. Les traits magnifiques que Pic a su résumer, à la suite de quantité de prédécesseurs illustres et non moins éloquents que lui, ne lui ont pas donné plus qu'à eux l'illusion d'avoir cerné parfaitement ni l'homme ni sa dignité. On y retrouve ce qui était particulièrement net chez Grégoire de Nysse : l'image du Dieu infini qu'est l'homme n'est pas plus définissable en dernière analyse que ne l'est son modèle. Pour Pic l'image humaine est « indistincte » — thème essentiel que nous retrouverons à plusieurs reprises, sous des jours différents. Pour Grégoire, « la caractéristique de la divinité, c'est d'être insaisissable ; cela aussi, l'image doit l'exprimer (...) Nous n'arrivons pas à définir la nature de notre dimension spirituelle »[1]. Même ceux que ce point de vue classique sur la dignité humaine n'intéresse pas, accorderont que plus l'enquête sur l'humain s'approfondit et s'enrichit, moins elle approche d'une fin. Il y a infinité et « indéfinité » au moins en ce sens ; notre finitude si évidente d'autre part — les sciences contemporaines en font assez foi — ne fait qu'accroître un paradoxe et une énigme qui ne seront pas dissipés ici.

5 / Il n'est guère de sujet où « nous » soit aussi manifestement préférable à « je » que le nôtre ici, tant il s'y trouve, suivant la remarque de Pascal, « du bien d'autrui ». On aura vite constaté de toute manière,

---

1. Cf. Jean Pic de La Mirandole, *Œuvres philosophiques*, texte latin, traduction et notes par Olivier Boulnois et Giuseppe Tognon, suivis d'une étude sur « Humanisme et dignité de l'homme selon Pic de La Mirandole » par Olivier Boulnois, préface par Giuseppe Tognon, Paris, PUF, coll. « Epiméthée », 1993 ; en particulier, dans l'étude d'Olivier Boulnois, p. 309 sq., et le texte et la traduction du *De Dignitate Hominis* de Pic, p. 4-7. Les lignes citées de Grégoire de Nysse sont tirées du traité *De la création de l'homme*, 11 (*PG* 44, 155) ; voir Olivier Clément, *Sources. Les mystiques chrétiens des origines*, textes et commentaires, Paris, Stock, 1982, p. 71-84.

par les renvois multiples parsemant notre texte, que nous sommes conscient de devoir pratiquement tout à d'autres[1]. Nous avons désiré aussi partager ces sources diverses avec des lecteurs qui, jugeant sévèrement peut-être nos interprétations, seront à même dès lors de critiquer celles-ci et de faire meilleur usage de celles-là. D'autres sauront au reste illustrer avec plus de succès notre thèse centrale : c'est sur le terrain de la culture au sens dit que se laisse reconnaître l'humanité inaliénable de chacun. Un des traits les plus fondamentaux de l'être humain en tant que tel — la culture en témoigne — est précisément de chercher à déchiffrer l'énigme de cette humanité qui fait chaque être humain unique au monde.

1. Cf. Pascal, *Pensées*, B 43 ; L 1000. Une liste de remerciements serait interminable et de toute manière incomplète. Je dois plus que je ne saurai jamais dire à mon épouse Christine, à qui je dédie ce livre.

I

Questions et problèmes

> « Il est bien des merveilles en ce monde,
> il n'en est pas de plus grande que l'homme. »
>
> (Sophocle, *Antigone*, 332-333.)

> « A voir les cieux, ouvrage de tes doigts
> la lune et les étoiles que tu créas,
> qu'est-ce que l'homme, pour que tu penses à lui,
> un fils d'homme, que tu en prennes souci !
> Tu l'as voulu un peu moindre qu'un dieu,
> le couronnant de gloire et d'honneur. »
>
> (*Psaume* 8, 4-6.)

> « Il n'est rien de plus excellent que l'homme. »
>
> (*Mahābharata*, 12.288.20 d.)

1 / DÉFINIR L'HOMME ?

La Déclaration universelle des droits de l'homme adoptée par l'assemblée générale des Nations Unies en 1948 est un acquis majeur du XXᵉ siècle. En vain toutefois y chercherait-on quelque renvoi à une essence, à une nature. Est-ce à dire que cette Déclaration soit non fondée ? Pour généraux qu'ils soient, les termes n'en sont pas moins extraordinaires. Le préambule s'ouvre sur ces mots : « Considérant que la reconnaissance de la dignité inhérente à tous les membres de la famille humaine et de leurs droits égaux et inaliénables constitue le fondement de la liberté, de la justice et de la paix dans le monde. » Au cinquième « Considérant », on proclame la foi des peuples des Nations Unies « dans les droits fondamentaux de l'homme, dans la dignité et la valeur de la personne humaine, dans l'égalité des hommes et des

femmes ». Et l'article premier affirme : « Tous les êtres humains naissent libres et égaux en dignité et en droits. Ils sont doués de raison et
de conscience et doivent agir les uns envers les autres dans un esprit de
fraternité. »[1] Il est remarquable qu'on ait pu, sur le plan pratique, s'accorder quant à des notions aussi déterminées, somme toute, que la
dignité et la valeur de la personne humaine, l'égalité des droits, l'appel
à la raison et à la conscience, l'esprit de fraternité. L'avènement d'un
monde où tous soient « libres de parler et de croire, libérés de la terreur et de la misère », y est proclamé comme « la plus haute aspiration
de l'homme ».

Il est évident, ici encore, qu'on a pu faire fond sur des jugements
d'ordre moral aussi universels que l'humanité elle-même, par-delà les
théories. Le message moral de la Déclaration de 1948 « excède »,
comme dit fort bien Paul Ricœur, « le langage conceptuel dans lequel
ce message a été inscrit une première fois ». « La recherche du meilleur
fondement est justifiée par le fait qu'elle est toujours précédée par la
reconnaissance d'une exigence plus vieille que toute formulation philosophique. A toute époque et dans toute culture, une plainte, un cri,
un proverbe, une chanson, un conte, un traité de sagesse ont dit le
message : si le concept des droits de l'homme n'est pas universel, il n'y
en a pas moins, chez tous les hommes, dans toutes les cultures, le
besoin, l'attente, le sens de ces droits. L'exigence a toujours été que
"quelque chose est dû à l'être humain du seul fait qu'il est humain". »[2]

Cela étant, ce qui n'a point de réalité propre ne peut prétendre à
des droits particuliers, de sorte que la question ne saurait être éludée :
en vertu de quoi ce dû, ces droits ?

---

1. Cf. *The Universal Declaration of Human Rights and its Predecessors (1679-1948)*, éd. Baron
F. M. van Asbeck, Leiden, E. J. Brill, 1949, p. 90-99 ; *Déclaration universelle des droits de l'homme*,
Paris, Folio, 1988. Nous utilisons l'expression « droits de l'homme », qui est depuis longtemps
d'usage en Europe, plutôt que « droits de la personne » qu'on lui préfère d'ordinaire au Québec.
La distinction avancée par certains entre des humains qui seraient des personnes et des humains
qui n'en seraient pas enlève à des humains des droits qu'on ne retient alors que pour des « personnes », opinion à notre avis très contestable. « Droits de l'homme » ne prête pas à cette ambi-
guïté. Le terme « homme » a évidemment ici son sens générique.
2. Paul Ricœur, *Pour l'être humain du seul fait qu'il est humain*, dans *Les enjeux des droits
de l'homme*, sous la direction de Jean-François de Raymond, Paris, Larousse, 1988, p. 235-236.
Voir le magnifique recueil de textes réunis sous la direction de Jeanne Hersch, *Le Droit d'être un
homme*, Paris, Unesco, 1968.

Gilbert Hottois a excellemment dégagé les points essentiels de cette
Déclaration, et ses présupposés philosophiques, faisant observer à juste
titre que « le langage *naturel* — non technique — joue ici un rôle primor-
dial, car il permet de réaliser une unité et une universalité relatives ». Les
notions générales « ont aussi une fonction d'idéal prospectif : elles visent,
en l'anticipant formellement, une unité et une universalité qui seront,
peut-être, aussi, un jour, concrètes ». Elles indiquent que quelque chose
« surplombe » les différences et les oppositions : « Le logos, le langage
dans son rôle de relation entre tous, la possibilité de communication de
l'homme avec l'autre homme. » On peut donc constater que l'homme
visé par la Déclaration est bien « l'homme parlant des philosophes, l'animal symbolique », que « la nature humaine que la DDH tient pour précieuse et inaliénable s'identifie encore à la *liberté* », celle-ci étant « exercée
par chacun dans le respect de la liberté de l'autre et, donc, symbolique-
ment (langagièrement) médiée ». C'est en elle, en cette liberté-là,
conclut ici Hottois, « que gît la dignité de l'homme en tant que tel : sa
valeur éthique, le fait que l'homme n'est pas une chose ». Cependant,
« tout en accentuant puissamment la liberté, la DDH souligne — d'une
manière sans doute moins explicite, mais constante — une nature
humaine à la fois biologique et "logique" »[1].

On peut aussi remarquer, à la suite de Gilbert Hottois, que la plupart
des atrocités nazies ayant suscité cette Déclaration ont « été perpétrées en
liaison directe avec de nouvelles possibilités de la technique et de la
science : de l'usage de nouvelles armes et de l'organisation des camps de
concentration jusqu'aux tristement célèbres expériences des médecins
nazis ». Les discussions constituantes préalables à la rédaction de la Déclaration condamnent « le fait de pratiquer la vivisection sur les personnes
sans avoir obtenu leur consentement » comme une « violation des droits
les plus élémentaires de l'homme » ; de même « toutes les pratiques qui ne
sont peut-être pas des tortures au sens habituel du mot, mais qui sont en
tout cas inhumaines », par exemple certaines expériences médicales.

Or parmi les possibles qui tentent maintenant la technique, il en est
qui « mettraient, irréversiblement, en péril » l'essence même de l'homme

---

1. Gilbert Hottois, Droits de l'homme et technique contemporaine : liberté responsable et
liberté nihiliste, in *Les Etudes philosophiques*, n° 2/1986, p. 202-203.

— ce que Hans Jonas appelait le *meurtre essentiel*. « La dynamique techni-cienne est, au sens le plus profond, la tentation du possible, de tout le possible, sans frein ni limites, ni interdit d'aucune sorte. Ceci comporte l'affirmation d'une liberté radicale et abyssale, dépourvue de tout fonde-ment (même formel ou présomptif). Une liberté proprement *nihiliste*. »[1] Les questions éthiques provoquées par la technique contemporaine nous mettent ainsi en demeure de mieux définir ce qui est humain. En un sens analogue, Mireille Delmas-Marty a plaidé avec vigueur pour que « l'on réussisse à dire ce qui, par-delà la vie, définirait ce qu'il y a d'humain dans l'homme. La difficulté est presque insurmontable de "durcir en mots" l'essence vivante de la personne. Mais il y a urgence à le faire ». Marcel Conche voit clair : « La conscience commune moderne est en crise » ; aujourd'hui, « le consensus général et verbal sur le respect dû à tout homme et les "droits" de l'Homme recouvre le désordre profond des esprits, puisqu'on ne s'entend pas, par exemple, sur la question de savoir si l'avortement est un crime, ou une action moralement inno-cente quoique regrettable, ou une faute légère »[2]

En avril 1979, dans une « Lettre ouverte à Mehdi Bazagan », alors premier ministre d'Iran, Michel Foucault écrivait :

> C'est un devoir pour chaque gouvernement de montrer à tous, je devrais dire au plus obscur, au plus entêté, au plus aveugle de ceux qu'il gouverne, dans quelles conditions, comment, au nom de quoi l'autorité peut revendiquer pour elle le droit de punir en son nom. Un châtiment dont on refuse de rendre compte peut bien être justifié, ce sera toujours une injustice. A l'égard du condamné. A l'égard aussi de tous les justiciables.
>
> Et ce devoir de se soumettre au jugement, quand on prétend juger, je crois

---

1. Cf. Gilbert Hottois, *ibid.*, p. 201-202, 204-206, 213-215. Aussi la remarque suivante, à propos du génome humain : « Voici qu'une question philosophique acquiert une actualité, une réalité, pratiques, concrètes. Depuis toujours l'homme s'interroge sur les essences des êtres natu-rels. Mais ce n'est que depuis peu qu'il a conquis la capacité de manipuler les essences (les espèces). Telle est la portée proprement métaphysique de la technique contemporaine » (p. 211).

2. Mireille Delmas-Marty, Les droits de l'homme entre médecine et politique, in *Le Monde*, 10 novembre 1989, p. 31 ; Marcel Conche, *Le fondement de la morale, op. cit.*, p. 10. Cf. les remar-ques pertinentes de Dominique Lecourt sur la bioéthique et ses débats confus, in *A quoi sert donc la philosophie ? Des sciences de la nature aux sciences politiques*, Paris, 1993, p. 162 sq. ; voir aussi 167-173. En ce qui a trait aux différentes positions en présence touchant l'embryon, leurs présupposés et leurs implications, voir l'excellent exposé d'Anne Fagot-Largeault et Geneviève Delaisi de Par-seval, Qu'est-ce qu'un embryon ? Panorama des positions philosophiques actuelles, in *Esprit*, juin 1989, p. 86-120 ; une première version de cet article était parue dans la *Revue de métaphysique et de morale*, juillet-septembre 1987.

qu'un gouvernement doit l'accepter à l'égard de tout homme dans le monde. Pas plus que moi, j'imagine, vous n'admettez le principe d'une souveraineté qui n'aurait de compte à rendre qu'à elle-même. Gouverner ne va pas de soi, non plus que condamner, non plus que tuer. Il est bien qu'un homme, n'importe qui, fût-il à l'autre bout du monde, puisse se lever parce qu'il ne supporte pas qu'un autre soit supplicié ou condamné. Ce n'est pas se mêler des affaires intérieures d'un Etat. Ceux qui protestaient pour un seul Iranien supplicié au fond d'une prison de la Savak se mêlaient de l'affaire la plus universelle qui soit[1].

Paul Valadier l'a relevé avec raison : ce qu'il y a de plus remarquable en ce texte, c'est l'appel explicite à un universel entraînant un devoir. Cet universel est quelque chose de défini, c'est l'être humain, et pas autre chose. Qui plus est, en déclarant : « Un châtiment dont on refuse de rendre compte peut bien être justifié, ce sera toujours une injustice », Foucault ne dénonce-t-il pas le droit de punir, revendiqué en son nom propre par une autorité, en le déclarant injuste, au nom d'une autre idée du droit ? De quoi peut-elle donc se réclamer, cette autre idée du droit ? « L'interrogation sur le droit est née avec le droit lui-même, écrit Simone Goyard-Fabre, et la première œuvre juridique connue de nous, le Code Hammourabi, qui date de l'époque babylonienne — (2000-1960 avant notre ère) — enveloppe déjà une philosophie du droit, une conception de l'organisation sociale, et sa vision juridique du groupe humain est inséparable d'une métaphysique de la condition de l'homme. »[2]

Cette recherche du meilleur fondement est cependant hérissée d'obstacles — comme l'est aussi, du reste, l'élucidation théorique du concept de « dignité humaine »[3]. « Les droits de l'homme ramènent le

---

1. *Le Nouvel Observateur*, n° 753, 16 avril 1979, p. 46 ; cité par Paul Valadier, *Agir en politique*, Paris, Cerf, 1980, p. 116-117.

2. Simone Goyard-Fabre, *Essai de critique phénoménologique du droit*, Paris, Klincksieck, 1972, p. 13 ; sur le droit et son histoire, voir en particulier, du même auteur, les titres suivants : *Jean Bodin et le droit de la République*, Paris, PUF, 1989 ; *Les fondements de l'ordre juridique*, Paris, PUF, 1992 ; *Montesquieu : la nature, les lois, la liberté*, Paris, PUF, 1993 ; *Pufendorf et le droit naturel*, Paris, PUF, 1994 ; et la riche série des *Cahiers de philosophie politique et juridique* publiés aux Presses Universitaires de Caen sous sa direction.

3. Sur les difficultés des approches théoriques du thème de la dignité humaine, voir Herbert Spiegelberg, Human Dignity : A Challenge to Contemporary Philosophy, dans *Human Dignity : This Century and the Next*, éd. Rubin Gotesky and Ervin Laszlo, New York-Londres-Paris, Gordon & Breach, 1970, 39-64 ; Jean-Pierre Wils, Fin de la « dignité humaine » en éthique?, in *Concilium* 223, 1989, 51-67 ; et, surtout, Chantal Millon-Delsol, Les fondements de l'idée de dignité humaine, in *Ethique*, n° 4, printemps 1992, 91-97.

droit à un fondement qui, en dépit de sa dénomination, est sans figure, se donne comme intérieur à lui et, en ceci, se dérobe à tout pouvoir qui prétendrait s'en emparer », dit excellemment Claude Lefort. Pourtant, « si nous jugeons qu'il y a des droits inhérents à la nature humaine, pouvons-nous faire l'économie d'une définition de ce qui est le propre de l'homme »?[1] N'est-il pas évident que, sans une idée de l' « homme », pour citer cette fois Luc Ferry et Alain Renaut, « l'appel aux droits de l'homme reste éternellement infondé et, littéralement, insignifiant »[2]?

Mais, demande-t-on, quelle idée de l'homme au juste? Dans son grand ouvrage sur les origines du totalitarisme, Hannah Arendt a pris acte du fait que « le monde n'a rien vu de sacré dans la nudité abstraite d'un être humain ». Au contraire, « il semble qu'un homme qui n'est rien d'autre qu'un homme a précisément perdu les qualités qui permettent aux autres de le traiter comme leur semblable »[3]. D'autre part, l' « humanisme » n'a-t-il pas, au cours de l'histoire, désigné des thèmes trop disparates pour n'avoir pas perdu toute consistance au moins apparente? Michel Foucault le rappelait, « il y

---

1. Claude Lefort, *L'invention démocratique. Les limites de la domination totalitaire*, Paris, Fayard, 1981; Le Livre de Poche, 1983, respectivement p. 54, 45; il rappelle aussi que « toute la critique d'inspiration marxiste, mais aussi conservatrice » s'employait naguère à démolir « la fiction de l'homme sans détermination ». « Joseph de Maistre proclamait ainsi : J'ai rencontré des Italiens, des Russes, des Espagnols, des Anglais, des Français, je ne connais pas l'homme; et Marx jugeait qu'il n'était d'hommes que façonnés pas leur condition de classe » (p. 68).

2. Cf. Luc Ferry et Alain Renaut, Penser les droits de l'homme, dans *Système et critique. Essais sur la critique de la raison dans la philosophie contemporaine*, Bruxelles, Ousia, 2ᵉ éd., 1992, p. 220-221. Pour les questions de fond et les précisions d'ordre historique qui s'imposent, outre les ouvrages déjà recommandés de Simone Goyard-Fabre et le livre classique de Léo Strauss, *Droit naturel et histoire* (Paris, Flammarion, « Champs », 1986), voir en particulier : Blandine Barret-Kriegel, *L'Etat et les esclaves*, Paris, Payot, 3ᵉ éd., 1989; *Les droits de l'homme et le droit naturel*, Paris, PUF, 1989; Bernard Bourgeois, *Philosophie et droits de l'homme de Kant à Marx*, Paris, PUF, 1990; et Lionel Ponton, *Philosophie et droits de l'homme de Kant à Lévinas*, préface de Gilbert Hottois, Paris, Vrin, 1990.

3. Hannah Arendt, *The Origins of Totalitarianism*, New York, Harcourt Brace Jovanovitch, 1973, p. 299 et 300; nous citons la traduction de Martine Leiris : *L'impérialisme*, Paris, Seuil, coll. « Points », 1984. « Et au regard [ajoute-t-elle] des conditions politiques objectives, il est difficile de dire comment les différents concepts de l'homme sur lesquels sont fondés les Droits de l'homme — qu'il soit une créature à l'image de Dieu (dans la formule américaine), ou représentatif du genre humain, ou encore qu'il abrite en lui les commandements sacrés de la loi de la nature (dans la formule française) — auraient pu aider à trouver une solution au problème » (trad. citée, p. 287). Sur les apories d'une morale des droits de l'homme, voir Jean-Jacques Wunenburger, in *Questions d'éthique*, Paris, PUF, 1993, p. 341-352.

a eu un humanisme qui se présentait comme critique du christianisme et de la religion en général ; il y a eu un humanisme chrétien en opposition à un humanisme ascétique et beaucoup plus théocentrique (ceci au XVIIe siècle). Au XIXe siècle, il y eu un humanisme méfiant, hostile et critique à l'égard de la science ; et un autre qui plaçait [au contraire] son espoir dans cette même science. Le marxisme a été un humanisme, l'existentialisme, le personnalisme l'ont été aussi ; il y eut un temps où on soutenait les valeurs humanistes représentées par le national-socialisme, et où les staliniens [eux-mêmes] disaient qu'ils étaient humanistes »[1].

2 / LE MAL ET LE « PRAGMATISME »

Faudrait-il, dès lors, donner raison à la vieille position néo-sophiste de Richard Rorty que ne gênent pas les sarcasmes à l'endroit des philosophes qui, par le passé, ont tenté de fonder en raison les droits humains, nommément selon lui, Platon, Thomas d'Aquin et Kant. Il faut être pragmatique et « concentrer nos énergies, écrit-il, sur la manipulation des sentiments, sur l'éducation sentimentale ». Rorty professe en outre un mépris à peine voilé pour les gens d'autres cultures que celle des Lumières. « La plupart des gens — spécialement les gens que les Lumières européennes n'ont relativement pas touchés — ne songent tout simplement pas à eux-mêmes comme à un être humain avant toute chose. »[2]

Qu'en sait-il, à vrai dire ? Que sait-on, en fait, de ces autres cultures ? Ce que la recherche actuelle fait ressortir ne justifie en rien pareil mépris, loin s'en faut, comme nous l'avons indiqué plus haut. Toujours selon Rorty, le terme « être humain » serait, pour ces autres

1. Michel Foucault, Qu'est-ce que les Lumières ?, inédit publié in *Magazine littéraire*, avril 1993, p. 70.
2. Cf. Richard Rorty, Human Rights, Rationality and Sentimentality, dans *On Human Rights*, The Oxford Amnesty Lectures, 1993, éd. Stephen Shute and Susan Hurley, New York, Basic Books, 1993, p. 111-134 ; phrases citées, p. 122 et 126.

gens *(people)*, d'emblée synonyme de « membre de notre tribu ». Mais il en allait de même dans le tribalisme nazi, pour ne mentionner que celui-là, et ce n'est donc pas un phénomène propre aux « autres cultures ». Cette « culture » dont Auschwitz aurait — selon des propos célèbres d'Adorno — prouvé l'échec de façon irréfutable, qu'était-ce au juste ? Et que dire de l'idéologie du Goulag ? D'autre part, si seuls importent les sentiments subjectifs, en quoi Hitler ou Staline aurait-il tort ? Pourquoi blâmer leurs sentiments à eux face à la torture des enfants ou des femmes et à l'extermination systématique de millions d'innocents si la vérité n'a ici rien à voir ? Face à la barbarie, le relativisme éthique est-il tenable ? Comment ?

On voit mal, en un mot, comment la manipulation des sentiments telle que pratiquée par un régime totalitaire serait moins justifiée que celle que recommande Rorty si, encore une fois, rien ici n'a de vérité autre que pragmatique. On ne saurait totalement ignorer les leçons de George Orwell dans *1984* : être libre c'est pouvoir « dire que deux et deux font quatre. Lorsque cela est accordé, le reste suit », déclare son héros Winston, qu'on tentera dès lors d'anéantir en lui faisant concéder sous la torture que : « Parfois ils font cinq. Parfois ils font trois. Parfois ils font tout à la fois. » Conscient de l'impact de cette œuvre d'Orwell, Rorty considère néanmoins que la phrase centrale du roman est plutôt celle de O'Brien, le bourreau : « l'objet de la torture, c'est la torture », y voyant l'analogue de « l'art pour l'art » ou de « la vérité pour elle-même ». Or, « torturer pour torturer » a pourtant bien le statut d'une maxime générale prétendant à la vérité, puisque, pour O'Brien et ses nombreux sosies dans la vie « réelle », elle donne sens à ce qu'ils font[1]. Auraient-ils donc raison ?

Les tyrannies totalitaires, les dictatures, s'avèrent, elles, « réalistes », commençant invariablement par éliminer les intellectuels authentiques, poètes et philosophes en tête, redoutant justement par-dessus tout la puissance de la vérité, d'une forme ou l'autre de contradiction verbale ou symbolique. Mieux vaut reconnaître, avec Edgar Morin,

---

1. Cf. George Orwell, *1984*, trad. Amélie Audiberti, Paris, Gallimard, 1950 ; Folio, p. 119 et 354 ; Richard Rorty, *Contingency, Irony and Solidarity*, Cambridge University Press, 1989, p. 169-188 ; spécialement 180.

que « l'appropriation et le contrôle de la vérité, de la dénonciation de
l'erreur (...) est la pierre angulaire de l'asservissement et de la dictature
proprement totalitaire »[1]. S'agissant d'Hitler, Staline, Mao, Pol Pot et
les autres, le pragmatisme se confond avec la force brutale érigée en
universel ; y opposer le même esprit, les mêmes armes, n'est évidemment pas non plus une solution, puisque c'est servir le même universel
et renforcer le mal.

Il faut se demander, au contraire, si le mal par excellence n'est pas
justement au niveau même des maximes générales, déclarées ou point.
A propos de crimes innommables comme ceux que nous venons
d'évoquer, Agnès Heller rappelle, avec profondeur, que le mal
consiste avant tout à trouver une justification pour ce qui est mal. Le
modèle du mal est Satan, écrit-elle, « parce qu'il induit les autres à agir
mal en les persuadant que le mal est bien »[2]. Face à l'énigme de l'origine profonde de la violence, la fureur exterminatrice, le « mystère
d'iniquité », il y a lieu de prendre au sérieux la thèse de Kant selon
laquelle le mal s'introduit comme « motif d'une maxime en général »
pervertissant le « cœur », de même que les propos de Hegel, dans -
Système de la vie éthique, sur la fureur de la « dévastation » comme
étant « la "première puissance" du mal ou du négatif en tant que
"crime" »[3]. Caligula souhaitait que le genre humain n'eût qu'une seule
tête afin de pouvoir l'abolir d'un coup ; l'universel ici est toute vie

---

1. Edgar Morin, *Pour sortir du XIXe siècle*, Paris, Fernand Nathan, 1981, p. 203 sq. ; phrase
citée, p. 217. Cf. Chantal Millon-Delsol, *Les idées politiques au XXe siècle*, Paris, PUF, 1991 : « La
novation de Hitler est le passage à l'acte : il décide de faire ce que tant d'autres avant lui ont
réclamé que l'on fît — à commencer par l'eugénisme — ou ont suggéré qu'il faudrait faire. Le
cas du nazisme nous renseigne crûment sur les relations entre la pensée et l'action qui lui fait suite,
et sur la puissance de l'idée (...) Une idée forte peut demeurer dans les livres et dans les esprits
pendant longtemps, mais il est impossible qu'elle ne cherche pas d'une manière ou d'une autre à
se réaliser un jour » (p. 62-63).
2. Cf. Agnes Heller, The Limits to Natural Law and the Paradox of Evil, in *On Human
Rights, op. cit.*, p. 149-173 ; passage cité, p. 156.
3. Sur tout ceci, voir les pages brillantes de Jean-Luc Nancy, dans *L'expérience de la liberté*,
Paris, Galilée, 1988, p. 157-181, s'inspirant de Kant, Heidegger, Hegel et Schelling surtout. Kant
s'en remet pour finir à « la représentation biblique d'une origine incompréhensible du mal dans
l'homme ». « La méchanceté de Lucifer/Satan figure donc un incompréhensible mal absolu à la
racine de la racine du mal humain » (Nancy, 161). Cf. *Jean* 8, 44 : « Il est menteur et père du
mensonge » ; « Il est homicide depuis le commencement. » Voir d'autre part Laurent Sentis, *Saint
Thomas d'Aquin et le mal*, Paris, Beauchesne, 1992, spécialement 90 sq., 101-102, 271-272.

humaine, en débutant par la haine envers les femmes et envers les enfants[1].

Les tortures opérées à titre expérimental sur des humains à Dachau et à Buchenwald le furent par des hommes munis de diplômes médicaux. Abstraction du savoir ? Nous parlerons plus loin de cette dernière. Mais la passion aussi « fabrique de l'abstrait », selon le mot profond de Gabriel Marcel ; la colère fait « voir rouge », le ressentiment et la haine rendent aveugle. Plus profondément encore, toutefois, il y a la haine de soi. Cornelius Castoriadis l'a fort bien perçu et exprimé dans ses réflexions sur le racisme : « Et je pense que c'est cette haine de soi, habituellement et évidemment intolérable sous sa forme ouverte, qui nourrit les formes les plus poussées de la haine de *l'autre* et se décharge dans ses manifestations les plus cruelles et les plus archaïques. »[2]

S'agissant de pragmatisme, contentons-nous pour le moment d'un ou deux contre-exemples. Ainsi celui de la « force de réflexion » d'un Nelson Mandela — admirable, note lucidement Jacques Derrida dès 1986, parce qu'il sait admirer. « Ce que Mandela admire et dit admirer, c'est la tradition inaugurée par la Magna Carta, la Déclaration des droits de l'homme sous ses diverses formes (il en appelle fréquemment à la "dignité de l'homme", à l'homme "digne de ce nom") ; c'est aussi la démocratie parlementaire et, plus précisément encore, la doctrine de la séparation des pouvoirs, l'indépendance de la justice. »[3] L'élection au suffrage universel, sans précédent, de 1994, mettant fin à l'apartheid de principe, semble avoir assez démontré, depuis, combien « forte » aux différents sens du terme, « pragmatique » en vérité, était en effet cette réflexion de Mandela autour de la dignité humaine.

Un autre contre-exemple non moins éloquent nous vient de l'ancienne Tchécoslovaquie, où Václav Havel, auteur dramatique, servit

---

1. Cf. Catherine A. MacKinnon, Crimes of War, Crimes of Peace, in *On Human Rights, op. cit.*, 83-109 ; Elise Fischer, *Feu sur l'enfance*, Paris, Fayard, 1989. « There has never been a campaign of ethnic cleansing from which sexual sadism has gone missing » (David Rieff, Letter from Bosnia, *New Yorker*, 23 novembre 1992, 82-85, cité par Rorty, *op. cit.*, 112).

2. Cf. Cornelius Castoriadis, Réflexions sur le racisme, in *Le monde morcelé*, Paris, Seuil, 1990, p. 34-36 ; et Gabriel Marcel, *loc. cit.*

3. Jacques Derrida, Admiration de Nelson Mandela ou Les lois de la réflexion, dans *Psyché. Inventions de l'autre*, Paris, Galilée, 1987, p. 456.

comme président, après avoir été porte-parole à deux reprises de la Charte 77 et passé en tout cinq ans en prison sous la dictature totalitaire qui précéda. « Détruire l'homme à Prague, écrit Havel, n'est-ce pas détruire tous les hommes ? » Il importe de « redonner un sens à la communauté humaine et un contenu au langage humain, à faire en sorte que le pivot des événements sociaux soit le "moi" humain, le moi intégral, en pleine possession de ses droits et de sa dignité, responsable de lui-même parce qu'il se rapporte à quelque chose au-dessus de lui, et capable de sacrifier certaines choses (...) pour que la vie ait un sens ». La tâche fondamentale à remplir pour tous, à l'ouest ou à l'est, « consiste à faire front à l'automatisme irrationnel du pouvoir anonyme, impersonnel et inhumain des idéologies, des systèmes, des appareils, des bureaucraties, des langues artificielles et des slogans politiques ». Pour Havel, les systèmes totalitaires contemporains ont été « l'avant-garde du pouvoir impersonnel qui entraîne le monde de plus en plus avant sur sa voie irrationnelle ». Le renouveau de la responsabilité humaine est ici « la digue la plus naturelle ». Il s'agit d'extirper le totalitarisme « de notre propre âme, de notre propre milieu, de notre propre pays, de l'expulser de l'homme contemporain ». Il ne faut pas craindre pour cela de « rappeler de leur exil dans le domaine privé ces dimensions fondamentales de notre humanité » que sont l'amour, l'amitié, la solidarité, la compassion et la tolérance ; de « faire une force politique réelle de la conscience humaine, ce phénomène tant décrié à présent par les technologues du pouvoir ». Or Havel sait de quoi il parle. Les résultats de son action, de concert avec d'autres comme celle du philosophe Jan Patočka — parole avant tout — dans on sait quel contexte, ont assez démontré que ce ne sont pas là des propos d'utopiste. « Il est manifeste qu'un seul homme en apparence désarmé mais qui ose crier tout haut une parole véridique, qui soutient cette parole de toute sa personne et de toute sa vie, et qui est prêt à le payer très cher, détient, aussi étonnant que cela puisse paraître et bien qu'il soit formellement sans droits, un plus grand pouvoir que celui dont disposent dans d'autres conditions des milliers d'électeurs anonymes. »[1]

---

1. Václav Havel, *La politique et la conscience*, in *Essais politiques*, textes réunis par Roger Errera et Jan Vladislav, préface de Jan Vladislav, Paris, Calmann-Lévy, 1989, p. 246 ; cf. 238-247.

Parole silencieuse même parfois, mais tout aussi universelle, comme l'a montré la photo, reproduite partout dans le monde à des millions d'exemplaires, de cet homme seul dressé face aux chars d'assauts chinois sur la place Tian-an-men en juin 1989.

Devant le traitement réservé aux femmes en Bosnie et ailleurs, celles qui, à l'instar de Catherine MacKinnon et Andrea Dworkin, réclament la reconnaissance de la dignité humaine comme une norme absolue, universelle, manifestent, croyons-nous, un réalisme analogue, au moins à long terme[1]. En revanche, les louables propositions d'un John Rawls en faveur d'une loi raisonnable des peuples s'inspirant de la conception libérale des droits humains fondamentaux comme exprimant une norme minimale pour les sociétés politiques bien ordonnées, se heurtent aux cas limites de régimes de coercition et de terreur. Il le reconnaît lui-même en citant l'exemple nazi qu'il qualifie de « demonic ». On voit mal comment sa théorie de la justice, malgré ses mérites, peut ici servir de guide[2].

---

1. Cf. Catherine MacKinnon, *loc. cit.*, citant à l'appui de sa propre position les propos suivants d'Andrea Dworkin : « A universal standard of human dignity is the only principle that completely repudiates sex-class exploitation and also propells all of us into a future where the fundamental political question is the quality of life for all human beings » (p. 100). La montée de la violence faite aux femmes au sein des seuls Etats-Unis d'Amérique a été mise en statistiques par la American Medical Association : une femme sur trois serait, dans une vie, de la part d'un conjoint, l'objet de sévices graves, souvent d'une extrême brutalité — soit en moyenne 4 millions de femmes par année.

2. Cf. John Rawls, The Law of Peoples, in *On Human Rights, op. cit.*, 41-82 ; sur les points qui nous préoccupent, voir ses remarques relatives à ce qu'il appelle « the questions arising from the highly nonideal conditions of our world with its great injustices and widespread social evils », p. 71-72 ; 78-79, et les réserves de Stephen Shute et Susan Hurley en page 8 du même volume. Rawls met expressément de côté l'appel à une égale dignité des êtres humains, comme requérant « a quite deep philosophical theory » et susceptible d'être rejetée, dit-il, par certains comme trop libérale ou démocratique, par d'autres comme trop occidentale (cf. p. 68). Il est étonnant qu'il ne s'aperçoive pas que ces motifs de rejet s'appliquent davantage encore à sa propre théorie, on ne peut plus « occidentale » et « libérale ». Voir aussi son récent *Political Liberalism*, New York, Columbia University Press, 1993, et *A Theory of Justice*, Harvard University Press, 1971 (trad. franç. de Catherine Audard, *Théorie de la justice*, Paris, Seuil, 1987). Dans sa préface au volume intitulé *Justice et démocratie* (Paris, Seuil, 1993), Rawls se montre très sensible à ce qu'il appelle « le caractère irréaliste de l'idée de société bien ordonnée telle qu'elle apparaît dans TJ [*Théorie de la justice*] » (p. 9).

3 / RÉCIPROCITÉ ET RECONNAISSANCE

L'homme concret se manifeste dans la réciprocité, en particulier dans le langage humain. Mes échanges avec l'autre, homme ou femme, supposent à la fois altérité et parité, notre égalité et notre liberté dans la parole — traits qui caractérisent, rappelle Jean-François Lyotard, la justice même. La solidarité humaine s'établit dans un « nous » où chacun porte en soi la figure de l'autre — cet autre-ci — en même temps que la sienne propre ; dans l'amitié parfaite, forme idéale de communauté humaine, l'autre est un *autre soi*[1]. La réflexion contemporaine sur l'autre et sur son visage, suscitée principalement par Emmanuel Lévinas, a mis en relief la dimension d'emblée éthique des rapports proprement humains ; à l'instar de la beauté, la « pauvreté essentielle », la vulnérabilité de l'humain en tant que tel, oblige. « Comme Emmanuel Lévinas le rappelle avec insistance, autrui est celui que je ne peux pas inventer. Il résiste de toute son altérité à sa réduction au même, fût-ce (et même surtout) au même que moi, à l'ipséité de mon propre pouvoir-être. »[2]

L'institution originelle de la démocratie n'est pas moins instructive. Le mot grec *demos*, peuple, désigne d'abord le pauvre. La vraie différence séparant oligarchie et démocratie, selon Aristote, n'était pas le nombre, mais la richesse et la pauvreté, la liberté étant « le partage de tous ». En démocratie athénienne, aussitôt citoyen, le pauvre accédait à la dignité politique, car il avait prise directe sur le pouvoir par la parole[3].

---

1. Jean-François Lyotard, The Other's Rights, in *On Human Rights*, op. cit., 135-147 ; spécialement, 138-140. Sur le thème de l'ami comme un *allos* ou un *heteros autos*, un « autre soi », nul n'a mieux parlé qu'Aristote, notamment en son *Éthique à Nicomaque* IX, 9. Nous y reviendrons plus loin.

2. Henri Maldiney, *Penser l'homme et la folie*, Paris, Jérôme Millon, 1991, p. 346. Cf. Emmanuel Lévinas, *Totalité et infini*, La Haye, Martinus Nijhoff, 1971 ; *Humanisme de l'autre homme*, Paris, Fata Morgana, 1972 ; et les exposés très clairs de ses entretiens avec Philippe Nemo, *Éthique et infini*, Paris, Fayard, 1982, p. 89-132. Voir aussi Francis Jacques, *Différence et subjectivité*, Paris, Aubier-Montaigne, 1982.

3. Cf. Aristote, *Politique*, III, 8, 1279 *b* 34 - 1280 *a* 6. L'aspect inadmissible de la démocratie athénienne était son exclusion des femmes, des esclaves et des métèques, qui en faisait une démocratie beaucoup moins large que les nôtres. Mais c'était par contre une démocratie nettement plus radicale, puisque tous les citoyens pouvaient prendre la parole dans l'assemblée du peuple,

On conviendra que la pleine reconnaissance de la dignité de qui que ce soit commence par celle de sa parole. Tel était « le principe de la *politeia* grecque comme de la *république* moderne » (Lyotard). Le contraire n'est pas moins éloquent : il n'est guère de pire misère pour un être humain que de se voir réduit au silence forcé, comme on l'est dans les camps de concentration, ou comme peuvent l'être les jeunes enfants[1].

Jamais le désir de reconnaissance réciproque ne s'est manifesté avec autant d'ampleur qu'aujourd'hui, où tant d'individus et de peuples ressentent le mépris, ou l'indifférence, comme des atteintes à leur liberté même. Femmes et hommes luttent avec ardeur pour qu'on reconnaisse en eux les agents responsables, autonomes, uniques, qu'ils veulent être, plutôt que des entités statistiques, des numéros, sans nom propre. C'est là un des traits les plus remarquables de notre temps. Isaiah Berlin a décrit en termes justes les conséquences souvent paradoxales de ce désir de compréhension mutuelle, de solidarité, dont la portée échappe à trop de politiques et de philosophes : « Ce désir peut être si puissant que, dans mon âpre quête de reconnaissance, je préfère

---

l'*ekklesia*, le véritable organe de décision. Or cette égalité de tous les citoyens était jugée supérieure en raison même de leur diversité. L'essentiel de la défense de la démocratie par Aristote se fonde précisément sur cette diversité dans l'unité. Ainsi dans sa *Politique* (III, 11, 1281 *b* 4-10) : « Car, comme ils sont nombreux, chacun a sa part de vertu et de sagesse, et leur réunion fait de la multitude comme un être unique, ayant de multiples pieds, de multiples mains, de nombreuses sensations, et également riche en formes de caractères et d'intelligence. C'est bien pourquoi la multitude juge mieux des œuvres musicales et poétiques : si chacun juge bien d'une partie, tous jugent bien du tout. » Aussi Aristote répétera-t-il que « rien n'empêche parfois la multitude *(to plethos)* d'être meilleure et plus riche que le petit nombre, si on la prend non pas individuellement mais collectivement » (III, 13, 1283 *b* 33-35). Cf. Jacqueline de Romilly, *Problèmes de la démocratie grecque*, Paris, Agora, 1986, p. 22-26 ; 110-117 ; les textes cités d'Aristote le sont d'après la traduction des Belles Lettres modifiée par elle ; mais nous avons préféré rendre *to plethos* par « la multitude », « la masse » ayant des connotations péjoratives que n'a pas *to plethos*. Voir aussi Moses I. Finley, *Démocratie antique et démocratie moderne,* trad. Monique Alexandre, Paris, Petite Bibliothèque Payot, 1976, p. 64-78.

1. Cf. les excellentes pages de Lyotard, in *On Human Rights, loc. cit.,* 138, 145-146. Lyotard souligne, en particulier, combien la « véritable dignité de la parole » se révèle dans la misère du secret auquel sont tenues les victimes des camps. « The abjection suffered in the camps horribly illustrates the threat of exclusion which weighs on all interlocutors. » « ... Edmund Burke termed *horror* the state of mind of a person whose participation in speech is threatened » (p. 145). *Infantia* signifie « incapacité de parler » ; de là *infans,* l'enfant (surtout le jeune enfant). On sait que Bruno Bettelheim a fait de ce rapprochement avec les camps de concentration un thème majeur de son œuvre en faveur des enfants autistiques ; voir en particulier *La forteresse vide. L'autisme infantile et la naissance du soi,* trad. Roland Humery, Paris, Gallimard, 1969 ; *Survivre,* trad. Théo Cartier, Paris, Livre de Poche, coll. « Pluriel », 1979.

encore être maltraité et mal gouverné par un membre de ma propre race ou classe sociale, car au moins celui-ci me tient pour un homme et un rival — autrement dit pour un égal —, plutôt que d'être bien traité mais avec tolérance et condescendance par un individu appartenant à un groupe supérieur ou lointain qui ne me reconnaît pas pour ce que je veux être. Telle est l'immense clameur que fait entendre l'humanité. »[1]

Or il est évident que ce qui donne tout son sens, sa force à ce désir n'est autre que son origine : la reconnaissance implicite de la dignité de notre commune humanité. Déjà Pascal avait admirablement entrevu cette origine : « Nous avons une si grande idée de l'âme de l'homme, que nous ne pouvons souffrir d'en être méprisés, et de n'être pas dans l'estime d'une âme ; et toute la félicité des hommes consiste dans cette estime » ; et encore, l'homme « estime si grande la raison de l'homme, que, quelque avantage qu'il ait sur la terre, s'il n'est placé avantageusement aussi dans la raison de l'homme, il n'est pas content. C'est la plus belle place du monde, rien ne peut le détourner de ce désir, et c'est la qualité la plus ineffaçable du cœur de l'homme »[2]. La finesse de Pascal avait même su tirer argument du comportement contradictoire des négateurs, ou contempteurs en paroles, de la dignité humaine, dont il est aisé de trouver de nouveaux exemples à notre époque, tel celui, déjà cité, de Peter Singer, et d'autres que nous rencontrerons aussi plus loin. « Et ceux qui méprisent le plus les hommes, et les égalent aux bêtes, encore veulent-ils en être admirés et crus, et se contredisent à eux-mêmes par leur propre sentiment ; leur nature, qui est plus forte que tout, les convainquant de la grandeur de l'homme plus fortement que la raison ne les convainc de leur bassesse. »[3]

---

1. L'auteur ajoute : « Bien que mes frères ne m'accordent peut-être pas de "liberté négative", ils n'en sont pas moins membres du même groupe que moi ; ils me comprennent comme je les comprends ; et c'est cette compréhension qui fait naître en moi le sentiment d'être quelqu'un sur terre (...) Tant que nous ne l'admettrons pas, les idéaux et le comportement de peuples entiers qui, bien que privés des droits les plus élémentaires au sens où l'entendait Mill, affirment avec une totale sincérité jouir d'une plus grande liberté que lorsqu'ils bénéficiaient de ces droits, nous demeureront incompréhensibles. » Cf. Isaiah Berlin, *Four Essays on Liberty*, Oxford University Press, 1969, p. 154-162 ; nous citons la trad. Jacqueline Carnaud et Jacqueline Lahana : *Éloge de la liberté*, Paris, Calmann-Lévy/Presses Pocket, coll. « Agora », 1990, p. 204-205.
2. Cf. Blaise Pascal, *Pensées*, B 400 et 404 ; L 411 et 470.
3. *Pensées*, 404 (B) ; 470 (L), *in fine*.

On a maintes fois fait état, depuis les débats classiques entre les Lumières et le romantisme, de la tension entre la notion de dignité utilisée en un sens égalitaire et universaliste, qui apparaît seule compatible avec une société démocratique, et la perception de ceux qui y voient au contraire une manière d'abolir les différences sous l'homogénéité et de nier dès lors l'identité réelle de chacun. Le besoin de reconnaissance n'est pas seulement à l'œuvre dans les mouvements nationalistes en politique, mais aussi sous les revendications de groupes minoritaires, de certaines formes de féminisme et dans la politique dite du « multiculturalisme ». A leur point de vue, se montrer aveugle aux différences au nom de principes universels, apparaît en soi déjà le fait d'une culture particulière, tentant d'imposer à tous une valeur jugée unilatérale, telle la démocratie libérale; il y aurait là une forme de méconnaissance de la dignité propre de l'autre[1].

La conception qu'a chacun de soi-même, son identité en ce sens, apparaît au moins partiellement constituée par la reconnaissance ou l'absence de reconnaissance qu'il reçoit des autres. La méconnaissance est perçue comme un tort, voire une forme d'oppression; ainsi pour les femmes en des sociétés patriarcales, ou les Noirs en minorité parmi les Blancs, qui risquent d'intérioriser une image à ce point négative d'eux-mêmes qu'ils en viennent à se détester et à désespérer.

Ce qui semble nouveau, par rapport à des époques où la reconnaissance sociale était plutôt acquise *a priori,* ce sont « les conditions dans lesquelles la tentative d'être reconnu peut échouer. C'est pourquoi, suggère Taylor, le besoin est maintenant reconnu pour la première fois ». C'est une illusion de croire que nos identités personnelles ne se forgeraient qu'en une sorte de monologue solitaire, alors que l'interaction avec d'autres, ceux que George Herbert Mead appelait *significant others,* à coup de dialogues externes et internes, souvent de luttes, est cruciale. Cette dialogique est constituée aussi bien du langage des arts, des gestes, de l'amour, de joies et de peines partagées. La conversation avec tels de nos amis (ou ennemis), avec nos parents certainement, se

---

1. Cf. *Multiculturalism and « The Politics of Recognition »,* an Essay by Charles Taylor, with commentary by Amy Gutmann (éd.), Steven C. Rockefeller, Michael Walzer, Susan Wolf, New Jersey, Princeton University Press, 1992, p. 25-27 ; 43-44 ; 51.

poursuit en nous aussi longtemps que nous vivons. Découvrir à quel point la constitution de notre moi intime aura été affectée par de telles relations d'échange précises, spéciales, avec autrui, aide à mieux saisir la portée de l'enracinement dans une culture. Selon Marc Auger, l'une des questions majeures posées par l'ethnologie « porte sur ce que l'on pourrait appeler l'altérité essentielle ou intime. Les représentations de l'altérité intime, dans les systèmes qu'étudie l'ethnologie, en situent la nécessité au cœur même de l'individualité, interdisant du même coup de dissocier la question de l'identité collective de celle de l'identité individuelle »[1].

Un des apports de Habermas aura été sans doute le relief qu'il a su donner à cet aspect, à ce qu'il appelle « ce monde vécu, dans lequel des évidences culturelles d'origine cognitive, morale et expressive sont intimement liées les unes aux autres ». Comme il le fait observer, « les idées qui ont trait à la "vie bonne" ne sont nullement des représentations que l'on évoque comme un devoir abstrait : elles imprègnent l'identité des groupes et des individus au point qu'elles font partie intégrante de la culture ou de la personnalité de chacun »[2]. D'autant plus remarquable, par conséquent, est son insistance parallèle sur l'universalité incontournable du langage et des prétentions à la validité inhérentes à tout langage humain. « La raison n'a cessé d'être incorporée au langage et de transcender ses langues depuis toujours, dans leur diversité. » Gadamer parle admirablement de « l'entretien illimité que nous sommes » et demande avec raison comment, malgré la multiplicité des langues et des manières de dire, « la même unité du penser et du parler se manifeste cependant partout », comme le montre le phénomène de la traduction, en sa difficulté même. Les règles de la communication, précise Habermas, « incluent également la possibilité de

---

1. Marc Augé, *Non-lieux, op. cit.*, p. 29-30 ; cf. Charles Taylor, *The Politics of Recognition, op. cit.*, p. 25-37, dont nous nous inspirons largement ici. Sur « la visée de l'Universel » se conciliant « avec la reconnaissance d'une radicale historicité », voir Robert Legros, *L'idée d'humanité. Introduction à la phénoménologie*, Paris, Grasset, 1990. Cf., d'autre part, Tony Anatrella, *Non à la société dépressive*, Paris, Flammarion, 1993, p. 80 : « La société dépressive est malade du sens de l'autre » ; et *Le sexe oublié*, Paris, Flammarion, « Champs », 1990, p. 44 : « Une sexualité sans relation à l'autre s'est progressivement imposée comme modèle. »

2. Jürgen Habermas, *Morale et communication*, trad. Christian Bouchindhomme, Paris, Cerf, 1986, p. 129.

surmonter les situations où l'entente intersubjective se dérègle »[1]. Certaines difficultés majeures de la position de Habermas concernent sa pertinence quant à la morale comme telle ; ses critiques ont fait valoir tantôt l'oubli ou l'omission, dans sa théorie, des sources morales autres que langagières (Taylor), tantôt le caractère « intraduisible » d'une tradition morale par rapport à l'autre (MacIntyre), tantôt de poursuivre *de facto*, sans l'admettre, une stratégie fondatrice de la morale (Apel). Il n'est pas sûr qu'il parvienne à répondre de manière toujours convaincante à ces critiques comme à d'autres. Mais dans la mesure où l'entente mutuelle visée par Habermas s'appuie sur les ressources du monde vécu, et où il reconnaît lui-même, en prenant la peine d'argumenter, la validité possible de la parole d'autrui, fût-elle contraire à la sienne, on ne peut qu'accorder qu'il y a ici une reconnaissance *effective* de la dignité humaine[2].

---

1. Jürgen Habermas, *Logique des sciences sociales et autres essais*, trad. Rainer Rochlitz, Paris, 1987, p. 185-186, citant H.-G. Gadamer, *Vérité et méthode*, trad. franç., Paris, Seuil, 1976, p. 250-251 ; voir aussi, dans le même volume, le texte de 1972 sur les théories relatives à la vérité (p. 275-328), et l'avant-propos du traducteur, Rainer Rochlitz ; cf. le grand ouvrage de Habermas, *Théorie de l'agir communicationnel*, trad. J.-M. Ferry et J.-L. Schlegel, Paris, Fayard, 1987. Sur « la solidarité profonde unissant Gadamer et Habermas concernant l'idée de l'entente dialogique », cf. Jean Grondin, *L'universalité de l'herméneutique*, Paris, PUF, coll. « Epiméthée », 1993, p. 216 sq. Il y a évidemment beaucoup plus à dire que nous ne pouvons nous le permettre ici. Touchant la notion très débattue de consensus — et d'autres qui débordent notre présent propos —, voir Jean-Marc Ferry, *Habermas. L'éthique de la communication*, Paris, PUF, 1987 ; Edouard Delruelle, *Le consensus impossible. Le différend entre éthique et politique chez H. Arendt et J. Habermas*, Bruxelles, Ousia, 1993 ; et Stephen K. White, *The Recent Work of Jürgen Habermas. Reason, Justice and Modernity*, Cambridge University Press, 1988.

2. Cf., notamment, Alasdair MacIntyre, *Whose Justice ? Which Rationality ?*, University of Notre Dame Press, 1988 ; Charles Taylor, *Sources of the Self. The Making of the Modern Identity*, Cambridge University Press, 1989, p. 509-510 ; Karl Otto Apel, *Penser avec Habermas contre Habermas*, trad. Marianne Charrière, Paris, Editions de l'Eclat, 1990 ; et Jürgen Habermas, *De l'éthique de la discussion*, trad. Mark Hunyadi, Paris, Cerf, 1992. Le débat de Habermas avec Derrida déborde lui aussi notre propos. On notera que Habermas a reconnu la validité universelle d' « instances de l'éthique » autres que la raison, ainsi la pitié telle qu'introduite par Walter Schulz : « Il est possible de justifier l'universalité de la pitié comme une maxime éthique fondamentale, si nous comprenons la pitié comme une réaction à la violation des structures universelles de l'intersubjectivité dans lesquelles se stabilise l'identité du moi, qui doit être protégée. Comprise comme une catégorie non pas psychologique mais éthique, la pitié est suscitée par les violations de l'intégrité du moi, c'est-à-dire d'une structure symbolique telle que la dignité humaine, et seulement de façon médiate par des violations de l'intégrité physique » (*Logique des sciences sociales*, *op. cit.*, p. 293, n. 19).

4 / PROBLÈMES DE LA COMPRÉHENSION DE SOI

Freud s'étonnant à juste titre du « succès complet et universel » d'Œdipe Roi — « les modernes sont aussi émus que les contemporains de Sophocle » —[1], élabora en conséquence la théorie du « complexe d'Œdipe ». Sans nullement, pour autant, exclure cette réponse freudienne à une excellente question, qui se formule aussi bien, sinon mieux encore, aujourd'hui — pourquoi *Œdipe Roi* émeut-il toujours autant ? — , il est permis d'en pressentir d'autres.

Vif et courageux dans l'action, Œdipe est tellement rapide qu'il anticipe conseils et suggestions ; il possède ce que les Grecs admiraient entre tout, l'intelligence (v. 67 et 397-398) ; elle lui a permis de résoudre, par sa « seule présence d'esprit » (v. 398), l'énigme de la Sphinx qui décime Thèbes en dévorant un à un ses habitants, incapables, eux, de découvrir la vérité : « Quel être, avec une voix seulement, a tantôt deux pieds, tantôt trois, tantôt quatre, et est le plus faible quand il en a le plus ? » Œdipe voit d'emblée la réponse : c'est l'homme ! Il *sait* donc ce qu'est l'homme. Sophocle joue sur le nom d'Œdipe : *oida* signifie « je sais » : il est celui qui sait. Sa « débrouillardise » est telle que, venu à Thèbes en vagabond errant, il est maintenant le souverain admiré de cette grande cité. La faveur populaire fait de lui le roi, et l'époux de Jocaste, la veuve de Laios, le précédent roi.

Voyez comme Œdipe nous ressemble. Son savoir — *knowledge is power* (Francis Bacon) — vaut à l'homme que nous sommes une puissance sans précédent, un pouvoir apparent de monarque sur toutes choses. Un mal mystérieux, la peste, s'étant abattu sur Thèbes, on voit

---

1. Cf. Sigmund Freud, *L'interprétation des rêves*, trad. I. Meyerson, nouvelle édition augmentée et entièrement révisée par Denise Berger, Paris, PUF, 1967, p. 227 sq. (*Die Traumdeutung*, V, IV, 2), et sa lettre du 15 octobre 1897 à Fliess. Voir Ernest Jones, *Hamlet et Œdipe*, Paris, Gallimard, coll. « Tel », 1980, pour la préface de Jean Starobinski surtout, où on trouvera toutes les indications pertinentes. Nos références entre parenthèses dans le texte sont aux vers de Sophocle, *Œdipe Roi*, texte établi par Alphonse Dain et traduit par Paul Mazon, Paris, Les Belles Lettres, 1958. Pour ce qui suit, la préface de Pierre Vidal-Naquet, Œdipe à Athènes, *in* Sophocle, *Tragédies*, Paris, coll. « Folio », Gallimard, 1973, p. 9-37, et l'introduction de Bernard Knox à *Œdipus the King*, in *The Three Theban Plays*, translated by Robert Fagles, New York, The Viking Press, 1982, p. 115-135, nous ont beaucoup éclairé.

Œdipe compatir à la souffrance de tous (v. 59-69). Sophocle a recours à la métaphore du médecin vers qui tous se tournent en vue de la guérison. Œdipe cherche, découvre, questionne, son vocabulaire est tout plein de termes se rapportant à la médecine — Hippocrate de Cos vient de fonder la médecine occidentale — et aux mathématiques (il mesure, définit, calcule) — le siècle de Périclès est aussi un « siècle de lumières ». Il offre un superbe exemple de liberté dans la recherche du vrai, et raille pour sa cécité le devin Tirésias, pourtant son meilleur conseiller.

L'oracle de Delphes ayant déclaré que pour sauver Thèbes de la peste, il faut la débarrasser de l'assassin de Laios, Œdipe s'engage à découvrir le coupable et à venger l'ancien roi. Il mènera vigoureusement l'enquête, malgré toutes les oppositions, jusqu'à ce que la vérité apparaisse : le meurtrier de Laios n'est autre que lui-même : dans une bagarre fortuite, à un carrefour de routes, il avait abattu Laios sans savoir que c'était son propre père — Jocaste, qu'il a épousée, étant sa propre mère — car il avait été éloigné de ses parents dès sa plus tendre enfance, précisément pour conjurer ce sort qu'avaient prédit les dieux. Du même coup, « il se révélera père et frère à la fois des fils qui l'entouraient, époux et fils ensemble de la femme dont il est né, rival incestueux aussi bien qu'assassin de son propre père » (v. 457-460). Jocaste va se pendre ; Œdipe se crève les yeux. Tout sage et homme pratique qu'il était, il avait ignoré toute sa vie l'essentiel, aveugle en réalité devant sa propre identité et ses propres actes. Voici que le détective, le juge et le criminel ne font tous trois qu'un. Le mathématicien découvre qu'il *est* la solution de l'équation, le médecin, que le mal n'était autre que lui-même.

Les niveaux de sens sont évidemment multiples ici. Mais l'antinomie fondamentale concerne le savoir et l'ignorance. *Œdipe à Colone* nous montrera la même formidable personnalité, mais cette fois, encore qu'aveugle, en pleine possession de son identité réelle et confiante en la vérité de la prophétie divine. Cette connaissance nouvelle, acquise au prix d'une telle souffrance, prouve que le mal à l'origine du désastre était bel et bien l'ignorance de soi. Tout autre eût été le sort d'Œdipe s'il avait su qui il était. « Hélas ! hélas ! qu'il est terrible de savoir, quand le savoir ne sert de rien à celui qui le possède » (v. 316-317). Tout son savoir, sur l'homme même, était par trop abstrait. Sa *liberté* même, pourtant si grande, a été entravée, voire annulée, par l'ignorance chez lui de sa véritable identité.

Revenant à nous-mêmes, ni l'accumulation de savoirs, ni l'immense pouvoir technologique ne semblent avoir augmenté en nous la connaissance de notre véritable identité — notre humanité. « Jamais dans l'histoire telle que nous la connaissons, l'homme n'a été autant qu'aujourd'hui un problème pour lui-même » (Max Scheler). De plus, s'agissant de liberté, ne demeurons-nous pas tous, en dépit de ce savoir et de ce pouvoir en apparence illimités, à la merci de pulsions ou de forces inconscientes, de réseaux de déterminismes de toutes sortes — les inconscients freudien, économique, linguistique, biologique et que sait-on encore, sans parler des simples hasards ? La liberté ne serait-elle pas par suite, plus manifestement que jamais, un leurre ?

C'est au point que — thème rebattu — il est question, depuis Nietzsche au moins, d'une fin de l'homme. « A travers une critique philologique, à travers une certaine forme de biologisme, écrivait Michel Foucault, Nietzsche a retrouvé le point où l'homme et Dieu s'appartiennent l'un l'autre, où la mort du second est synonyme de la disparition du premier. » D'après Gilles Deleuze, ce qui intéresse Nietzsche, c'est même, plutôt, « la mort de l'homme »[1].

Nous aurons à parler de la « mort de Dieu », au chapitre V. Contentons-nous pour le moment de la thèse selon laquelle l'avènement des sciences dites humaines a eu pour résultat la « mort de l'homme » — plus exactement d'une certaine idée de l'homme, d' « invention récente » selon Foucault. Or, pourtant, un premier effet de cette disparition est clairement salutaire : de nous garder d'une « auto-idolâtrie » de l'homme, pour reprendre l'expression d'Edgar Morin (et de Baudelaire) ; un second, de rendre possible une connaissance plus complète — et plus vraie en ce sens-là — de nous-mêmes. Il en va autant des progrès remarquables des sciences de la nature, en particulier de divers secteurs de la biologie. « Ce qui meurt aujourd'hui, ce n'est pas la notion d'homme, mais une notion insulaire de l'homme, retranché de la nature

---

1. Voir, respectivement, Max Scheler, *La situation de l'homme dans le monde*, trad. M. Dupuy, Paris, Aubier, 1951, p. 17 et 20 ; Michel Foucault, *Les mots et les choses*, Paris, Gallimard, 1966, p. 353 ; cf. 396 et 317 sq. ; Gilles Deleuze, *Foucault*, Paris, Editions de Minuit, 1986, p. 138.

et de sa propre nature ; ce qui doit mourir, c'est l'auto-idolâtrie de
l'homme, s'admirant dans l'image pompière de sa propre rationalité. »[1]
Mais il y a l'envers. « De simples sciences de fait forment une
simple humanité de fait », constate Husserl au début de son grand
ouvrage sur la crise des sciences européennes. On est dès lors loin de ce
phénomène historique « le plus grand de tous » qui est « la lutte de
l'humanité pour la compréhension d'elle-même (expression qui ren-
ferme en effet le tout de la question) ». Dans sa Conférence de Vienne,
en 1935, Husserl avance que la source de toutes nos détresses réside
dans l'unilatéralité naïve de la conception objectiviste ou psycho-phy-
sique du monde, confinant les sciences de l'esprit au modèle naturaliste
et poussant l'absurdité jusqu'à faire de l'esprit une annexe réelle des
corps, le réduisant à une réalité spatio-temporelle. La subjectivité qui
crée la science n'a sa place légitime dans aucune science objective : on
oublie alors le savant lui-même, qui n'accède pas au rang de thème de
réflexion. Les psychologues (de l'école dite « expérimentale », s'entend) ne font pas exception, qui ont si peu accès à eux-mêmes et à leur
environnement vital *(Lebensumwelt)* qu'ils ne semblent pas avoir
remarqué qu'ils se présupposent eux-mêmes. « Son objectivisme interdit absolument à la psychologie d'inclure dans son thème de réflexion
l'âme, le moi qui agit et souffre, pris en son sens le plus propre et le
plus essentiel. » Et Husserl ajoute : « Partout à notre époque se manifeste le besoin pressant d'une compréhension de l'esprit. »[2] A qui don-

---

1. Edgar Morin, *Le paradigme perdu : la nature humaine*, Paris, Seuil, 1973, p. 213. Cf. Michel
Foucault, *Les mots et les choses, op. cit.*, p. 314-398 ; sur le « sommeil anthropologique » qui aurait
suivi le *Was ist der Mensch ?* (« Qu'est-ce que l'homme ? »), de Kant, voir 351-354 ; sur l'homme
« invention récente », p. 398. Voir aussi, surtout, Fernand Dumont, *L'anthropologie en l'absence de
l'homme*, Paris, PUF, 1981.
2. Cf. Edmund Husserl, *La crise des sciences européennes et la phénoménologie transcendantale*,
trad. Gérard Granel, Paris, Gallimard, 1976, p. 10 et 19 ; et *La crise de l'humanité européenne et la
philosophie*, trad. Paul Ricœur, Paris, Aubier, 1977, p. 79-93. Le premier de ces deux livres, *La
crise des sciences européennes*, considéré par certains, à tort ou à raison, comme de plus grande portée philosophique même que le *Tractatus* de Wittgenstein ou *Sein und Zeit* de Heidegger, « is yet
to be understood and developed », note à juste titre George Steiner dans un compte rendu de la
publication récente de l'importante correspondance de Husserl (*Briefwechsel*, éd. Karl Schuhmann
and Elisabeth Schuhmann, 10 vol., Louvain, Husserl-Archiv/Dortrecht, Kluwer Academic,
1994), in *The Times Literary Supplement*, 24 juin 1994, p. 4 *b*. D'après George Steiner, cette correspondance aide grandement à saisir le dessein de Husserl. Cf., d'autre part, les remarques de
Karl Popper sur le dépassement nécessaire du matérialisme dont la physique elle-même donne
déjà l'exemple en ses progrès plus récents, dans Karl R. Popper and John C. Eccles, *The Self and
its Brain*, Londres, Springer International, 1977, p. 4 sq.

ner raison, entre ces deux points de vue, en apparence opposés, des
sciences d'une part, de Husserl et de tous ceux qui tablent sur l'expérience vécue, de l'autre ?

La « lutte de l'humanité pour la compréhension de soi » n'est, bien
entendu, ni particulière à la modernité, ni exclusivement contemporaine à nous, comme Husserl le savait parfaitement. Bien avant que
Socrate ne rende encore plus célèbre la maxime delphique, γνῶθι
σαυτόν, « connais-toi toi-même », Héraclite avait dit : « Je me suis
cherché moi-même » (ἐδιζησάμην ἐμεωυτόν). Plutarque, de qui nous
tenons ce fragment, précise d'ailleurs que ce sont ces deux propos (la
maxime delphique et la phrase d'Héraclite) qui donnèrent lieu à la
question socratique « Qu'est-ce que l'homme ? » (τί ἄνθρωπός ἐστι),
par laquelle Platon définira expressément la recherche du philosophe.
« Mais qu'est-ce que l'homme, par quoi une telle nature se doit distinguer des autres en son activité ou sa passivité propre, voilà quelle est sa
recherche et l'investigation à laquelle il consacre ses peines » (Théétète,
174 b). Spécialement dans le contexte des problèmes dont nous avons
à débattre plus loin, il n'est pas inutile de rappeler que, selon le corpus
hippocratique à tout le moins, cette question est aussi la question pri-
mordiale de la médecine : « Certains médecins et savants déclarent
qu'il n'est pas possible de savoir la médecine, quand on ne sait pas ce
qu'est l'homme » (ὅ τι ἐστὶν ἄνθρωπος)[1].

Le même fragment 101 d'Héraclite peut aussi se traduire, plus littéralement, « je suis allé à la recherche de moi-même ». « Normale-
ment, commente Charles Kahn, on s'en va à la recherche de *quelqu'un
d'autre*. Comment puis-je être l'objet de ma propre recherche ? Cela
n'aura de sens que si mon moi est en quelque sorte absent, caché, ou
difficile à trouver. (...) La connaissance de soi est difficile parce qu'un
homme est divisé de lui-même. Il est pour lui-même un problème à
résoudre. Nous nous trouvons étonnamment près ici de l'idée

---

1. H. Diels et W. Kranz, *Die Fragmente der Vorsokratiker*, Berlin, Weidmannsche, 1961
(désormais DK), 22 B 101 ; cf. Plutarque, *Contre Colotès*, 20, 1118 c ; pour le *Théétète*, nous citons
la trad. A. Diès (Paris, Les Belles lettres, 1924). Nous suivons largement ici l'excellent commentaire de Marcel Conche, *in* Héraclite, *Fragments*, texte établi, traduit, commenté par Marcel
Conche, Paris, PUF, coll. « Epiméthée », 1986, p. 229-231 ; pour la citation du corpus hippocratique, Conche donne la référence suivante : *De l'ancienne médecine*, 20, p. 620, Littré, I, trad.
Jouanna, *in* Hipp., *La nature de l'homme*, Berlin, Akademie-Verlag, 1975, p. 223.

moderne ou chrétienne qu'une personne puisse être aliénée de son propre (vrai) soi. »[1] Le verbe utilisé par Héraclite signifie la recherche du sens plus profond, la signification d'une énigme, la tentative de découvrir ce qui vit sous la surface. Ce qui n'empêche pas Héraclite de soutenir en même temps, dans un autre fragment capital (DK 22 B 116), qu'il échoit à tous les hommes de se connaître et d'avoir la sagesse. « Marche, marche — ajoute-t-il cependant — tu n'arriveras peut-être jamais à atteindre les frontières de l'âme, quelle que soit l'assiduité avec laquelle tu parcours ses sentiers : tant profond est son *logos* » (DK 22 B 45).

La parole attribuée à Socrate par Platon, « une vie non examinée n'est pas une vie pour un être humain » *(Apologie de Socrate, 38 a)*, nous est encore plus familière. La grande tradition platonicienne soutiendra même que « les dialogues platoniciens et, pour ainsi dire, toute la spéculation philosophique ont pour principe le plus propre et le plus assuré, selon nous, la détermination de notre propre essence » ; « tel est le principe et de la philosophie et de l'enseignement de Platon : la connaissance de soi »[2]. Le *Connais toi toi-même* aura, on le sait, une longue histoire dans la pensée occidentale, où figurent à peu près tous ceux qui ont compté, de l'Antiquité au Moyen Age ; la Renaissance et la modernité prendront la relève à leurs manières[3].

---

1. Charles H. Kahn, *The Art and Thought of Heraclitus*, Cambridge, Cambridge University Press, 1979, p. 116.

2. Cf. Proclus, *Sur le Premier Alcibiade de Platon*, texte établi et traduit par Alain Ph. Segonds, Paris, Les Belles Lettres, 1985, t. I, 1, p. 1 ; 5, p. 4 ; voir les remarquables développements (1-11) sur la connaissance de soi comme principe de la philosophie tout entière. (Sur la tradition de l'*Alcibiade* et l'immense estime en laquelle le platonisme l'a tenu, voir l'introduction d'Alain Segonds, p. VII-CIV. Jamais contestée dans l'antiquité, l'authenticité du dialogue a fait, depuis Schleiermacher, l'objet de discussions non parfaitement résolues encore aujourd'hui.) Cf. Platon : « Je ne suis pas encore capable, comme le demande l'inscription de Delphes, de me connaître moi-même ; dès lors, je trouve qu'il serait ridicule de me lancer, moi, à qui fait encore défaut cette connaissance, dans l'examen de ce qui m'est étranger » (*Phèdre*, 229 c, trad. Luc Brisson, Paris, GF, 1989) ; voir Charles Griswold Jr. *Self-Knowledge in Plato's Phaedrus*, New Haven et Londres, Yale University Press, 1986.

3. Cf. Pierre Courcelle, *Connais toi toi-même de Socrate à saint Bernard*, 3 t., Paris, Etudes augustiniennes, 1974-1975 : après Socrate, Platon, Aristote et leurs disciples, elle va de Cicéron aux néo-stoïciens (Sénèque, Epictète, Marc-Aurèle), aux Gnostiques (anonymes), aux Pères grecs de l'Eglise (Origène, Basile, Grégoire de Nysse, Jean Chrysostome, etc.), puis latins (Ambroise et Augustin, ce dernier étant bien entendu la figure majeure), puis de nouveau les grands néo-platoniciens de Proclus au Pseudo-Denys, puis Boèce et tant d'autres aux Ve et VIe siècles de notre

Nous avons eu et nous aurons maintes fois l'occasion de tirer profit des trésors ainsi accumulés, même si ce n'est que de manière fort limitée. Or la première leçon réitérée par tous reste bel et bien la difficulté spéciale de l'entreprise, relevée déjà, on l'a vu, par Héraclite. Les évidences pleuvent, que d'aucuns s'empressent pourtant d'oublier. C'est vrai même au physique : l'œil ne peut se voir lui-même (Platon, Aristote) ; notre propre visage nous échappe (Augustin). Il nous faut des reflets ou des miroirs, mieux : la pupille de l'œil d'autrui[1].

C'est une évidence et un lieu commun que le « je » est insaisissable ; qu'on essaie seulement d'en attraper un : celui d'autrui lui appartient et je ne puis jamais voir autrui comme il se voit ; mais saurais-je même m'emparer de *mon* « je » propre ? Je ne trouverai en tout cas nulle part un « je » séparé, même de manière introspective. Serait-ce au fond cela qui frappa David Hume, et cela, après tout, qu'on entendrait par l'esprit ? Sans ce « je » pourtant inaccessible au sens, l'expérience ordinaire de l'action, qui plus est la responsabilité, l'imputabilité morales, n'existeraient tout simplement pas.

Mais voyons plutôt ce que Hume avait à dire pour inaugurer ce que Paul Ricœur appelle « l'ère du doute et du soupçon » : « Quant à moi, quand je pénètre le plus intimement dans ce que j'appelle moi-même, je bute toujours sur l'une ou l'autre perception particulière, chaleur ou froid, lumière ou ombre, amour ou haine, douleur ou plaisir. Je ne m'atteins jamais moi-même à un moment quelconque en dehors d'une perception et ne peux rien observer d'autre que la perception. » On ne peut pas dire que ce soit là un début bien « empirique » — car amour ou haine, douleur ou plaisir sont des entités abstraites ; autre serait le sentiment qu'il aime ou qu'il déteste, et ainsi de suite. Leibniz respecte davantage l'expérience réelle, écrivant à un autre propos : « C'est plutôt le *concretum* comme savant, chaud, lui-

---

ère, enfin le Moyen Age, de Jean Scot Erigène à saint Bernard (XIIᵉ siècle). Voir d'autre part Jean Pic de La Mirandole, *Œuvres philosophiques, op. cit.* ; l'étude d'Olivier Boulnois à laquelle nous avons déjà fait référence, « Humanisme et dignité de l'homme selon Pic de La Mirandole », *ibid.*, p. 293-340, contient une analyse approfondie et les renseignements historiques les plus utiles, relativement au Moyen Age et la Renaissance. Pour la modernité, voir Charles Taylor, *Sources of the Self, op. cit.*

1. Cf. Platon [ou Pseudo-Platon], *Premier Alcibiade*, 132 *c* - 133 *c* ; Aristote [ou Pseudo-Aristote], *Magna Moralia*, III, 15, 1213 *a* 14 (et les textes cités *infra*, au chap. VI) ; Augustin, *De Trinitate*, X, IX, 12 (Desclée de Brouwer, Bibliothèque augustinienne, vol. 16, p. 144).

sant, qui nous vient dans l'esprit, que les *abstractions* ou qualités...
comme savoir, chaleur, lumière, etc. qui sont bien plus difficiles à
comprendre. »[1]

L'intérêt de l'observation de Hume est ailleurs, dans ce qu'elle
prouve par défaut, comme si souvent chez les sceptiques. Il était parti
au moyen de la perception à la recherche de son moi et n'a pu le trouver. Pourtant, comme Roderick Chisholm et Paul Ricœur le font
observer, il y a bien là tout de même « *quelqu'un* qui pénètre en lui-
même, cherche et déclare qu'il n'a rien trouvé ». Pourquoi ce quelqu'un ne serait-il pas David Hume en personne, celui-là même qu'il
cherchait ? Le « je » en question n'est autre que celui qui le recherche,
se précédant ainsi toujours comme déjà là, et par conséquent insaisissable. La vérité est donc que le « je » est en tant que tel imperceptible
au sens, et qu'il faut s'y prendre autrement pour le trouver[2]. Les
remarques de Hegel relatives à la conscience sceptique (« ce radotage
dépourvu de conscience »), se vérifient : « Elle énonce le *disparaître*
absolu, mais l'*acte d'énoncer EST*, et cette conscience est le disparaître
énoncé ; elle énonce la néantité du voir, de [l'] entendre, et ainsi de

---

1. Cf. David Hume, *Traité de la nature humaine*, trad. Leroy, 2 vol., Paris, Aubier-Montaigne, 1968, t. I, p. 343 ; Leibniz, *Nouveaux essais sur l'entendement humain*, liv. II, chap. XXIII,
sect. 1 ; nous reprenons ici une des critiques de Roderick Chisholm, dans Questions about the
Unity of Consciousness, in *Theorie der Subjectivität*, éd. K. Cramer, H. F. Fulda, R.-P. Horstmann, U. Pothast, Frankfurt, Suhrkamp, 1987, p. 95 sq. ; voir aussi Paul Ricœur, *Soi-même
comme un autre*, Paris, Seuil, 1990, p. 152-154.

2. Cf. Paul Ricœur, *ibid.*, et Le « soi » digne d'estime et de respect, in *Le respect*, dirigé par
Catherine Audard, Editions Autrement, Séries Morales n° 10, Paris, 1993, p. 90 ; Roderick
Chisholm, *Person and Object, a Metaphysical Study*, Londres, G. Allen & Unwin, 1976, p. 37-41.
Egalement, Ludwig Wittgenstein, *Tractatus logico-philosophicus*, 5.631-5.641, et P. F. Strawson,
Persons, in *Minnesota Studies in the Philosophy of Science*, éd. Herbet Feigl, Michael Scriven and
Grover Maxwell, University of Minnesota Press, p. 330-353. Voir aussi C. A. Van Peursen, *Le
corps - l'âme - l'esprit. Introduction à une anthropologie phénoménologique*, The Hague, Martinus
Nijhoff, 1979, chap. XI, « Le "je" fuyant. Wittgenstein, Ryle, Hampshire », p. 117-137. Il faut
dire enfin, à la décharge de Hume, qu'il paraît avoir fort bien saisi ce que Paul Ricœur appelle
l'ipséité, mais dans un autre texte que la tradition semble avoir malheureusement oublié, son bel
essai sur la dignité humaine : « Yes ; all is self-love. Your children are loved only because they are
yours : *your* friend for a like reason : and *your* country engages you only so far as it has a connec-
tion with *yourself*. Were the idea of self removed, nothing would affect you : you would be alto-
gether unactive and insensible » (...) (Essay XI, Of the Dignity or Meanness of Human Nature,
in *The Essays Moral, Political and Literary of David Hume* [1741-1742], Oxford University Press,
1963, p. 86). A vrai dire, ces propos vont à l'appui de la critique de Ricœur, puisqu'ils mettent
Hume en contradiction explicite avec lui-même et montrent en outre l'importance de l'affectivité dans l'accès à soi. Voir plus loin, notre chapitre sur l'amitié.

suite, et elle *voit, entend,* et ainsi de suite, elle-même ; elle énonce la néantité des essentialités éthiques, et les fait elles-mêmes puissances de son opérer. Son agir et ses paroles se contredisent toujours (...). »[1]

Il n'empêche que Hume, de même que Locke, soit *redivivus* en quelque sorte chez un Derek Parfit aujourd'hui, comme le montre Paul Ricœur, en sa réfutation, d'une patience infinie, de la thèse réductionniste de Parfit selon laquelle « l'existence d'une personne consiste exactement en l'existence d'un cerveau et d'un corps et dans l'occurrence d'une série d'événements physiques et mentaux reliés entre eux ». Locke avait inauguré, lui « l'ère des *puzzling cases* » (Ricœur) qui fait le bonheur des amateurs d'une certaine science-fiction, mais aussi de philosophes tel Parfit. Dans l'*Essai philosophique concernant l'entendement humain,* au fameux chapitre 27 du livre II, Locke se livrait à de bizarres spéculations sur une conscience en deux corps distincts, ou deux consciences habitant le même corps, voire des corps échangeant des consciences, qui inspireront Parfit dans ses expériences imaginaires de télétransport : un « scanner » sur la Terre détruira mon cerveau et mon corps, mais transmettra aussitôt sur Mars, à la vitesse de la lumière, l'information touchant l'état exact de toutes mes cellules ; il en résultera une réduplication exacte de mon corps et de mon cerveau, dans une matière nouvelle. « It will be, conclut Parfit, in this body that I shall wake up » : « c'est dans ce corps-là que je vais m'éveiller ». Qui, « je » ? « Who ? », dirait encore l'excellent personnage nébuleux de P. G. Wodehouse, Lord Emsworth. En comparaison de cette science-fiction de pacotille, les vieux mythes pythagoriciens avaient le mérite de pouvoir s'interpréter de manière allégorique, comme Platon le fit pour le mythe de la réminiscence. Mais il en reste tout de même quelque chose : l'étonnement devant le fait que nous soyons en réalité si différents de ces figures fantasmatiques, et, encore que moins éthérés qu'elles, bien plus étranges, complexes et mystérieux.

Cela dit, la palme des exemples de cet ordre revient à une certaine « bioéthique ». Qu'il suffise de rappeler celui que propose Judith Jarvis

---

1. G. W. F. Hegel, *Phénoménologie de l'esprit,* trad. Gwendoline Jarczyk et Pierre-Jean Labarrière, Paris, Gallimard, 1993, IV B, p. 235. Hegel ajoute plus loin : « Son bavardage est en fait une dispute de garçons entêtés dont l'un dit A lorsque l'autre dit B, et de nouveau B lorsque l'autre [dit] A, et qui, par la contradiction *avec eux-mêmes,* se procurent la joie de rester en contradiction *les uns avec les autres* » (p. 235-236).

Thomson dans l'article peut-être le plus souvent cité en faveur de l'avortement dans les anthologies spécialisées : voici que vous vous réveillez un
matin pour découvrir qu'un célèbre violoniste inconscient a été branché
dos à dos sur votre corps par des tubes, parce qu'il souffre d'une grave
maladie des reins et que vous seul avez le rare type de sang requis pour
lui ; vos reins peuvent ainsi filtrer le poison de son sang comme du
vôtre ; or cela devra durer neuf mois pour que le violoniste ait la vie
sauve ; question : êtes-vous moralement tenu d'accéder à la requête
d'endurer cela neuf mois ? L'exemple déplaît aux féministes, et pour
cause. Le caractère unique, profondément intime, de la relation entre la
femme enceinte et le fœtus est ainsi rendu par Catherine MacKinnon :
« A mon avis et d'après l'expérience de nombreuses femmes enceintes, le
fœtus est une forme de vie humaine. Il est vivant (...). Du point de vue
d'une femme enceinte, il est à la fois moi et pas moi. Il "est" la femme
enceinte en ce sens qu'il est en elle et d'elle et qu'il est à elle plus qu'à personne. Il "n'est pas" elle en ce sens qu'elle n'est pas tout ce qui est là. »[1]
Pourquoi ne pas considérer en effet cette relation concrète, plutôt que de
choisir celui d'entités séparées, dont le lien est accidentel ?

Il y a pire, si c'est possible. En son apologie de l'infanticide, Michael
Tooley propose, à titre d'argument contre « le principe de la potentialité », l'exemple d'une future substance chimique ayant la propriété,
une fois injectée dans le cerveau d'un chat, de transformer éventuelle-
ment ce cerveau en un cerveau humain, si bien que le chat aurait toutes
les aptitudes psychologiques caractérisant des adultes humains : pensée,
langage et le reste. Conclusion : on n'est pas justifié d'assigner à des
membres de l'espèce *Homo sapiens* un droit sérieux à la vie sans assigner
le même droit à des chats ayant subi un semblable développement[2].

---

1. Cf., respectivement, Judith Jarvis Thomson, A Defence of Abortion, in *Applied Ethics*
(éd. Peter Singer), p. 37-56 ; l'exemple est élaboré p. 38 sq. ; Ronald Dworkin, *Life's Dominion*,
op. cit., p. 54-55, qui cite ces propos de Catherine MacKinnon et démontre le caractère dénigrant
et fallacieux de cet exemple proposé par Thomson et d'autres exemples analogues dans la littérature sur l'avortement.
2. Michael Tooley, Abortion and infanticide, in *Applied Ethics*, *op. cit.*, p. 80-81. L'exemple
est repris sur plusieurs pages, pour conclure, comme on l'a vu, que de toute façon un chat nouvellement né et un être humain nouvellement né n'ayant ni l'un ni l'autre un concept de soi, l'infanticide est moralement permissible. Cette réduction de la personne à la conscience de soi de
type intellectuel abstrait — ignorant complètement, par exemple, l'expérience du corps, le toucher en particulier — semble remonter à Locke.

Nous voilà loin des fables délicieuses de La Fontaine, car ici l'exemple est considéré *ad pedem litterae*, il ne s'agit pas d'un mot d'esprit et encore moins d'une rigolade. On peut sans doute trouver dans un garage un moteur subsistant sans voiture, mais il n'y a pas de cerveau de chat sans chat, ni de cerveau d'humain sans humain. Mais nous reviendrons sur ce point. Ce qu'il convient surtout de relever pour l'instant, c'est la même évasion dans l'irréel et l'invraisemblable que chez Parfit ou Thomson. Dans ce cas-ci, l'indigence argumentative ressort en outre du fait que jamais un chat ne devient un humain (*ad pedem litterae* toujours) ; c'est donc, *a contrario*, plutôt un argument en faveur de la potentialité que suggère, à son insu, l'exemple de Tooley ; car ce qu'il faut se demander, c'est pourquoi la plupart du temps (sauf hasard, accident, ou empêchement : par exemple si on le tue) le nouveau-né humain deviendra un humain adulte ; mieux, pourquoi tout être humain a-t-il d'abord été un nouveau-né humain ? Comme disait l'excellent Empédocle, avant même qu'on ait su comprendre la potentialité en tant que telle, « du non-étant rien ne peut naître » (DK 31 B 12).

Indépendamment des dualismes sommaires impliqués dans ce qui précède, spécialement celui de Locke (il y aurait d'une part la conscience de soi, de l'autre un ou des corps) et de Parfit (il y aurait moi, puis une succession de réduplications des structures cellulaires « corps », « cerveau »), ce qu'on peut relever tout de suite, ce sont les aléas de descriptions cherchant à contourner l'expérience personnelle concrète. Elles se multiplient néanmoins de nos jours dans la *popular science* que nous critiquons au chapitre II. Parfit définit bien ce qu'il appelle « my claim », « ma thèse », comme étant que « nous puissions décrire nos vies de manière impersonnelle ». La thèse de qui ? Les vies de qui ? Ricœur note avec raison que « je n'ai aucun rapport vécu à mon cerveau. A vrai dire, l'expression "mon cerveau" ne signifie rien, du moins directement : absolument parlant, il y a *un cerveau* dans mon crâne, mais je ne le sens pas (...) Sa proximité dans ma tête lui confère le caractère étrange d'intériorité non vécue ». Tout autre est mon rapport vécu à la main, l'œil, le cœur (dans l'émotion), la voix. Charles Taylor a brillamment dépeint, de son côté, l'illusion de « mémoires » ou de « consciences » parfaitement « détachables » qu'entraîne cette autre illusion : le « soi ponctuel » de

Locke et de ses épigones, tel Parfit. Wittgenstein en faisait aussi une cible favorite[1].

Bien plus juste nous semble le nouveau départ pris par Thomas Nagel, du sein même de l'école dite analytique : « La recherche de l'objectivité se heurte à une limite lorsqu'elle revient vers le moi et essaie d'englober la subjectivité dans sa conception du réel. Le caractère réfractaire de ce matériau à la compréhension objective exige à la fois que l'on modifie la forme de l'objectivité et qu'on reconnaisse qu'elle ne peut, à elle seule, fournir un tableau complet du monde ou un point de vue exhaustif sur ce dernier. »[2] Le sujet humain n'est d'aucune manière réductible à un objet — étymologiquement, « ce qui est placé devant ». Même l'expérience vécue de mon corps ne peut être mise là devant moi, « objectivée ». Celle de penser non plus ; les progrès accomplis par « l'intelligence artificielle » en fournissent une preuve additionnelle, pour ceux qui en douteraient encore.

La machine de Turing a montré, en effet, que des opérations algorithmiques, élaborées à l'origine dans notre cerveau, peuvent être ensuite confiées à des machines stylisées, créées elles aussi par le génie humain. Même s'il est difficile de jamais prendre *sérieusement* une opération de pur calcul pour de la *pensée*, la différence est encore plus patente maintenant, grâce aux machines, si on peut dire. Car mieux l'opération est automatisée, plus elle est efficace. Réfléchir, s'interroger sur le sens de ce qu'on fait en calculant, se livrer alors en somme à des activités non algorithmiques, nuit au calcul comme tel ; une simple opération de division suffit à le démontrer. L'automatisme de dispositifs algorithmiques comme des ordinateurs, garantit une exécution

1. Cf. Paul Ricœur, *op. cit.*, p. 150-166 ; Derek Parfit, *Reasons and Persons*, Oxford, Clarendon Press, 1984, en particulier p. 199 et 217 ; Charles Taylor, *Sources of the Self*, *op. cit.*, p. 172-173 ; mais aussi tout le chapitre intitulé « Locke's Punctual Self », p. 159-176, et les notes qui ajoutent d'importants arguments contre Locke, p. 542-544 ; sur Parfit, p. 49, 172, 527-528. « If my identity with X just *consisted* in my consciousness of this identity, then I *would* be Napoleon, and God would be doing no injustice in punishing me for his sins. (...) Locke stumbles on our prereflective sense of identity, which his consciousness criterion crucially fails to capture » (p. 544). Quant à Wittgenstein, voir Fergus Kerr, *La théologie après Wittgenstein. Une introduction à la lecture de Wittgenstein*, trad. Alain Létourneau, Paris, Cerf, 1991, et ses remarques sur le corps dont nous faisons état au chapitre III.

2. Thomas Nagel, *Le point de vue de nulle part*, trad. Sonia Kronlund, Paris, Editions de l'Eclat, 1993, p. 10.

plus parfaite et plus rapide des opérations qu'on a su isoler et « programmer » en elles. Ce qu'on ne pourra évidemment jamais séparer, en revanche, c'est l'acte de penser lui-même, lequel pose un défi de taille à qui veut se comprendre, comme nous verrons. L'intérêt des recherches en « intelligence artificielle » est de dégager ce qui est extériorisable en des dispositifs exosomatiques, de séparer l'opération de l'acte, et de mettre ainsi en un relief saisissant ce qui n'est pas de la pensée, encore qu'engendré initialement par elle. Les robots, sous une forme ou une autre, correspondent à un vieux rêve humain, remontant, en Occident, jusqu'à Homère au moins (*Iliade*, XVIII, 373-378 ; 417-420), comme l'a indiqué Karl Popper ; notre succès croissant en ce qui les concerne devrait nous aider à cerner de plus près, par contraste, ce qui n'est pas mécanisable[1].

L'excellente définition de la bêtise proposée par André Glucksmann illustre utilement notre propos : « (...) La bêtise moderne d'entrée de jeu se présente comme une méthode. C'est-à-dire comme "un système d'opérations extériorisables qui fasse mieux que l'esprit le travail de l'esprit". A prendre au pied de la lettre cette définition de la méthode par Valéry, il faudrait déduire que la bêtise en constitue l'exemple unique, car elle triomphe à la faveur d'une imitation substitutive qui élève l'absence de jugement en succédané de jugement. Si la bêtise ne se donnait un air d'intelligence, elle ne tromperait personne et la vanité de ses comédies ne tirerait pas à conséquence. Procédant par simulacre, elle échappe dans les figures concrètes qu'elle compose (...). »[2]

Il va de soi que notre cerveau est étroitement associé à notre acti-

---

1. Cf. Margaret A. Boden (éd.), *The Philosophy of Artificial Intelligence*, Oxford University Press, 1990 ; Hubert L. Dreyfus, *L'intelligence artificielle : mythes et limites*, trad. franç., Paris, Flammarion, 1984 ; et surtout Roger Penrose, *The Emperor's New Mind. Concerning Computers, Minds, and the Laws of Physics*, Oxford University Press, 1989 ; Jean Ladrière, L'organisme et la personne, *in* G. Florival (éd.), *Figures de la Finitude*. Etudes d'anthropologie philosophique, Louvain-la-Neuve, 1988 ; Charles De Koninck, *The Hollow Universe*, Oxford University Press, 1960 ; Karl R. Popper et John C. Eccles, *The Self and its Brain*, Londres, Springer International, 1977, p. 4 sq. On notera qu' « algorithme » est le résultat d'une transcription du nom du grand mathématicien musulman Al-Khawarizmi (IXe siècle de notre ère), à qui nous devons aussi le mot « algèbre », d'après le titre d'un ouvrage qu'il publia en 830 ; la découverte des règles opératoires de calcul remonte ainsi essentiellement au Moyen Age.

2. André Glucksmann, *La bêtise*, Paris, Grasset, 1985, « Le Livre de Poche », p. 10.

vité de penser. La sorte de résistance que nos efforts de réflexion éprouvent sous l'emprise de la fatigue ou d'une médication trop forte, est depuis toujours un indice pour tout le monde de ce lien au corps. Aujourd'hui, en outre, les progrès passionnants des neurosciences permettent d'espérer des lumières nouvelles touchant le lien esprit-cerveau, que William James appelait _the ultimate of ultimate problems_, et qui constitue un des domaines où le dialogue entre savants et philosophes s'impose le plus manifestement[1]. Notre système nerveux, éprouvé de l'intérieur jusqu'à un certain point, n'en est pas moins une portion du monde physique observable et analysable ; la neurophysiologie révèle un objet physique éminemment complexe : douze milliards de cellules, chacune d'entre elles à son tour une structure complexe ayant jusqu'à soixante mille boutons synaptiques de connexion avec d'autres cellules. Nous sommes de mieux en mieux renseignés eu égard aux frontières externes du système nerveux — stimuli sensoriels, contractions musculaires — cependant que les processus centraux demeurent obscurs. Nous en savons de plus en plus sur les neurones, leur interaction, la propagation des impulsions électriques nerveuses. L'observation de cas pathologiques a permis un commencement de géographie du cerveau : des lésions d'une aire (Broca) de l'hémisphère gauche entraînent des troubles de langage (aphasie motrice), celles d'une autre aire (Wernicke) du même hémisphère cérébral affectent la compréhension du langage (aphasie sensorielle) ; la perte de l'hippocampe empêche la constitution de nouveaux souvenirs ; et ainsi de suite. Mais relativement à la compréhension du langage, de la mémoire, il est évident que cela ajoute bien peu ; et à celle de la pensée comme telle, rien du tout. De fait, le mystère croît plutôt : « Plus nous en apprenons sur le cerveau, plus il est clair combien peu nous comprenons son incarnation de l'esprit » ; tenter de tracer une géographie du cerveau, « c'est comme essayer de comprendre comment fonc-

---

1. Cf. Wilder Penfield, _The Mystery of Mind. A Critical Study of Consciousness and the Human Brain_, Princeton University Press, 1975, p. XXVIII. L'ouvrage conjoint de Karl R. Popper et John C. Eccles, _The Self and its Brain, op. cit._, offre un très bel exemple d'un tel dialogue. De même le numéro spécial de la _Revue de métaphysique et de morale_ (97ᵉ année / n° 2 ; avril-juin 1992), _Neurosciences et philosophie. Le problème de la conscience_, préparé par Claude Debru. Voir aussi Jean-Pierre Changeux et Alain Connes, _Matière à pensée_, Paris, Editions Odile Jacob, 1989, pour un dialogue entre un biologiste et un mathématicien.

tionne le système politique des Etats-Unis en repérant les édifices publics sur un plan de Washington DC » (Thomas Nagel)[1].

Mais qu'est-ce alors au juste penser, et comment rendre compte du lien esprit-corps, si esprit il y a ? Comme dans l'échec du sceptique de tout à l'heure, la leçon est claire : il faut chercher ailleurs, ou autrement.

Tout ce qui a trait à la pensée importe spécialement à notre thème, ainsi qu'en font foi les énoncés classiques suivants, dont la vigueur étonne, tant on les a enfouis sous les gloses. L'affirmation plusieurs fois réitérée par Pascal lui-même d'abord — « Toute la dignité de l'homme est en la pensée » — a connu trop de reprises, sous des formes diverses, dans la pensée moderne, pour qu'il soit utile de les citer. Mais on sait moins, peut-être, l'accord entier, parfaitement clair, des plus grands poètes, philosophes, voire mystiques, qui l'ont précédé. Ainsi Euripide : « L'intellect est Dieu en chacun de nous. » Platon : il n'est « rien dans l'âme de plus divin que cette partie où résident la connaissance et la pensée ». Aristote abonde dans le même sens : « Que pourrait-il y avoir de supérieur et à la science et à l'intellect sauf Dieu ? »[2] Aux yeux d'Aristote comme à ceux de Platon, le paradoxe de notre condition est évident du fait que ce qui nous définit le plus proprement en tant qu'humains soit en même temps ce qui est le « plus divin en nous », l'intelligence[3]. Pour Aristote, chacun de nous est même principalement sa faculté pen-

---

1. *Is that you, James ?*, in *The London Review of Books*, vol. 9, n° 17, 1ᵉʳ octobre 1987, p. 3. Pour une discussion détaillée et bien informée de l'état actuel des débats, voir Jean-Noël Missa, *L'esprit-cerveau. La philosophie de l'esprit à la lumière des neurosciences*, Paris, Vrin, 1993. Voir d'autre part Georges Canguilhem, Le cerveau et la pensée (1980), in *Georges Canguilhem, Philosophe, historien des sciences*, Paris, Albin Michel, 1993, p. 11-33. Le premier philosophe de notre tradition à s'intéresser de manière empirique au cerveau comme « siège de la pensée » fut Alcméon de Crotone, un proche des premiers Pythagoriciens (VIᵉ siècle avant Jésus-Christ), qui sut très bien caractériser la pensée humaine comme faculté de synthèse : seul l'être humain est capable, dit-il, de « mettre ensemble » (ξυνιέναι), alors que les autres animaux ont des sensations mais ne peuvent « comprendre » (l'étymologie du mot français suggère la même idée) : cf. DK 24 B 1 a. Alcméon semble avoir commencé l'étude physiologique des organes de la perception ; il est, rapporte-t-on, « le premier à avoir osé entreprendre une dissection de l'œil » (Chalcidius, *in* DK 24 A 10).

2. Cf., respectivement, Pascal, *Pensées*, B 365, L 756 ; B 346 et 347 ; L 200 et 759 ; Euripide, fragment 1018 (Nauck) ; Platon [ou Pseudo-Platon], *Premier Alcibiade*, 133 c ; Aristote, *Ethique à Eudème*, trad. Vianney Décarie, VIII, 2, 1248 a 28-30.

3. Cf. Platon, *République*, IX, 589 e ; Aristote, *Ethique à Nicomaque*, X, 7, 1177 a 16. Voir en outre Platon, *Théétète*, 176 b et *Timée*, 90 c ; Aristote, *De Partibus Animalium*, IV, 10, 686 a 28-29 ; *Eth. Nic.*, X, 7, *in toto* ; *De Anima*, I, 4, 408 b 25 ; III, 4, 429 a 15 ; 429 b 23 ; 430 a 18 ; 430 a 24 sq. ; *De Generatione Animalium*, II, 3, 737 a 9-10.

sante[1]. Si seulement nous pouvions de nos yeux voir la pensée, « quelles inimaginables amours ! », écrit Platon dans le *Phèdre*. Plotin considère l'intelligence « le plus beau des êtres ». Shakespeare y reviendra : l'intellect, ou la raison, sont *god-like*. Les maîtres chrétiens sont tout aussi admiratifs : *Intellectum vero valde ama* (Augustin). Mais l'énoncé entre tous le plus remarquable à notre avis vient de saint Jean de la Croix : « Une seule pensée de l'homme est plus précieuse que tout l'univers : d'où vient que seul Dieu en est digne. »[2] Qu'est-ce à dire ?

A supposer qu'on concède à la tradition, ancienne et moderne, que la dignité humaine soit essentiellement liée à la pensée, et à la liberté, ne s'ensuit-il pas, en bonne logique, que le jour où, à la suite d'un grave accident par exemple, cette pensée et cette liberté ne se manifestent plus, la dite « dignité » disparaît obligatoirement avec eux ? Cette divine raison dont parlent les poètes, la brillante créativité, l'autonomie dans l'agir, morale de surcroît, la pensée pleinement consciente d'elle-même — tout cela s'étant évanoui à cause d'une grave lésion cérébrale, ne deviendrait-on pas dès lors, manifestement, moins une « personne » qu'auparavant ? N'est-ce pas là, en fait, la conclusion à laquelle doit conduire la fameuse conception classique de l'homme comme *zoon logikon, animal rationale*, qu'on traduise par « animal doué d'un *logos*, d'une parole », ou, tout banalement même, « animal rationnel » ? Dans l'hypothèse où on rejetterait cette inférence, ne devrait-on pas alors rejeter les prémisses et donc toute association entre liberté, ou pensée, et dignité ?

C'est le lieu de rappeler la thèse de H. Tristram Engelhardt Jr. et d'autres, à laquelle nous avons fait une brève allusion dans le liminaire : les lignes suivantes parlent d'elles-mêmes, mieux que toute glose : « (...) Ce ne sont pas tous les humains qui sont des personnes. Ce ne sont pas tous les humains qui sont conscients d'eux-mêmes, rationnels, et capables de concevoir la possibilité de blâmer ou de

---

1. Cf. *Ethique à Nicomaque*, IX, 4, 1166 *a* 16-23 ; IX, 8, 1168 *b* 35 et 1169 *a* 2 ; X, 7, 178 *a* 2-7 ; *Protreptique*, fr. 6 (Ross) ; et quantité de textes parallèles dans Jean Pépin, *Idées grecques sur l'homme et sur Dieu*, Paris, Les Belles Lettres, 1971, notamment p. 80-94.

2. Voir Platon, *Phèdre*, 250 *d* ; Plotin, *Ennéades* III, 8, 11 ; Shakespeare, *Hamlet*, IV, IV, 36-39 ; cf. II, II, 307-311 ; III, I, 160 ; saint Augustin, *Ep. 120 ad Consentium*, III, 13 ; cf. *De Trinitate*, XV, II, 2 ; et XXVIII, 51 ; saint Jean de La Croix : « Un solo pensamiento del hombre vale más que todo el mundo ; por tanto sólo Dios es digno de él » (*Dichos de luz y amor*, 34 ; trad. P. Cyprien).

louer. Les fœtus, les nouveau-nés, les déments profonds, et les coma-teux désespérés fournissent des exemples de non-personnes humaines *(human nonpersons)*. De telles entités sont des membres de l'espèce humaine. Elles n'ont pas en et par elles-mêmes de stature *(standing)* dans la communauté morale. Elles ne peuvent blâmer ou louer ni être dignes de blâme ou de louange. Elles ne sont pas des participants de premier plan *(prime participants)* dans l'effort moral. Seules les per-sonnes ont ce statut. » En outre : « Ce qui est important chez nous en tant qu'humains, ce n'est pas notre adhésion à l'espèce *Homo sapiens* en tant que telle, mais le fait que nous sommes des personnes. Cette dis-tinction entre personnes et humains aura d'importantes conséquences quant aux manières de traiter la vie humaine personnelle par rapport à la vie humaine simplement biologique. Une fois qu'on a clairement articulé ces distinctions, on peut mettre au jour quelques-unes des confusions conceptuelles qui ont infesté les débats moraux concernant l'avortement. » Enfin ceci, qui rejoint partiellement la question que nous venons de formuler : « On ne supposera pas que les fœtus sont en fait, de manière occulte ou cachée, des êtres rationnels. On ne suppo-sera pas qu'il y a une âme rationnelle qui est là en quelque façon cachée et non manifeste. Les personnes sont des personnes lorsqu'elles ont les caractéristiques de personnes : quand elles sont conscientes d'elles-mêmes, rationnelles, et en possession d'un sens moral mini-mal. » Engelhardt prétend ici suivre Kant. Il discute d'autre part assez longuement la notion de puissance et fait état de l'opinion de saint Thomas d'Aquin à propos de l'embryon[1].

---

1. Cf. H. Tristram Engelhardt Jr., *The Foundations of Bioethics, op. cit.* ; nos citations sont tirées des pages 107, 108 et 109 ; sur la potentialité, voir p. 110 sq. ; sur Thomas d'Aquin, *ibid.*, ainsi qu'une note en p. 148 où la plupart des références sont toutefois inexactes. Sur Kant, voir *Dignity and Practical Reason in Kant's Moral Theory* (Cornell University Press, 1992), par Thomas E. Hill Jr., notamment p. 201-202. Dans un esprit analogue à celui de Engelhardt, voir, outre Michael Tooley déjà cité, *loc. cit.*, p. 74 sq., Peter Singer, *Practical Ethics*, second edition, Cam-bridge University Press, 1993, p. 152 sq. ; F. M. Kamm, *Creation and Abortion. A Study in Moral and Legal Philosophy*, Oxford University Press, 1992, p. 16 sq. Pour des discussions plus nuancées et mieux informées, voir, outre l'article précité d'Anne Fagot-Largeault et Geneviève Delaisi de Parseval, le livre de J.-F. Mattei, *La vie en questions,* Paris, La Documentation française, 1994, ainsi que celui de J.-L. Baudoin et Danielle Blondeau, *Ethique de la mort et droit à la mort,* Paris, PUF, 1993. Voir aussi *Les mots de la bioéthique* (éd. G. Hottois et M.-H. Parizeau), Bruxelles, De Boeck-Erpi, 1993.

L'argument d'Engelhardt contre la potentialité a cependant plus de tenue que ceux des autres « bioéthiciens » de l'école anglo-saxonne qui y font également objection, mais, de préférence, à coup d'exemples, comme nous l'avons vu pour Michael Tooley ; Engelhardt va en effet droit au principe, avant de passer aux applications : « Si X est un Y potentiel, il s'ensuit que X n'est pas Y » (p. 114). C'était bien le problème tel qu'il apparaissait aux Présocratiques : comment un être peut-il provenir de ce qu'il n'était pas : ou bien il était déjà, auquel cas il n'y a pas vraiment eu de devenir ; ou bien il provient du non-être, mais rien ne vient de rien, comme nous venons d'entendre Empédocle nous dire. Les Mégariques aussi, contemporains, eux, de Socrate et Platon, n'arrivaient pas à comprendre la potentialité ; seul existait l'actuel à leurs yeux. C'est Platon qui le premier, dans *Le Sophiste*, a montré que « non-être » se dit de multiples façons ; aussi longtemps qu'on le maintient univoque, les réalités les plus familières, ainsi le devenir lui-même, restent inintelligibles comme l'ont manifesté les arguments des Eléates, Parménide et Zénon surtout ; ἔστιν ἤ οὐκ ἔστιν, « ou bien il est, ou bien il n'est pas », déclarait Parménide (DK 28 B 8, 16). La position de Engelhardt, si nous la comprenons bien, paraît donc fort voisine de celle des Eléates ; il faut lui savoir gré d'avoir su en tout cas poser à nouveau la question du devenir en termes d'être et de non-être, comme il se doit. Quant aux Mégariques et leurs successeurs, ou la négation de la potentialité comme telle, nous en reparlerons au chapitre IV.

La difficulté que nous soulevions devient, en somme, plus précise encore : la dignité dont on parle d'ordinaire, c'est bel et bien la dignité de la personne humaine. Qu'est-ce donc qu'une personne humaine ? Un être pensant, libre, moral ou immoral ? Existe-t-il des humains qui n'ont pas la dignité de personnes ? Nous voilà reconduits aux thèmes présentés dans le liminaire.

Il n'est pas possible de faire face aux différents problèmes esquissés, sans une digression préalable touchant la crise de la culture contemporaine, car celle-ci affecte la méthode même d'approche de ces problèmes. Cette tâche occupera donc le prochain chapitre.

II

La crise de la connaissance
et le défi du concret

1 / L'usure que son usage si fréquent aujourd'hui fait subir au mot *crise* risque de masquer sa richesse réelle. Tout comme « critique », ou « critère », il renvoie au mot grec *krisis* (« séparation, distinction ; décision, jugement ; choix, élection ») et au verbe *krinein*, qui a non seulement le sens de « séparer », « juger », « décider », mais aussi un sens physiologique bien défini, celui d'éliminer de l'organisme les substances nocives. Le verbe latin *cernere* a pareillement le sens concret de « trier, passer au crible » (*excrementum*, « criblure » est de même racine), avant même celui de « discerner », « distinguer » par les sens ou par l'esprit, ou celui de « décider ». Pour peu que le discernement qu'effectuent nos reins, par exemple, devienne déficient, notre organisme s'empoisonne et nous en mourons. L'analogie est claire : le jugement critique est tout aussi essentiel à la vie de l'esprit, à la vie dans ce qu'elle a de plus proprement humain, que l'est pour l'organisme le rejet de ce qui est toxique. Comme de juste, les premiers usages du mot de crise dans les langues modernes sont médicaux : il désigne d'abord, dans une maladie, le point déterminant où se décide la guérison ou la mort, le tournant vers le meilleur ou le pire. D'où le sens ultérieur d'étape d'importance vitale et

---

1. « Grise, cher ami, est toute théorie, / Et vert, l'arbre de la Vie » (Goethe, *Faust I*, V, 2038) ; « Hé ! ho !, par le vent et la pluie... / Pour la pluie, il pleut tous les jours » (Shakespeare, *Le soir des rois, in fine*).

décisive. Rien de plus regrettable qu'une décision faisant fi d'une crise
en ignorant celle-ci ; en reportant l'examen du mal, elle le prolonge et
l'aggrave ; « things bad begun make strong themselves by ill » (*Macbeth*,
III, II, 55) : le mal s'affermit, quand on a commencé de travers.

Un mal anonyme, non identifié, non critiqué, agit ainsi comme
ces cancers devenus incurables parce que le bon diagnostic est venu
trop tard. L'exemple médical met en relief le caractère fondamental de
la connaissance, et donc la gravité d'une crise au sein de la connaissance elle-même qu'on ne parviendrait pas à résoudre. En voici d'autres exemples : dans la mesure où les réalités d'ordre éthique, écologique, économique dont nous sommes responsables dépendent de nos
connaissances ou de leurs contraires (ignorances, erreurs), il y a forcément une relation de causalité directe entre la crise contemporaine de
la connaissance et les diverses autres crises — éthique, économique,
écologique — qui secouent notre monde. Le fait qu'il y ait aussi d'autres causes — certains déterminismes, la nature et la contingence —
n'enlève pas la part de responsabilité du connaître humain[1].

Ainsi, dans *Steps to an Ecology of Mind* (1972), Gregory Bateson
relevait, parmi les causes profondes de la crise écologique, l'action
combinée du progrès technologique et « des idées conventionnelles
(mais *fausses*) sur la nature de l'homme et sa relation avec l'environnement ». L'aberration de la disjonction opérée entre la nature et l'humain, de l'ambition déclarée, à l'aube de la modernité, de nous constituer désormais « maîtres et possesseurs de la nature », se fait de plus
en plus évidente. Dans la vaste littérature d'inspiration écologique, on
parle même de « devoir envers la nature », fût-ce uniquement en vue
de notre propre préservation : « Ce que le bio-logique révèle, écrit
Daniel J. Kevles, c'est que, oui, nous avons un devoir envers la nature,
non pas d'abord pour elle, mais pour nous-mêmes. »

---

1. Cf. la célèbre finale de John Maynard Keynes, *The General Theory of Employment, Interest
and Money*, Londres, 1936 : « The ideas of economists, and political philosophers, both when they
are right and when they are wrong, are more powerful than is commonly understood. Indeed
the world is ruled by little else. Practical men, who believe themselves to be quite exempt from
any intellectual influences, are usually the slaves of some defunct economist. Madmen in autho-
rity, who hear voices in the air, are distilling their frenzy from some academic scribbler of a few
years back. (...) Soon or late, it is ideas, not vested interests, which are dangerous for good
or evil. »

L'écart grandit entre le discours strictement scientifique des savants et la pensée ordinaire, laquelle est pourtant aussi le fait de chaque savant dès qu'il sort de sa spécialité, ou même lorsqu'il tente d'expliquer à d'autres son savoir professionnel, voire de situer à ses propres yeux ce savoir au regard du reste de son expérience. C'est le passage au langage ordinaire qui est révélateur. Il ne peut pourtant être évité, car il n'existe pas de langue interdisciplinaire autre que lui, et l'idiome de chaque discipline demeure impénétrable aux autres, comme en la tour de Babel. En outre, il faut bien divulguer un jour au moins les résultats de ce savoir et leur signification à d'autres que des scientifiques. C'est là que le phénomène de la *popular science* prend son essor — d'une vulgarisation qui est rarement à la hauteur de la science elle-même, tout en demeurant pourtant investie de toute son autorité ; elle semble faire de fréquentes victimes chez les spécialistes eux-mêmes.

Aussi dénonce-t-on avec raison la dissolution de l'idée de vie même chez certains de ceux dont la profession est définie par cette dernière, à savoir des biologistes ; l'élimination graduelle de l'homme en des sciences soi-disant « humaines » ; l'abandon par la culture humaniste elle-même de questions fondamentales auxquelles elle doit pourtant sa première raison d'être et qui concernent tous et chacun : le sens de la vie, le bien et le mal, la dignité humaine, la société, Dieu. C'est la rupture entre nos connaissances et nos existences, entre la réflexion et la vie, qui est alors, à juste titre, incriminée. On ne saurait mieux le dire qu'Edgar Morin : « L'intellectuel affronte de moins en moins la résistance du réel. L'essayisme risque de plus en plus l'arbitraire, l'extravagance, l'aveuglement. » Il est trop facile de s'en tirer en récusant les idées générales, puisque cette récusation est elle-même « la plus creuse des idées générales. Et, du reste, nul spécialiste n'échappe aux idées générales : nul ne peut se passer d'idées sur l'univers, la vie, la politique, l'amour. Finalement, loin de réduire les idées générales creuses, le règne des spécialistes les accroît »[1].

1. Cf., respectivement, Gregory Bateson, *Vers une écologie de l'esprit*, trad. franç., Paris, Seuil, 1980, t. II, p. 246 sq. ; Daniel J. Kevles, Some like it hot, in *New York Review of Books*, 26 mars 1992, p. 31-39 ; Edgar Morin, *La méthode 3. La connaissance de la connaissance*, Paris, Seuil, 1986, p. 13 sq. ; *La méthode 4. Les idées*, Paris, Seuil, 1991, p. 65-72, et les travaux de J. Wojciekowski auxquels il renvoie. Voir également Mary Midgley, *Science as Salvation. A Modern Myth and its Meaning*, Londres, Routledge & Kegan Paul, 1992.

2 / Les conséquences de cette crise contemporaine de la connaissance sont, on l'aura pressenti, considérables quant à notre thème, en
particulier pour les questions de méthode. Comme plusieurs de ses
aspects ont été maintes fois marqués, l'essentiel peut en être résumé
rapidement. Au cœur de la crise se découvre une nouvelle forme d'inculture, accompagnant les splendides progrès de la connaissance scientifique et de la technologie. Edgar Morin décèle un obscurantisme
favorisé par la mutilation du savoir : « Nos gains inouïs de connaissance se paient en gains inouïs d'ignorance. » La connaissance scientifique nous révèle chaque jour de nouvelles merveilles sur le cosmos,
sur la matière, sur la vie, sur le cerveau humain, et pourtant ce formidable enrichissement « apporte avec lui une formidable paupérisation
de la connaissance », qui plus est « une nouvelle et redoutable ignorance ». Si ces maux spécifiquement modernes que sont la pollution, la
dégradation écologique, la croissance des inégalités dans le monde, la
menace thermonucléaire apparaissent inséparables des progrès de la
connaissance scientifique, si les pouvoirs asservisseurs ou destructeurs
issus du savoir scientifique échappent au contrôle, c'est que chacun
« devient de plus en plus ignorant du savoir existant », de « ce qu'est et
fait la science dans la société ». Avec humour et brio, Milan Kundera
considère comme la plus importante de son siècle la découverte que fit
Flaubert de la bêtise, plus significative même, assure-t-il, que les idées
les plus étonnantes de Marx ou de Freud : loin de céder à la science, à
la technologie, à la modernité, au progrès, cette bêtise progresse au
contraire avec le progrès. Elle consiste en un moderne *Dictionnaire des
idées reçues*, dont le flot est programmé sur ordinateurs, propagé par les
mass médias[1].

Une manière plus classique de dire substantiellement la même
chose serait d'évoquer cette « double ignorance » *(diplê agnoia)* en
laquelle Platon voyait « la cause de toutes les erreurs à laquelle notre
pensée à tous est sujette » (*Sophiste*, 229 *b-c*). Comment qualifier autrement en effet une connaissance « scientifique » qui non seulement
ignore souvent son propre devenir (sa propre histoire) et son rôle dans
la société, mais qui, en se privant de toute réflexion critique, ignore ses

---

1. Cf. Edgar Morin, *loc. cit.* ; Milan Kundera, *L'art du roman*, Paris, Gallimard, 1986, *in fine*.

limites, ses présupposés méthodologiques, et par conséquent ne se connaît pas ? A ce point de vue, les remarques suivantes de Platon — dont l'attachement aux mathématiques était pourtant très grand, on le sait — sont aussi pertinentes maintenant que lorsqu'elles furent écrites : « Quant aux arts restants, dont nous avons affirmé qu'ils saisissent quelque chose de ce qui est réellement, je veux dire la géométrie et les arts qui lui font suite, nous voyons que ce ne sont que des songes qu'on fait à propos de ce qui est réellement, mais qu'il leur sera impossible d'y voir aussi clair que dans la veille, tant qu'ils garderont intangibles les hypothèses dont ils se servent, et dont ils ne sont pas capables de rendre raison. Car celui qui a pour point de départ quelque chose qu'il ne connaît pas, et dont le point d'aboutissement et les étapes intermédiaires sont enchaînés à partir de quelque chose qu'il ne connaît pas, comment pourrait-il bien, en accordant ensemble de tels éléments, parvenir jamais à un savoir ? » Toujours à ce même point de vue, le mot de Heidegger, « la science ne pense pas, elle calcule », n'apparaît plus si exagéré.

Le mot a été lâché : les « spécialistes ». L'économiste américain, John Kenneth Galbraith, le constate : « Une des aberrations étonnantes et peu examinées de la vie académique, professionnelle, ou des affaires, c'est le prestige accordé sans réfléchir au spécialiste. » En médecine, par exemple, poursuit-il, « le spécialiste est considéré comme bien supérieur professionnellement et socialement au généraliste ». Or « la spécialisation engendre non seulement l'ennui mais aussi le manque d'à-propos et l'erreur. C'est certainement le cas pour toutes les questions pratiques. (...) Le spécialiste, en raison de son entraînement, exclut vertueusement ce qu'il est commode de ne pas savoir ». Les fameuses prédictions d'Ortega, il y a plus d'un demi-siècle, quant à la « barbarie du spécialisme », qui permet à des « savants-ignorants » de profiter (à leur insu souvent, peut-être) de la crédulité des masses, seraient-elles inéluctables ? Il faut donner raison au physicien David Bohm : « Ce dont on a d'abord besoin, c'est la réalisation croissante du danger extrêmement grand de continuer avec un processus fragmentaire de pensée. » Interrogé par *Le Monde*, Gadamer déclarait que « le rôle du philosophe dans la cité d'aujourd'hui doit d'abord être de remettre en cause l'importance grandissante de l'expert, qui, pourtant, commet toutes sortes d'erreurs, parce qu'il ne veut pas avoir conscience des points de vue normatifs qui le guident » ; la question la plus pressante, c'est : « Comment peut-on préserver — non pas seulement en théorie ou sur le principe, mais concrètement, dans les faits — le courage de chacun à former et défendre un jugement personnel, malgré l'influence des experts et des manipulateurs d'opinion publique. »[1]

Ce qui est rejeté ici, par des experts eux-mêmes en différentes formes de savoir, c'est en réalité l'abstrait, dont l'opposé naturel est le concret. On rappelle depuis au moins Hegel que « concret » vient de *concrescere*, signifiant « croître ensemble ». Qu'est-ce à dire ? On parvient à l'abstrait en isolant un aspect du concret. *In rerum natura*, l'arbre ne peut exister sans air, terre, rayons solaires, sève et le reste ; son devenir n'a de cesse qu'à sa mort ; il s'autoconstitue, pour ainsi dire, ses parties produisant les autres et réciproquement, comme l'a admirablement fait ressortir Kant : « Un produit organisé de la nature, écrit-il, est un produit dans lequel tout est fin et réciproquement aussi moyen » ; un arbre, par exemple, ne produit pas seulement un autre arbre, mais il « se produit aussi lui-même comme *individu* » ; dans un « produit de la nature, chaque partie, de même qu'elle n'existe que *par* toutes les autres, est également pensée comme existant *pour* les autres et *pour* le tout » ; c'est pourquoi « on la conçoit comme *produisant* les autres parties (chacune produisant donc les autres et réciproquement), ne ressemblant à aucun instrument de l'art » ; dans le cas, en effet, d'un artefact comme une montre, en revanche, « une partie est certes là pour l'autre, mais elle n'est pas là par cette autre partie »[2].

Le tout concret vivant est ainsi irréductible à ses parties : la

---

1. Cf. Platon, *République*, VII, 533 *b-c* (trad. Pierre Pachet, Paris, Gallimard, « Folio », 1993) ; John Kenneth Galbraith, in *New York Review of Books*, 22 novembre 1984, p. 20 ; Ortega y Gasset, *La rebelión de las masas*, 1930, c. XII : « La barbarie del especialismo » (voir, sur ces propos d'Ortega, Erwin Schrödinger, *Physique quantique et représentation du monde*, Paris, Seuil, « Points », 1992, p. 26 sq.) ; David Bohm, *Wholeness and the Implicate Order*, Londres, Ark Paperbacks, 1990, p. 19 ; Hans Georg Gadamer, in *Entretiens avec « Le Monde »*, 1. *Philosophies,* introduction de Christian Delacampagne, Paris, Editions La Découverte et Journal *Le Monde*, 1984, p. 233 et 239-240.

2. Cf. E. Kant, *Critique de la faculté de juger*, II, 64, 65, 66 ; trad. Jean-Marie Vaysse (La Pléiade, II, p. 1160-1170 ; reprise dans coll. « Folio/Essais », p. 333-341 ; pour l'exemple de l'arbre, p. 333-334 ; celui, *a contrario*, de la montre : p. 337-338). Même insistance chez Aristote, notamment au second livre de sa *Physique* : l'être naturel s'autoproduit, à la différence de l'artefact ; la vie — ou la survie — elle-même d'un vivant individuel ou d'une espèce (témoin la reproduction) est le plus manifestement fin ; son être est en ce sens son bien premier.

branche coupée de l'arbre n'est pas plus une branche qu'une main séparée d'un corps humain vivant n'est une main ; le tout est dans la partie : chaque fois celle-ci présuppose la totalité ; de sorte que si l'on tente de considérer la partie en omettant le tout, on considère aussitôt tout autre chose. Toute abstraction, toute réduction, confine à l'irréel dès qu'on la prend pour du concret. C'est ce que Whitehead, dans une de ses intuitions centrales, appelle « le sophisme du concret mal placé » : *the fallacy of misplaced concreteness*. La tâche principale de la philosophie, ajoute même Whitehead, est « la critique des abstractions ».

Il va de soi que les sciences particulières ont affaire, à des degrés divers, à des abstractions, puisque telle est la condition même de notre savoir. Il avance à coup d'abstractions grâce à cette faculté prodigieuse dont nous bénéficions, non seulement de pouvoir considérer une partie ou un aspect d'une chose en les séparant des autres, mais même de fonder là-dessus toute une science : ainsi, l'univers immense et merveilleux des mathématiques, où cependant on ne sait pas de quoi on parle, selon le juste mot de Bertrand Russell. L'erreur commence dès qu'on oublie l'abstraction fondatrice. Une « rationalité unilatérale » *(einseitige Rationalität)* devient un mal : « On n'a pas le droit de porter à l'absolu et d'isoler aucune connaissance partielle, aucune vérité séparée (Husserl). »[1]

Dans la vie ordinaire aussi bien : saisie dans son immédiateté spontanée, notre vie quotidienne est le plus souvent abstraite, par manque de référence à quelque sens global. Le « particulier » isolé est forcément « abstrait ». Rien de plus abstrait et désastreux, par suite, que le pragmatisme à court terme ; une des leçons de l'étude intelligente de l'histoire — politique, notamment, où c'est écrit en plus grosses lettres, dirait Platon — réside dans le répertoire qu'elle offre de désastres causés par des visions étroites érigées en impératifs immédiats, soi-disant « pratiques ».

---

1. Cf. Emmanuel Kant, *Critique de la faculté de juger*, art. 64-68 (cf. Aristote, *Physique*, II, chap. 8-9) ; Edmund Husserl, *loc. cit.*, p. 70-71 ; A. N. Whitehead, *Science and the Modern World* (1925), New York, The Free Press, 1967, p. 51, 54-55, 58-59 ; *Process and Reality. An Essay in Cosmology* (1929), Corrected Edition, New York, Macmillan, The Free Press, 1978, p. 18, 93, 94, et *passim*.

Le problème, en un mot, c'est la fragmentation. Elle gagne le monde que nous habitons, imprègne les vies d'une quantité croissante d'humains. La géographie progressivement marginalisée, fragmentée, des lieux où l'on prétend pourtant « vivre » ensemble, les villes, en présente un premier reflet ; ainsi dénonce-t-on avec raison l' « espace mort » de villes américaines où la diversité n'est plus vécue concrètement mais au contraire passivement, par des spectateurs de mass médias : « nous ne vivons pas les complexités de la société directement et physiquement : dans les lieux où nous marchons, dans celles ou ceux que nous voyons, dans ce que nous touchons », observe Richard Sennett.

L'être humain est séparé de lui-même par une nouvelle médiation, celle des médias, « qui substituent partout au libre jeu de la vie et de sa sensibilité le double d'un univers irréel, artificiel, stéréotypé, avilissant, où la vie ne peut plus que se fuir au lieu de se réaliser elle-même » (Michel Henry). « Non seulement la relation aux autres, mais aussi la relation à soi-même deviennent une relation *consommée* », écrit Jean Baudrillard. A la relation spontanée et naturelle, on substitue « une relation médiatisée par un système de signes ». « Si la femme *se* consomme, c'est que sa relation à elle-même est objectivée et alimentée par des signes, signes qui constituent le modèle féminin. »

Une bêtise profonde « règne là où *il n'y a personne* ; par exemple dans les situations fonctionnelles, administratives, bureaucratiques, placées sous la juridiction de personnages formant une assemblée de masques, de noms-titres et de rôles, où il est impossible de rencontrer, et où celui qui est en quête de quelqu'un trouve, au lieu d'un répondant, un répondeur. Comme la bestialité est la déchéance, en l'homme de l'animalité, la bêtise est la déchéance, en l'homme de l'absence à soi de la bête, s'ignorant elle-même dans tous ses états. Celle-ci sait la peur, le désir, le besoin, la menace, sans se savoir elle-même en eux » (Henri Maldiney).

Les meilleurs artistes ne laissent pas, depuis longtemps déjà, de nous mettre sous les yeux ou de suggérer à nos oreilles cette abstraction vis-à-vis de nous-mêmes, qui nous fait adhérer à une surabondance de faits épars, externes, plutôt qu'à la vie en nous. Il suffit de songer à Picasso, au retour du corps à la terre chez Henry Moore, aux figures solitaires, distantes, sur le point de s'éclipser, de Giacometti ; à la musique atonale ; à la littérature où le temps est soit fragmenté, soit disparaît tout simplement comme chez Kafka ; où le personnage se dissout en mille perspectives au point d'être absent de sa propre vie, chez Beckett. « Tout cela se passe réellement sans personne » (Dürrenmatt). Le philosophe américain William Barrett et le critique allemand Erich Heller ont montré avec quel génie, comme un miroir délibérément déformant, renvoyant avec une scrupuleuse minutie une infinité de détails dont la signification échappe, l'art de notre temps sait poser la question du sens, ou du nihilisme qui en est l'envers. Au journalisme l'insolite et l'extraordinaire ; la littérature s'occupe de l'ordinaire, disait admirablement James Joyce. Mais justement, « c'est le quotidien qui est abyssal (...). C'est le mystère qui est si terriblement concret » (George Steiner)[1].

3 / Comment en sortir ? L'évolution réelle de la science elle-même indique la voie. Pour que s'évanouisse le matérialisme stupide du XIXe siècle, il a suffi que de grands scientifiques tels Max Planck, Einstein et d'autres étudient la matière, nous révélant un « réel » de plus en plus énigmatique. La nouvelle a été cependant longue à parvenir au front, puisque la mécanique quantique a pris naissance dès 1900 et qu'on n'en fait *pleinement* état qu'à présent[2]. Vers la fin du XIXe, Lord Kelvin croyait encore ferme que la physique était une science à peu

1. Cf., respectivement, Richard Sennett, The Body and the City, in *The Times Literary Supplement*, 18 septembre 1992, p. 3 ; Michel Henry, *Voir l'invisible*, Paris, François Bourin, 1988, p. 129 ; Jean Baudrillard, *La société de consommation, op. cit.*, p. 138 ; Henri Maldiney, *Penser l'homme et la folie, op. cit.*, p. 340-341 ; F. Durrenmatt, *Theaterprobleme*, Zürich, 1955, p. 47 ; William Barrett, *Irrational Man* (1958), New York, Anchor Books, 1962 ; *Time of Need*, New York, Wesleyan University Press, 1984 ; Erich Heller, *The Disinherited Mind*, New York, Harcourt Brace Jovanovitch, 1975 ; *The Artist's Journey into the Interior*, New York, Harcourt Brace Jovanovitch, 1976 ; George Steiner, *Réelles présences,* Paris, Gallimard, 1991, p. 15.
2. Autour de la mécanique quantique et des problèmes qu'elle soulève, voir avant tout les savants eux-mêmes : Werner Heisenberg, *Physique et philosophie*, Paris, Albin Michel, 1971 ; et *La partie et le tout*, Paris, Flammarion, « Champs », 1990 ; Bernard d'Espagnat, *A la recherche du réel*, Paris, Gauthier-Villars, 1979 ; E. Schrödinger, *Physique quantique et représentation du monde*, Paris, Seuil, « Points », 1992. Pour l'histoire, voir Max Jammer, *The Conceptual Development or Quantum Theory*, New York, McGraw Hill, 1966. Et voir également D. Bohm et B. J. Hiley, *The Undivided Universe*, Londres, Routledge, 1993.

près achevée ; Ernst Haeckel annonçait pour sa part, en 1877, que la cellule se ramenait essentiellement à du carbone mélangé d'hydrogène, d'azote et de soufre, et que tout s'expliquait désormais par des combinaisons de ces éléments, depuis l'âme et le corps des vivants jusqu'à l'être humain et le mystère même de l'univers !

On ne saurait non plus, il est vrai, sous-estimer la pratique d'une certaine rhétorique de la science et — du point de vue, à tout le moins, du pouvoir et de l'argent — le succès indéniable des « découvertes » à la fois englobantes et simples, comme l'a illustré récemment le best-seller de Richard Dawkins, *The Selfish Gene*, qui réédite le déterminisme biologique sous la forme la plus sommaire possible : « The sort of popular science writing that makes the reader feel like a genius » *(New York Times)*. Qui ne se sentirait en effet « génial » sous l'impact de syllogismes aussi transparents que ceux-ci (il fallait y penser...) : les gènes déterminent les individus, et les individus déterminent les collectivités, le comportement des groupes étant la conséquence de celui des organismes individuels. Ergo : ce sont les gènes qui font la société. Si donc une société donnée diffère d'une autre, c'est bien parce que les gènes des individus de cette société diffèrent de ceux d'une autre. Qui plus est, la différence des races se traduit dans leur agressivité, leur créativité, leur sens musical, par exemple. Bref, ce sont les gènes qui font la culture. Or, comme on sait que c'est la séquence des molécules d'ADN qui détermine les gènes, il est clair que connaissant cette séquence, nous saurons dès lors enfin ce que c'est que l'humain, pourquoi certains d'entre nous sont riches, d'autres pauvres, certaines sociétés par conséquent riches et puissantes, d'autres pauvres et faibles, et ainsi de suite ! De même que les morceaux d'une machine, leviers, pistons, etc., n'ont qu'à être rassemblés de manière systématique pour constituer cette dernière, de même pour l'être vivant jusqu'à l'homme et les groupes humains.

Le déterminisme biologique de ce type est contredit, aujourd'hui comme hier, par des facteurs comme l'interaction avec l'environnement, le rôle capital du hasard, et le reste. Selon l'éminent généticien R. C. Lewontin, « ces déclarations sont faites sans un lambeau de preuve et sont en contradiction avec tous les principes de la biologie et de la génétique » ; elles ressortissent, bien plutôt, à ce qu'on peut appeler l'*idéologie du déterminisme biologique*. Celle-ci, comme d'autres, et comme beaucoup de présupposés fondamentaux auxquels aucun de nous, pas plus les savants que les autres, n'échappe, demeure souvent inconsciente et non critiquée tout simplement. De même, dans l'exemple que nous venons de résumer, le modèle atomistique et mécaniste d'un artefact — la montre, si on veut, par opposition à l'arbre, pour reprendre l'exemple de Kant — où le tout est construit à partir de parties extérieures les unes aux autres et au tout lui-même, comme en un jeu de blocs[1].

L'héritière de pareilles vues simplettes — la cellule selon Haeckel ou le gène d'après Dawkins, par exemple — risque d'être la « science en tant qu'institution » (Loren Eiseley), quand elle s'affiche sectaire, faisant croire à des acquis définitifs, fondés sur des faits « supérieurs ». La recherche scientifique authentique, en son déploiement effectif, corrige la prétention des représentations sommaires et des réduction-nismes. Chaque semaine, un périodique scientifique peut bouleverser des idées jusqu'alors apparemment inébranlables et installer de nou-veaux dogmes ; en physique, en chimie, en neurobiologie, en géné-tique, et le reste. Au lieu, d'ailleurs, de paralyser les jeunes esprits sous un amas d'informations bientôt périmées, il faudrait au contraire les initier tout de suite aux arguments en présence dans les grandes que-relles scientifiques de l'heure, autour de la théorie de l'évolution des espèces, par exemple, de la biodiversité, de l'origine du cosmos ; les introduire d'emblée à l'aventure exaltante de la science, en leur mon-trant que les problèmes à résoudre dépassent infiniment, en nombre et en portée, les quelques solutions, la plupart provisoires, dont on dis-pose pour le moment.

---

1. Cf. R. C. Lewontin, *The Doctrine of DNA. Biology as Ideology*, Londres, Penguin Books, 1991, p. 26 pour la phrase citée, 10 sq., 13 sq. et *passim*. Voir aussi son article Women versus the Biologists, in *The New York Review of Books*, 7 avril 1994, p. 31-35, où il fait état de ce qu'il appelle la « génomanie » actuelle, qui voudrait des gènes pour la schizophrénie, la sensibilité aux polluants, la criminalité, la violence, le divorce, et que tous les maux physiques, psychiques, sociaux ou politiques puissent être considérés comme « génétiques ». « Richard Dawkins's claim that the genes "make us, body and mind" seemed the hyperbolic excess of a vulgar understan-ding in 1976, but it is now the unexamined consensus of intellectual consciousness propagated by journalists and scientists alike » (p. 31). On peut voir là un bon exemple du phénomène de la *popular science* dont nous parlions plus haut. Pour ce débat, voir Richard Dawkins, *The Selfish Gene*, Oxford University Press, 1976 ; R. C. Lewontin, S. J. Rose and Leo Kamin, *Not in Our Genes*, New York, Pantheon, 1984 ; Ruth Hubbard and Elijah Wald, *Exploding the Gene Myth*, New York, Beacon, 1994. Sur l'eugénisme, puisque c'est de cela qu'il s'agit, voir l'excellent livre de Jacques Testart, *Le désir du gène*, Paris, François Bourin, 1992.

C'est le biologiste-médecin Lewis Thomas qui exprime encore le mieux tout cela : il faut, écrit-il, « concentrer l'attention de tous les étudiants sur les choses qui ne sont *pas* connues » ; leur montrer, par exemple, l'étrangeté du monde ouvert par la théorie des quanta en physique, les mystères et les paradoxes profonds qu'elle suggère ; ou les énigmes encore impondérables de la cosmologie. Il convient de « célébrer notre ignorance. Au lieu de présenter le corps de la connaissance humaine comme une structure montagneuse cohérente d'informations aptes à expliquer tout sur tout si seulement nous pouvions maîtriser tous les détails, nous devrions reconnaître qu'il s'agit, dans la vie réelle, d'un monticule encore très modeste de perplexités ne cadrant pas du tout ensemble »[1].

Il existe en vérité au moins un pont évident entre les soi-disant « deux cultures », la littéraire et la scientifique ; Lewis Thomas le dénomme excellemment *bewilderment*. Il s'agit d'une forme de perplexité constituée d'émerveillement devant ce qu'on sait déjà, sans doute, mais surtout devant l'immensité et la profondeur de ce qu'il reste à découvrir, à chercher, même parmi les réalités les plus familières, supposées connues, telles la vie biologique elle-même, la conscience, voire la musique. Contrairement aux idées reçues, la science du XXe siècle nous a fait prendre conscience du degré insoupçonné d'ignorance où nous sommes ; afin de progresser dans les siècles à venir, de comprendre quelque chose là où c'est possible, nous aurons besoin du travail « de toutes sortes de cerveaux hors des champs de la science, surtout les cerveaux de poètes, à coup sûr, mais aussi ceux d'artistes, de musiciens, de philosophes, d'historiens, d'écrivains en général »[2].

---

1. Voir Loren Eiseley, *The Star Thrower*, New York, Harcourt Brace Jovanovitch, 1978, p. 191 et p. 272 sq. ; Lewis Thomas, *Late Night Thoughts on Listening to Mahler's Ninth Symphony*, New York, The Viking Press, 1984, p. 151 et 163.
2. Cf. Lewis Thomas, *loc. cit.*, p. 157-164. Voir aussi, du même auteur, *The Medusa and the Snail*, New York, The Viking Press, 1979, p. 73-74 : « The only solid piece of scientific truth about which I feel totally confident is that we are profoundly ignorant of nature. Indeed, I regard this as the major discovery of the past hundred years of biology (...). It is this sudden confrontation with the depth and scope of ignorance that represents the most significant contribution of twentieth-century science to the human intellect. We are at last facing up to it. (...) Now that we have begun exploring in earnest, doing serious science, we are getting glimpses of how huge the questions are, and how far from being answered. »

4 / Qu'on le comprenne bien, il ne s'agit nullement de joindre une de ces cohortes « anti-science » que dépeint Gerald Holton dans son essai sur ce phénomène récurrent dans l'histoire. Les fantasmagories mentionnées au chapitre précédent étaient l'invention de philosophes de profession, non de savants, et aucune discipline n'a le monopole du réductionnisme. Il s'agit au contraire de défendre la science, mais aussi toute la culture, contre les fausses représentations qu'on en fait — contre, en fait, le plus grand des maux humains, l'*apaideusia* : en traduction polie, l'inculture ; c'est cette dernière, on s'en souviendra, qui, dans la célèbre allégorie platonicienne, au livre VII de la *République*, enchaîne pour la vie au fond d'une caverne ; ses prisonniers deviennent des experts statisticiens quant aux ombres susceptibles de passer devant eux, seules vraies à leurs yeux ; si grande est leur conviction à cet égard — et vital le sentiment de sécurité que leur assure ce monde indiciblement pauvre — qu'ils n'hésiteront pas à tuer qui tentera de les délivrer.

Le danger réel, écrit avec raison Dominique Janicaud, est un poison « lent et subtil dont il ne faut pas sous-estimer les effets éthiques et politiques : l'abandon de l'immense majorité de la population à la misère culturelle du *n'importe quoi* médiatico-technico-publicitaire, dès l'école, transformée en garderie ou — au mieux — en lieu d'animation-communication (...) Pour le peuple tout entier, la culture des lettres et la défense de la liberté doivent être indissociables »[1]. La culture dans son ensemble, croyons-nous en fait, au sens défini dans le liminaire. Ce qui inclut, bien entendu, la véritable culture scientifique. Le prestige et la gloire de la science sont dus non pas tant à sa précision et à sa rigueur — souvent démenties au gré de ses progrès — qu'aux questions suprêmement importantes dont elle s'occupe : l'univers, son ordre, sa constitution, son origine, la nature, la vie, l'être humain lui-même et son corps. La grandeur de l'activité scientifique vient des questions qui l'animent, de la beauté de son entreprise, de la créativité

---

1. Dominique Janicaud, La double méprise. Les lettres dans la civilisation scientifico-technique, in *Esprit*, octobre 1992, p. 79. Sur le phénomène « anti-science », voir Gerald Holton, *Science and Anti-Science*, Harvard University Press, 1993, p. 145-189. Voir aussi, Lewis Wolpert, *The Unnatural Nature of Science*, Londres, Faber & Faber, 1993 ; Dominique Lecourt, *op. cit.* ; K. Jaspers, *La situation spirituelle de notre époque*, trad. J. Ladrière et W. Biemel, Louvain, Nauwelaerts, 1951 ; J. Ladrière, *Les enjeux de la rationalité*, Paris, Aubier, 1977.

mise en œuvre pour connaître. Nous associons spontanément à la science plusieurs des traits qu'il nous arrive d'apprécier le plus en nous-mêmes : passion de savoir, intelligence, liberté, exigence de vérité, imagination, sens esthétique, et ainsi de suite. Au savant, nous confions naïvement la responsabilité de nous dire ce qui en est de ce monde où nous nous découvrons, voire de nous-mêmes qui avons si peu le temps ou la capacité de nous étudier à fond. Or le véritable esprit de la science ne trahit pas ces hautes aspirations, car il est à l'opposé de la *hubris* décrite plus haut.

Les génies créateurs font preuve en effet, plutôt, d'une capacité d'émerveillement allant au-delà du commun, laissant à d'autres les banalisations qui suivront. Au témoignage répété de savants contemporains de diverses disciplines, l'univers « ruisselle d'intelligence »[1]. « Quelle confiance profonde en l'intelligibilité de l'architecture du monde, écrivait avant eux Einstein, et quelle volonté de comprendre, ne serait-ce qu'une parcelle minuscule de l'intelligence se dévoilant dans le monde, devait animer Kepler et Newton. » Pour lui, la « religiosité » du savant « consiste à s'étonner, à s'extasier devant l'harmonie des lois de la nature dévoilant une intelligence si supérieure que toutes les pensées humaines et toute leur ingéniosité ne peuvent révéler, face à elle, que leur néant dérisoire ». Et même si leur accent est plus personnel encore, les mots suivants d'Einstein ont toujours la même portée universelle : « J'éprouve l'émotion la plus forte devant le mystère de la vie. Ce sentiment fonde le beau et le vrai, il suscite l'art et la science. Si quelqu'un ne connaît pas cette sensation ou ne peut plus ressentir étonnement et surprise, il est un mort vivant et ses yeux sont désormais aveugles. Auréolée de crainte, cette réalité secrète du mystère constitue aussi la religion. Des hommes reconnaissent alors quelque chose d'impénétrable à leur intelligence mais connaissent les manifestations de cet ordre suprême et de cette Beauté inaltérable. (...) Je ne me lasse pas de contempler le mystère de l'éternité de la vie. Et

---

1. Cf. le collectif *Le savant et la foi*, Paris, Flammarion, 1989 ; « Champs », 1991 ; outre l'introduction par Jean Delumeau, il est composé de 19 textes de scientifiques de divers pays ; les disciplines représentées incluent l'astronomie, la physique, la biologie, les mathématiques, la médecine, la géologie, la chimie, la neurobiologie, l'océanographie ; un des textes est signé par 25 savants et ingénieurs, et 1 religieux. Sur l'expression « ruisselle d'intelligence », voir p. 9, p. 37 et *passim*.

j'ai l'intuition de la construction extraordinaire de l'être. Même si l'effort pour le comprendre reste disproportionné, je vois la Raison se manifester dans la vie. »[1]

L'émerveillement qu'exprime ainsi Einstein, c'est bien l'étonnement devant le réel et devant la lumière sensible ou intelligible illuminant ce réel, qui a donné lieu dans l'histoire aux chefs-d'œuvre de l'art, la science et la philosophie. Dans les termes de Lévinas : « L'étonnement que Platon pose au début de la philosophie est un étonnement devant le naturel et l'intelligible. C'est l'intelligibilité même de la lumière qui est quelque chose d'étonnant : la lumière est doublée de nuit (...) La question d'être est l'expérience même de l'être dans son étrangeté. » G. K. Chesterton, qu'Etienne Gilson considérait comme « un des plus profonds penseurs qui ait jamais existé », disait de même : « Tant que nous ne concevons pas que les choses pourraient ne pas être, nous ne pouvons concevoir qu'elles soient. Tant que nous n'avons pas vu l'arrière-plan des ténèbres, nous ne pouvons admirer la lumière comme une chose unique et créée. Dès que nous avons vu ces ténèbres, toute lumière est claire, soudaine, aveuglante et divine. »[2]

On le sait, Einstein n'a justement pas cessé de s'étonner devant la compréhensibilité de l'univers, en même temps que devant l' « hiatus » entre le monde des idées et celui dont nous avons l'expérience par les sens. Le monde des phénomènes sensibles est perpétuellement changeant, cependant que la connaissance scientifique renvoie à du nécessaire et à de l'éternel ; les mathématiques et leur succès dans les sciences naturelles incarnent le mieux le paradoxe : comment l'ordre idéal qu'elles expriment — appelé « explication scientifique » — peut-il entretenir de rapport logique avec la perception sensible ? On cite fréquemment, à juste titre, cette phrase du mathématicien

---

1. A. Einstein, *Comment je vois le monde*, trad. Maurice Solovine et Régis Hanrion, Paris, Flammarion, « Champs », 1979, p. 19, 20 et p. 10.
2. Voir Emmanuel Lévinas, *De l'existence à l'existant*, Paris, Vrin, 1981, p. 27 sq. ; cf. Paul Valéry : « Toute vue des choses qui n'est pas étrange est fausse. Si quelque chose est *réelle*, elle ne peut que perdre de sa réalité en devenant familière. Méditer en philosophe, c'est revenir du familier à l'étrange, et dans l'étrange affronter le réel » (Tel quel I, Choses tues, in *Œuvres*, vol. II, Paris, La Pléiade, Gallimard, 1960, p. 501) ; G. K. Chesterton, *Hérétiques*, trad. J. S. Bradley, Paris, Gallimard, « Idées », 1979, p. 62. Nous citons Gilson (« Chesterton was one of the deepest thinkers who ever existed ») d'après Cyril Clemens, *Chesterton as Seen by His Contemporaries*, Missouri, Webster Groves, 1939, p. 150-151.

E. Wigner : « L'énorme utilité des mathématiques en sciences naturelles est quelque chose qui frise le mystérieux et il n'y a pas d'explication rationnelle de cela. »[1] L'ordre mathématique a été entrevu comme un accès au divin dès les pythagoriciens, chez qui science et religion allaient de pair ; de même pour Einstein, qui soutenait qu' « un conflit légitime entre la science et la religion ne peut pas exister »[2] ; et encore, s'agissant de politique : « Les équations sont plus importantes pour moi parce que la politique représente le présent, alors qu'une équation est quelque chose d'éternel. »[3]

Cela étant, le fait central demeure celui-ci : pour qui a des yeux pour voir, comme dit la sagesse populaire, le monde est un « miracle », au sens originel de « merveilleux », et il doit apparaître tel de plus en plus. Pour le savant aussi : « L'intelligence de l'univers (...) est un miracle ou un mystère éternel (...) Curieusement, nous avons à nous résigner à reconnaître le "miracle" sans avoir aucun droit d'aller au-delà. » Pour le théologien également : « Ce monde assurément est lui-même un miracle plus grand et plus beau que tous ceux dont il est plein. » Les merveilles abondent sous nos yeux, que l'accoutumance semble nous empêcher de reconnaître, de sorte que les humains apparaissent le plus souvent comme endormis en plein jour, ainsi que le suggère déjà Héraclite. Selon Augustin, « les choses elles-mêmes qui dans la nature sont connues de tout le monde, n'en sont pas moins surprenantes et elles devraient frapper d'étonnement tous ceux qui les observent, si les hommes n'avaient coutume de n'admirer comme

---

1. Cf. la lettre d'Einstein à Maurice Solovine (7 mai 1952) citée dans *Einstein, A Centenary Volume*, éd. par A. French, Harvard University Press, 1979, p. 270-272 : « La quintessence, c'est le rapport éternellement problématique entre tout le pensé et le vécu (expériences des sens). » Nous empruntons le mot « hiatus » à la discussion du problème de la connaissance scientifique *in* Luc Brisson et F. Walter Meyerstein, *Inventer l'Univers*, Paris, Les Belles Lettres, 1991, p. 8 sq. ; E. Wigner, The unreasonable effectiveness of mathematics in the natural sciences, in *Communications on Pure and Applied Mathematics in the Natural Sciences*, 13, (1960), p. 2, cité par Luc Brisson et F. W. Meyerstein, p. 9.

2. Cité par Abraham Pais, *Subtle is the Lord... The Science and the Life of Albert Einstein*, Oxford University Press, 1982, p. 319 ; cf. p. 27 et 41. Cf. aussi Gerald Holton, *Thematic Origins of Scientific Thought. Kepler to Einstein*, Harvard University Press, 1988, p. 385 sq., et surtout, du même Gerald Holton, Où est la réalité ? Les réponses d'Einstein, in *Science et synthèse* (collectif), Paris, Gallimard, « Idées », 1967, p. 97-140 ; en particulier p. 119 et 134.

3. Cité par Stephen Hawking, *Une brève histoire du temps*, trad. Isabelle Naddeo-Souriau, Paris, Flammarion, « Champs », p. 222.

merveilleuses que les choses rares »[1]. Le philosophe Ludwig Wittgenstein écrivait, dans ses *Carnets* : « Le miracle, esthétiquement parlant, c'est qu'il y ait un monde. Que ce qui est soit » ; et dans ses *Investigations philosophiques* : « Les aspects des choses les plus importants pour nous sont cachés en vertu de leur simplicité et de leur familiarité. (On est incapable de remarquer quelque chose, parce qu'on l'a toujours sous les yeux.) Les véritables fondements de sa recherche ne frappent pas du tout l'être humain. A moins que *ce* fait-là ne l'ait une fois frappé. Et cela signifie : que nous manquons d'être frappés par ce qui, une fois vu, est le plus frappant et le plus puissant. »[2]

5 / C'est uniquement dans cet esprit, respectant en somme l'expérience concrète en sa plénitude, sans exclusions ni évasions, qu'on peut espérer parvenir à une meilleure connaissance de l'humain.

Revenant à l'expérience du « je » telle qu'amorcée au chapitre précédent, nous voyons bien que nous ne jouissons pas d'une intuition intellectuelle directe de nous-mêmes, comme l'a montré à nouveau Kant dans la *Critique de la raison pure*. Il faudrait pour cela être Dieu, ou une substance séparée, disait Aristote. Et cependant, nous nous éprouvons nous-mêmes à travers la gamme immense des sentiments, sensations et le reste de ce qui constitue l'expérience interne que nous avons de vivre, activités externes et internes à la fois : toucher ceci, voir ou entendre cela, sentir que nous sentons, imaginer, nous souvenir, aimer, vouloir, désirer, nous réjouir et nous attrister, nous aperce-

---

1. Voir, respectivement, Einstein, *Lettres à Maurice Solovine*, Paris, Gauthier-Villars, 1956 (cité par Jacques Vauthier, *Lettre aux savants qui se prennent pour Dieu*, Paris, Critérion, 1991, p. 20-21) ; Augustin, *De Civitate Dei*, XXI, VII, trad. G. Combès. Sur ce sens de *miraculum*, cf. également Thomas d'Aquin, *Q. D. de Spiritualibus Creaturis*, q. un. a. 2, ad 6 ; et *In II Sententiarum*, dist. XVIII, q. 1, a. 3 ; et de nouveau Augustin, *De Civitate Dei*, XXI, VIII, 3. Pour Héraclite, voir surtout les deux premiers fragments dans la classification usuelle (celle de Diels-Kranz suivie dans la plupart des traductions).

2. Respectivement, Ludwig Wittgenstein, *Carnets 1914-1916,* trad. Gilles Granger, Paris, Gallimard, 1971, p. 159 ; *Investigations philosophiques*, I, 129 ; d'après N. Malcolm, *A Memoir,* Oxford, 1958, p. 71, Wittgenstein « révérait les écrits de saint Augustin ». Cf. aussi les excellents termes de Thomas Nagel : « The essential capacity to be mystified by the utterly familiar », *in* Is that you James ?, *loc. cit.,* p. 5.

voir à l'œuvre et discerner, penser ceci ou cela, délibérer, décider, et ainsi de suite. « Celui qui voit a conscience qu'il voit, celui qui entend, conscience qu'il entend, celui qui marche, qu'il marche », et « pareillement pour les autres formes d'activité il y a quelque chose qui a conscience que nous sommes actifs » ; or « avoir conscience que nous percevons ou pensons est avoir conscience que nous existons »[1]. Rien n'est même plus certain que cette conscience de soi : « Nul ne doute qu'il ne se souvienne, qu'il ne comprenne, qu'il ne veuille, qu'il ne pense, qu'il ne sache, qu'il ne juge. Puisque, même s'il doute, il vit ; s'il doute d'où vient son doute, il se souvient ; s'il doute, il comprend qu'il doute ; s'il doute, il veut arriver à la certitude ; s'il doute, il pense ; s'il doute, il sait qu'il ne sait pas ; s'il doute, il sait qu'il ne faut pas donner son assentiment à la légère. On peut donc douter du reste, mais de tous ces actes de l'esprit, on ne doit pas douter ; si ces actes n'étaient pas, impossible de douter de quoi que ce soit. » On aura reconnu, dans cette dernière citation, le *cogito* augustinien[2].

Nous interrogeant sur l'être matériel de cette table, de cet arbre ou de cet éléphant, nous faisons face à un être « objectif », là devant nous, que nous pouvons mesurer, jauger, analyser jusqu'en ses éléments (le cas de l'éléphant est déjà plus complexe, mais laissons). S'agisse-t-il même du corps humain, nous pouvons aussi le palper et l'ausculter, le scruter sur le mode expérimental de la médecine hippocratique depuis deux millénaires et demi, ou sur celui, plus récent, de la biologie moléculaire, de la génétique et de la neurophysiologie, abstraction

---

1. Cf. Aristote, *Ethique à Nicomaque*, IX, 9, 1170 *a* 29 - 1170 *b* 1 (trad. J. Tricot). Pour Kant, voir *Critique de la raison pure*, B 131-139 ; et B 157-159 ; trad. La Pléiade, p. 853 sq. ; 870 sq. ; AK III, 108-113 ; 123-124. Cf. Aristote, *De Anima* III, 8, 430 *b* 24-26, et notre article Aristotle on God as Thought Thinking Itself, in *The Review of Metaphysics*, vol. XLVII, n° 3, mars 1994, p. 471-515, spécialement 507-508.

2. Le texte cité se trouve dans le *De Trinitate* X, 10, 14. Plus connu est *De Civitate Dei*, XI, 26 : *si fallor, sum*. En voici, pour mémoire, le début seulement, bien que la suite soit plus remarquable encore : « ... Je ne redoute aucun des arguments des Académiciens, me disant : eh quoi ! si tu te trompais ? Car si je me trompe, je suis *(si fallor, sum)*. Car qui n'est pas, ne peut absolument pas non plus se tromper ; donc aussi, je suis si je me trompe. Et donc, puisque je suis si je me trompe, comment me tromperais-je sur mon être, dès lors qu'il est certain que je suis même si je me trompe. » Pour une comparaison fort éclairante, excellemment ancrée dans les textes, entre Augustin, Descartes et Aristote touchant la certitude de soi, voir Jean-Luc Marion, *Sur le prisme métaphysique de Descartes*, Paris, PUF, coll. « Epiméthée », 1986, p. 137-151.

faite cependant du corps vécu, de l'expérience de son propre corps, qu'a tout un chacun.

L'essor des sciences dites cognitives et la fascination exercée sur certains, depuis plusieurs décennies, par l' « intelligence artificielle » (dont nous avons touché un mot au chapitre précédent) n'ont rien d'étonnant. Nous assistons même ces dernières années à un effort massif pour résoudre enfin l'énigme de la conscience, *consciousness*, avec le concours des neurosciences[1]. Le rêve est compréhensible : si seulement on pouvait réduire enfin l'imagination, la mémoire, l'intelligence aux processus neuronaux, mieux encore, à quelque modèle de notre fabrication, si l'amour lui-même pouvait être capté comme une chose, l'insaisissable par excellence ne serait-il pas enfin maîtrisé ? Pour peu qu'on sache en outre mettre à contribution la psychologie expérimentale, la linguistique, l'ethnologie, la sociologie, que sais-je encore, et joindre les points de vue exclusifs de chacune de ces approches légitimes de phénomènes subtils certes, mais observables, « empiriques », l'espoir de maîtriser enfin un jour l'énigme du sujet humain ne semblerait-il pas plausible ? L' « homme », dira-t-on, est si peu « mort » que jamais on ne s'en est de fait préoccupé à autant de points de vue et avec autant de chances de succès.

Le trouble-fête, ici encore, c'est le concret. La définition de la couleur en optique newtonienne peut être parfaitement comprise par un aveugle de naissance, qui ne connaît pas pour autant, hélas, ni le rouge ni le vert, ni aucune couleur. La physique et la neurophysiologie peuvent nous expliquer avec force détails ce qui se passe lorsque nous voyons une pomme ; « et voici que de ma bouche sortent les mots : "la pomme est rouge". Nulle part en cette description du processus, si complète soit-elle, a-t-on fait la moindre mention du fait que j'ai la perception de la couleur "rouge". De la perception sensible, rien n'a été dit »[2]. Il n'est pas

---

1. Voir, par exemple, D. Dennett, *Consciousness Explained*, Boston, Little Brown & Co., 1991 ; Francis Crick, *The Astonishing Hypothesis. The Scientific Search for the Soul*, New York, Macmillan, 1994 ; Gerald M. Edelman, *Biologie de la conscience*, trad. Ana Gerschenfeld, Paris, Odile Jacob, « Points », 1994. En outre, Francisco Valera, Evan Thompson, Eleanor Rosch, *L'inscription corporelle de l'esprit. Sciences cognitives et expérience humaine*, trad. Véronique Havelange, Paris, Seuil, 1993, et R. Penrose, *Shadows of the Mind*, Oxford, 1994.
2. C. F. von Weizsäcker, *The History of Nature*, The University of Chicago Press, 1962, p. 142.

besoin d'une définition de marcher pour avoir conscience de marcher, ou du son pour avoir conscience d'entendre. Ce n'est pas à partir d'une définition de voir ou de penser que je sais ce que ces activités signifient, mais à partir de l'expérience que j'en ai. Nous avons l'expérience de percevoir, penser, aimer, choisir, admirer et le reste, avec une certitude — et non une clarté, ce qui est tout autre chose ; qu'on songe au toucher, le plus certain de nos sens, mais le moins clair — ne le cédant à aucune, on vient de le rappeler. Etant conscients de telles expériences, « nous sommes, *ipso facto*, conscients du soi ou de la personne — du soi ou de la personne comme étant affectés d'une certaine façon »[1].

En ce sens, la recherche que nous entreprenons est sur le sol le plus solide qui soit. Si même nous osons interroger, comme plus haut, l'être de la pensée, il est clair que rien n'est plus insaisissable. La question visant la nature de la pensée n'aurait pas de sens si nous ne pensions pas, et n'a de sens pour chacun qu'autant qu'il pense. Jamais nous ne voyons la pensée à l'extérieur ; elle ne se vérifie qu'en nous. Certes il y a les artefacts et les mots qui sont là comme autant d'effets sensibles et de signes de sa présence ; il y a le fait essentiel de la communication par la parole humaine. Mais la pensée demeure en retrait, toujours déjà là, semblant se prévenir elle-même, précéder l'acte même par lequel elle tente de se saisir, au point de paraître devoir nous entraîner dans une impossible récession à l'infini. L'intimité du vouloir, celle de l'amour ne sont pas moins étonnantes : nul ne peut vouloir à ma place, nul ne peut m'obliger à aimer — ou détester — qui que ce soit en mon for intérieur.

On ne prescrit pas à l'âme de se connaître, remarque saint Augustin, « comme on lui dirait "Connais la volonté de cet homme" : car cette volonté ne nous est pas présente, nous n'en avons ni l'intuition, ni l'intelligence, sinon grâce à la manifestation de signes extérieurs ; encore, ces signes, y croyons-nous plus que nous ne les comprenons ! On ne lui dit pas non plus ces paroles comme on dirait à quelqu'un "Regarde ton visage", ce qui ne peut se faire que dans un miroir ? Car notre visage lui aussi échappe à notre vue : il ne se trouve pas là où

---

1. Roderick M. Chisholm, On the Observability of the Self, in *Self-Knowledge* éd. Quassim Cassam, Oxford University Press, 1994, p. 105. Cf. Charles De Koninck, Introduction à l'étude de l'âme, in *Laval théologique et philosophique*, vol. 3, 1947, n° 1, p. 9-65.

peut se diriger notre regard. Mais lorsqu'on dit à l'âme "Connais-toi toi-même", dès l'instant qu'elle comprend ces paroles "toi-même", elle se connaît ; cela, pour la simple raison qu'elle est présente à elle-même ». Sidney Shoemaker tient aujourd'hui des propos presque identiques à ceux-là, insistant que « la raison pour laquelle on n'est pas présent à soi-même "en tant qu'objet" dans la conscience de soi est que la conscience de soi n'est pas une conscience sensible (...) ». Manfred Frank fait remarquer de même qu'on ne peut décrire la conscience comme étant accessible à un regard interne ou par introspection, « car tout regard, en présupposant un regardé, introduit une relation dans la simplicité de la conscience ». Pour les mêmes raisons, elle ne peut non plus être considérée comme objet d'un savoir, car « le soi se connaît *immédiatement* »[1].

Le problème fondamental demeure ainsi celui de la relation entre l'expérience purement « externe » et cette expérience interne qui suscite toutes nos questions relatives à la vie humaine. Peut-on espérer jamais accorder la vue de nous-mêmes du dehors et celle du dedans, pour ainsi dire (nous en viendrons, au chapitre suivant, aux sens multiples d' « être dans ») ? Le clivage entre l'expérience « objective » scientifique et l'expérience intérieure de vivre est là pour rester, c'est clair. Mais il n'y a aucune raison pour laquelle nous ne saurions tirer davantage parti des deux sans qu'ils s'annulent réciproquement, puisqu'il s'agit d'ordres manifestement tout à fait distincts de réalité.

L'expérience la plus élémentaire, quotidienne, de l'action et de la responsabilité met sans doute le plus nettement en relief la portée du vécu. Ricœur et Taylor l'ont tous deux marqué dans les ouvrages cités au chapitre précédent, en faisant intervenir, l'un, le « souci de soi », l'autre le *self-concern,* convergence étonnante mais surtout significative, dans le contexte où nous sommes. Les paroles suivantes de Václav Havel, profondément critiques « d'une époque qui nie la signification contraignante de l'expérience personnelle — y compris celle du mystère et de l'absolu —, y ajoutent la dimension que nous évoquions dans notre liminaire. A la responsabilité, écrit Havel, on a « substitué

---

1. Respectivement, saint Augustin, *De Trinitate*, X, IX, 12, trad. P. Agaësse, *op. cit.* ; Sidney Shoemaker et Richard Swinburne, *Personal Identity*, Oxford, 1984, p. 104-105 ; Manfred Frank, *L'ultime raison du sujet,* trad. Véronique Zanetti, Paris, Actes Sud, 1988, p. 63.

ce qui apparaît aujourd'hui comme l'illusion la plus dangereuse qui ait jamais existé : la fiction d'une objectivité détachée de l'humanité concrète (...). Que cette illusion fasse des millions de victimes dans des camps de concentration dirigés de façon scientifique, ce n'est pas cela qui inquiète l' "homme moderne" (à moins que le hasard le conduise lui-même dans l'un de ces camps et que ce milieu ne le rejette radicalement dans le monde naturel) ». Les systèmes totalitaires « représentent un avertissement plus pressant que le rationalisme occidental ne veut l'admettre. En effet, il sont avant tout un miroir convexe des conséquences nécessaires de ce rationalisme. (...) Ils sont l'avant-garde de la crise globale de cette civilisation (européenne à l'origine, puis euro-américaine et enfin planétaire). Ils sont un portrait prospectif du monde occidental ». Car ils mènent à l' « eschatologie de l'impersonnalité »[1].

L'expérience de ce que c'est qu'être un humain est, pour chacun, irremplaçable en sa richesse actuelle ou potentielle. C'est uniquement en éprouvant ma propre humanité que j'ai accès à celle des autres : l'angoisse ou la joie d'autrui échapperont à qui n'aurait pas connu ces sentiments. Qui n'a pas aimé ne comprend rien à l'amour. Aucun rapport extérieur, aucune autre expérience de ce que c'est qu'être un humain ne saurait se substituer à l'expérience unique de vie qui m'est particulière, comme elle l'est pour tous et chacun. Le paradoxe, c'est qu'en même temps notre être au moins corporel soit d'emblée tourné vers l'extérieur, à commencer par nos sens — le visage, la « face » sont donnés à la vision de l'autre.

Havel insiste, dans le contexte des textes cités, sur l'importance de l'expérience « préobjective », « préspéculative ». Sur le monde vécu *(Lebenswelt)* comme présupposé autant dans le quotidien que dans la discussion philosophique, l'accord se fait au reste sans difficulté parmi les philosophes contemporains de différentes perspectives[2]. En insistant

---

1. Václav Havel, *op. cit.* ; respectivement, p. 225, 230, 235.
2. Karl Otto Apel mentionne Wittgenstein, Heidegger, Gadamer, et Searle aussi bien que Habermas et lui-même : *Penser avec Habermas contre Habermas, loc. cit.*, p. 8. Cf. Václav Havel, *loc. cit.*, p. 223 sq. John Searle le dit clairement dans *Intentionality* (*L'intentionalité*, trad. franç. C. Pichevin, Paris, Ed. de Minuit, 1985), Cambridge, 1983, p. 158-159, à propos du « Background ». Celui qui veut qu'on justifie le « réalisme » de la vie ordinaire n'a pas compris que cette preuve ou sa réfutation présuppose ce « réalisme ».

sur la primauté du concret, nous faisons de même ici depuis le début. Or le fait le plus remarquable de l'expérience ordinaire est, sans nul doute, l'extraordinaire cohésion d'activités vitales si différentes — percevoir, penser, vouloir, pour ne rien dire du végétatif : nutrition et le reste — que toutes nous rapportons naturellement à « Je » — non point en telle ou telle théorie de philosophe, encore une fois, mais dans la vraie vie[1].

Il ne faut pas craindre de reconnaître, enfin, dans les termes de Hans Jonas, que « nous sommes des êtres dotés d'un métabolisme et nous avons besoin du monde, le monde réel-matériel et pas seulement le monde de la conscience ». Le « dualisme radical de la gnose, dans lequel l'âme et l'esprit sont étrangers au monde », est insatisfaisant, « de plus en plus insatisfaisant ». Il importe au plus haut point de réfléchir à « la signification de notre être corporel ». Le corps vécu avant tout, sans doute, comme nous verrons, mais sans la science nous risquons d'ignorer aussi des dimensions tout à fait essentielles de notre corps. Un bon exemple, s'ajoutant aux précédents, est celui de l'embryologie, laquelle faisait tant déjà l'admiration justifiée de Freud, et aujourd'hui celle du distingué embryologiste britannique, Lewis Wolpert, qui ne manque pas de s'étonner du fait qu' « une seule cellule, l'œuf fécondé, donne lieu à tous les animaux, y inclus les humains ». Le défi du concret ne saurait être relevé aujourd'hui sans les apports *réels* de la science.[2]

---

1. Ce qui n'exclut pas, mais au contraire appelle, bien entendu, des explications philosophiques. En ce qui concerne la seule connaissance, il faut relire les pages remarquables de Kant autour de « l'unité de l'aperception, principe qui est le plus élevé dans toute la connaissance humaine ». Nous y avons déjà fait référence. Cf. *Critique de la raison pure*, trad. franç. Pléiade, 854-855 (B 135-136 ; AK III, 110).

2. Cf., respectivement, *De la gnose au Principe responsabilité. Un entretien avec Hans Jonas* (de Jean Greisch), in *Esprit*, mai 1991 ; Lewis Wolpert, *The Triumph of the Embryo*, Oxford University Press, 1991, Préface, p. V : « (...) The process of embryonic development is one of the most exciting problems of modern biology. One could say that together with trying to understand how the brain works, they are the great biological problems of our time. The problem of development is how a single cell, the fertilized egg, gives rise to all animals, including humans. So it really is about life itself. Even those of us who work on these problems seldom lose a sense of wonder at this remarkable process. » D'autre part, que l'on adhère ou non à la notion de substance, force est de reconnaître, avec Michael Dummett, que « man is a self-subsistent thing » : cf. R. Spaemann, *Das Natürliche und das Vernünftige*, Munich, Piper, 1987. Voir, enfin, sur l'environnement, la remarquable mise au point d'Yves Lancelot, *in* Club de Marseille, *Parier l'homme*, Ed. de l'Aube, 1994, p. 33-46.

III

L'âme et le corps

« Quand on le considère, combien supérieur est le corps de l'homme à celui des autres créatures, et combien semblable au Ciel ! (...) Seul l'homme se tient debout, regarde droit devant lui (...). La connaissance pénétrante de son esprit ressemble à l'intelligence spirituelle [du Ciel]. »

(*Tch'ouen-ts'ieou Fan-lou*, chap. 56.)

« What a piece of work is a man, how noble in reason,
how infinite in faculties, in form and moving,
how express and admirable in action,
how like an angel in apprehension, how like a god :
the beauty of the world ; the paragon of animals... »

(*Hamlet*, II, II, 307-311.)

« We smothered
The most replenished sweet work of nature,
That from the prime creation e'er she framed. »

(*Richard III*, IV, III, 17-19.)[1]

Qu'est-ce au juste que le « feu éternel » dont parle l'Ecriture ? demande saint Augustin au cours d'un de ces magnifiques développements dont il a le secret. On peut le supposer incorporel, comme la douleur de l'âme. Si toutefois on le supposait corporel, comment les esprits malins, qui sont incorporels, pourraient-ils « être affligés de la

---

1. Cf., respectivement, Tung Chung-shu (c. 179-104 av. J.-C.), Ch'un-ch'iu fan-lu (Luxuriant Gems of the Spring and Autumn Annals), in *A Source Book in Chinese Philosophy*, translated and compiled by Wing-tsit Chan, Princeton University Press, 1963, p. 281 ; Shakespeare, *Hamlet*, II, II, 307-311, trad. Yves Bonnefoy, Paris, Mercure de France, 1988, p. 74 : « Quel chef-d'œuvre que l'homme ! Comme il est noble dans sa raison, infini dans ses facultés, ses mouvements, son visage, comme il est résolu dans ses actes, angélique dans sa pensée, comme il ressemble à un dieu ! La merveille de l'univers, le parangon de tout ce qui vit ! » ; nous suivons ici, comme Yves Bonnefoy d'ailleurs et pour les mêmes raisons que lui (cf. sa note, p. 199), le texte de ce passage — fort discuté — tel qu'établi par John Dover Wilson (Cambridge, 1969 ; voir note p. 176) ; Shakespeare, *Richard III*, IV, III, 17-19 : « Nous avons étouffé le chef-d'œuvre le plus charmant que, depuis la création, ait jamais formé la nature » (trad. François-Victor Hugo).

peine d'un feu corporel »? Ne faudrait-il pas pour cela une « étreinte d'un genre merveilleux et inexprimable »? Pourtant, « les esprits des hommes, incorporels assurément eux aussi, ont pu à présent être enfermés dans des membres corporels ». Mais il est vrai que ce mode-là, « suivant lequel les esprits adhèrent au corps et les rendent vivants est tout à fait merveilleux et ne peut être compris par l'homme : cette union pourtant c'est l'homme lui-même *(et hoc ipse homo est)* »[1].

Citant, en l'abrégeant, cette dernière phrase d'Augustin, Pascal a décrit le fameux *mind-body problem*, le problème de la relation de l'esprit au corps, avec une maîtrise inégalée. « Qui ne croirait, à nous voir composer toutes choses d'esprit et de corps, que ce mélange-là nous serait très compréhensible ? C'est néanmoins la chose qu'on comprend le moins. L'homme est à lui-même le plus prodigieux objet de la nature ; car il ne peut concevoir ce que c'est que corps, et encore moins ce que c'est qu'esprit, et moins qu'aucune chose comment un corps peut être uni avec un esprit. C'est là le comble de ses difficultés, et cependant c'est son propre être : *Modus quo corporibus adhaerent spiritus comprehendi ab hominibus non potest, et hoc tamen homo est.* »[2] Cette phrase latine, tirée de celle d'Augustin, marque bien le point central : « Le mode selon lequel les esprits adhèrent aux corps ne peut être compris par les hommes, et pourtant c'est l'homme même. »

En un mot, voici d'emblée trois difficultés apparemment insurmontables. En ordre ascendant : 1 / Qu'est-ce que le corps ? 2 / Qu'est-ce que l'esprit ? 3 / Comment s'unissent-ils pour constituer un être humain ?

Plus précisément encore, l'énigme par excellence est tout simplement chacun de nous, chaque être humain singulier, différent, unique, depuis l'aube jusqu'à la « dernière syllabe » des temps ? Même les traits propres du visage font partie de l'énigme.

---

1. Cf. *Isaïe* 66, 24 ; *Matthieu* 25, 41 ; *Jude* 7 ; *L'Apocalypse* 20, 10 ; et saint Augustin, *De Civitate Dei*, XXI, 10 (voir aussi 7, 8 et 9), trad. G. Combès, Paris, Desclée de Brouwer, « Bibliothèque augustinienne », 1960. La dernière phrase citée, qui sera reprise par Pascal, se lit en latin : « Quia et iste alius modus, quo corporibus adhaerent spiritus et animalia fiunt, omnino mirus est nec comprehendi ab homine potest, et hoc ipse homo est » (10, 1 *in fine*).

2. *Pensées*, 72 (B) ; 199 (L), *in fine*. Le verbe français *adhérer* a conservé la même signification que son original latin, de tenir à, être attaché à, quelque chose de distinct par conséquent ; « tenir fortement par un contact étroit de la totalité ou la plus grande partie de la surface » (Robert).

« A consulter la raison en effet, qui ne remarque, dans la multitude innombrable des hommes et dans la profonde ressemblance de leur nature, que chacun, de la manière la plus surprenante, possède les traits du visage qui lui sont propres (...) Ceux-là mêmes que nous déclarons semblables, nous les trouvons différents. Mais l'examen de leur dissemblance nous étonne davantage, car la communauté de nature semble exiger à juste titre la ressemblance. Et cependant, parce que ce sont les choses rares qui nous étonnent, notre admiration est bien plus vive quand nous rencontrons deux hommes si ressemblants que, à les distinguer l'un de l'autre, nous nous trompons ou fréquemment ou toujours. »[1]

La science contemporaine accroît l'énigme, si c'est possible, puisqu'elle nous apprend que la structure neuronale du cerveau de chaque humain, même un jumeau identique, est différente de celle de tout autre cerveau. D'autre part, comme l'écrit Marcel Conche, « un fœtus est aussi dissemblable de tout autre fœtus qu'un être humain l'est de tout être humain ; il est déjà parfaitement individualisé, il est "le plus irremplaçable des êtres" : le supprimer, c'est faire que n'existe pas un être absolument singulier, unique »[2]. Le plus étonnant, c'est que, d'après la recherche récente, l'embryon lui-même est tout à fait unique. Engelhardt cite le témoignage de l'éminent généticien français, Jérôme Lejeune, devant le Sénat américain en 1982, selon lequel « toute vie, y inclus la vie humaine, commence au moment de la conception » ; deux autres dépositions du Pr Lejeune ont, depuis, précisé davantage les choses, l'une à Canberra en Australie en 1986, l'autre au procès de Maryville aux Etats-Unis en 1989 ; d'après cette dernière déposition, l'unicité de l'œuf fécondé aurait été expérimentalement démontrée par Jeffreys en Angleterre deux ans plus tôt : « L'œuf fécondé est la cellule la plus spécialisée du monde, parce qu'elle possède des instructions soulignant quel passage de l'ADN doit être exprimé ou non ; aucune autre cellule ne possédera plus cela au cours de la vie de l'individu. Quand l'œuf fécondé se divise en deux nous savons qu'un échange d'information se produit entre les deux

---

1. Saint Augustin, De Civitate Dei, XXI, VIII, 4.
2. Marcel Conche, Le fondement de la morale, Paris, PUF, 1993, p. 53 ; il ajoute : « Que cet être ne soit nullement une partie du corps, de l'organisme maternel, sur laquelle la mère aurait une sorte de droit de propriété, ressort de ce qu'il s'y comporte en individu étranger, agressant le corps de la mère, agression contre laquelle elle a à se défendre. » Sur les structures neuronales, voir Gerald M. Edelman, Biologie de la conscience, op. cit., spécialement chap. 9 et postface J.-P. Changeux, L'homme neuronal, Paris, Fayard, 1983, p. 277-284.

cellules. Quand il se divise en trois elles reçoivent l'information : nous sommes *un* individu. (...) Au début se trouvait inscrit non seulement le message génétique qu'on peut lire dans toute cellule, mais aussi l'ordre selon lequel les messages devaient être lus l'un après l'autre. »[1]

La puissance d'un seul grain de n'importe quelle semence est déjà pour Augustin « une grande chose » *(magna quaedam res est)* qui devrait nous remplir d'admiration. On découvre un étonnement comparable dans les réflexions de Hegel sur le développement *(Entwicklung)* au début de ses cours sur l'histoire de la philosophie, où l'exemple du germe revient avec persistance : même un microscope ne nous permettrait pas de voir grand-chose dans le germe d'une plante, et pourtant, dans sa simplicité, il contient l'arbre tout entier : branches, feuilles, couleurs, odeurs, goûts, etc. « Convainquez-moi que vous avez là une semence, disait Thoreau, et je suis tout prêt à attendre des merveilles. »

Plus près de nous dans le temps, les observations de biologistes contemporains les incitent à qualifier les cellules, cette fois, de « miraculeuses » — non pas à parler strictement, cela va de soi, mais au même sens que saint Augustin et les autres dans les textes cités au chapitre précédent : « Les cellules sont les unités de base de la vie. Elles sont le véritable miracle de l'évolution. Miracle au sens figuré, car encore que nous ne sachions pas comment elles ont évolué, des scénarios tout à fait plausibles ont été proposés. Miraculeuses, néanmoins, dans le sens qu'elles sont si remarquables » (Lewis Wolpert)[2].

---

1. Cf. H. Tristram Engelhardt Jr, *op. cit.*, p. 148, pour le témoignage de Lejeune devant le Sénat américain (1982) ; on trouve plusieurs extraits de sa déposition devant le Select Committee on the Human Embryo Experimentation Bill 1985 du Sénat australien (1986), dans Norman M. Ford, *When did I begin ? Conception of the human individual in history, philosophy and science*, Cambridge University Press, 1988, p. 126-128 ; si nous comprenons bien, les difficultés de la division en trois de l'œuf fécondé (cf. Norman Ford, *loc. cit.*) ont été dissipées par la découverte de Jeffreys dont Lejeune fait état dans sa déposition au procès de Maryville ; cf. Jérôme Lejeune, *L'enceinte concentrationnaire, d'après les minutes du procès de Maryville*, trad. Charlette Denef, Paris, Fayard, 1990, p. 31-36 ; l'extrait que nous citons se trouve aux p. 35-36.

2. Respectivement, saint Augustin, *Tractatus in Iohannis Evangelium*, VIII, 1 (sur les Noces de Cana), et les notes de M.-F. Berrouard *ad loc.* (71, Paris, Desclée de Brouwer, « Bibliothèque augustinienne », 1969). Augustin affectionne l'exemple des semences et parle des « œuvres admirables et stupéfiantes de Dieu en chaque grain de semence » *(Tractatus...*, 24, 1) ; de « la puissance infinie des semences » *(De utilitate credendi*, 16, 34) ; cf. *Tractatus...*, 1, 9 ; *Epistulae*, 102, 5 ; *PL*, 33, 372 ; *Sermo* 247, 2 ; *PL*, 38, 700 ; Hegel, *Leçons sur l'histoire de la philosophie*, trad. Gibelin, Paris, Gallimard, 1954 ; Folio, 1990, I, p. 122-139 ; Henry D. Thoreau, *Faith in a Seed, The Dispersion of Seeds and other Late Natural History Writings*, Washington DC, Island Press, 1993 ; et Lewis Wolpert, *The Triumph of the Embryo*, Oxford University Press, 1991, p. 5.

Mais la merveille par excellence doit être la naissance des humains. « Un mort est ressuscité, les hommes sont étonnés ; il y a tant de naissances chaque jour, et nul ne s'étonne ! Pourtant, si nous y regardons avec plus de discernement, il faut un plus grand miracle pour faire être qui n'était pas que pour faire revivre qui était. » Et encore : « Les naissances de tant d'hommes qui n'existaient pas sont chaque jour des miracles plus grands que les résurrections de quelques morts qui existaient. » Enfin : « (...) Peut-être le miracle des natures visibles a-t-il perdu de sa vertu à force d'être vu : il n'en est pas moins, à le considérer sagement, supérieur aux miracles les plus extraordinaires et les plus rares. Car l'homme est un plus grand miracle que tout miracle fait par un homme. »[1]

Tel est donc notre thème à présent : rien moins que le miracle quotidien, au sens dit plus haut, de l'être humain.

1 / DUALISME ? MONISME ?

Un parcours même sommaire des opinions relatives au problème, ancien et nouveau, de l'âme et du corps, serait interminable et sans utilité ici. Quelques rappels, si rapides soient-ils, peuvent toutefois aider à mieux nous orienter. On ne peut faire l'économie d'un minimum de points de repère sur un sujet aussi difficile et classique à la fois.

Les vues sur la relation entre le corps et l'âme oscillent depuis l'Antiquité entre deux extrêmes : les soi-disant théories monistes (J. C. C. Smart et d'autres aujourd'hui) et le dualisme classique (Platon, par exemple, ou Descartes), puis une variété d'options intermédiaires. A y regarder de plus près, il est cependant vite évident qu'à l'intérieur même de chaque type de solution, il se trouve parfois des différences considérables. Les mots *un* et *deux* sont polysémiques ; et donc, en conséquence, *monisme* et *dualisme*. On a discerné huit sens à

---

1. Saint Augustin, respectivement : *Tractatus...*, VIII, 1 ; *Sermo* 242, 1 ; *PL*, 38, 1139 [cf. *Tractatus...*, 9, 1, et 49, 1] ; *De Civitate Dei*, X, 12.

« dualisme »[1]. Il ne sera pas inutile de s'arrêter un bref instant sur les deux « dualismes » les plus fréquemment allégués, ceux de Descartes et de Platon.

Un des propos prêtés à ce dernier est, pour le rapport de l'âme au corps, la comparaison d'un « navigateur à son navire » ou encore du corps au vêtement ; l'âme serait tout l'homme, et le corps quelque chose d'ajouté. Telle est bien la vision se dégageant d'une lecture du *Premier Alcibiade* (dont nous avons déjà parlé au premier chapitre), dialogue tenu en haute estime dans la tradition platonicienne, et probablement de Platon lui-même. Après avoir demandé à Alcibiade : « Qu'est-ce donc que l'homme ? », Socrate précise ainsi sa question : « Tu sais en tout cas qu'il est ce qui se sert du corps » — mais « qui s'en sert, sinon l'âme ? » —, pour conclure un peu plus loin : « L'homme n'est rien d'autre que l'âme » ; et même, plus fermement encore : ἡ ψυχή ἐστιν ἄνθρωπος : « l'âme *est* l'homme » (129 c - 130 c). Suit la célèbre distinction entre se connaître et connaître ce qui est à soi (131 a et c). De là des analogies comme celles du vêtement : moi, l'âme, j'ai un corps, de la même manière que ce corps a un vêtement. Puis en 135 a sq., apparaît la comparaison du pilote et du vaisseau[2].

La position de Descartes est loin d'être aussi simple qu'on le dit. Ce qu'on en a retenu, c'est que le corps et l'âme seraient deux substances distinctes, l'une étendue et dénuée de pensée, l'autre pensante et sans étendue. Comme l'explique clairement Charles Taylor, le monde et nos corps deviennent des objets, ce qui « signifie qu'on en vient à les voir de manière mécaniste et fonctionnelle, tout comme un observateur externe, non impliqué, les verrait » ; le dualisme cartésien « n'admet plus que le corporel puisse être une sorte de médium où le spirituel puisse apparaître. Le Platon du *Banquet* est complètement sapé, et cette sorte de présence de l'éternel dans le temporel répudiée ». Pour

---

1. Cf. Josef Seifert, *Das Leib-Seele-Problem in der gegenwärtigen philosophischen Diskussion*, Darmstadt, 1979, p. 126-130 ; et Hans Jonas, *Macht oder Ohnmacht der Subjektivität. Das Leib-Seel Problem im Vorfeld des Prinzips Verantwortung*, Frankfurt, Suhrkamp, 1987.
2. Cf. Platon, *Apologie de Socrate*, 36 c. Pour Platon, nous citons les traductions de la collection « Guillaume Budé » (Les Belles Lettres), en les modifiant parfois légèrement. Le passage du *De Anima* II, 1, 413 a 9, où Aristote pose la question de savoir si l'âme a avec le corps « la relation du navigateur à son navire », est parfois interprété comme une allusion à un tel enseignement chez Platon.

peu qu'on évoque même les pages du *Phèdre* de Platon sur la beauté comme *erasmiōtaton*, ce qui attire le plus l'amour, car elle est *ekphanestaton*, ce qui a le plus d'éclat, s'adressant au plus lumineux de nos sens, la vue, et « visiblement transcendante » (Iris Murdoch), le contraste est en effet saisissant : réduit à un mécanisme, le corps est « désenchanté »[1].

Descartes semble toutefois conscient lui-même que pareil dualisme n'est pas conforme à la réalité hunaine, témoin sa lettre à la princesse Elisabeth du 28 juin 1643 : « (...) Et enfin, les choses qui appartiennent à l'union de l'âme et du corps ne se connaissent qu'obscurément par l'entendement seul, ni même par l'entendement aidé de l'imagination ; mais elles se connaissent très clairement par les sens. D'où vient que ceux qui ne philosophent jamais, et qui ne se servent que de leurs sens, ne doutent point que l'âme ne meuve le corps, et que le corps n'agisse sur l'âme ; mais ils considèrent l'un et l'autre comme une seule chose, c'est-à-dire ils conçoivent leur union ; car concevoir l'union qui est entre deux choses, c'est les concevoir comme une seule. Et les pensées métaphysiques, qui exercent l'entendement pur, servent à nous rendre la notion de l'âme familière ; et l'étude des mathématiques, qui exerce principalement l'imagination en la considération des figures et des mouvements, nous accoutume à former des notions des corps bien distinctes ; et enfin, c'est en usant seulement de la vie et des conversations ordinaires, et en s'abstenant de méditer et d'étudier aux choses qui exercent l'imagination, qu'on apprend à concevoir l'union de l'âme et du corps. »[2] En d'autres termes, nous sentons bien l'union de l'âme et du corps, mais nous n'arrivons pas à la conceptualiser ; sommes-nous si loin de saint Augustin et de Pascal ?

Les théories « monistes » ne diffèrent pas moins entre elles. Pour-

---

1. Les phrases citées sont traduites de Charles Taylor, *Sources of the Self, op. cit.*, p. 145-146 ; cf. Platon, *Phèdre*, 250 *d* 5-8 ; Iris Murdoch, *The Fire and the Sun*, Oxford University Press, 1977, p. 77 : « Beauty is, as Plato says, visibly transcendent. »

2. Descartes, *Œuvres et Lettres*, Paris, Gallimard, « Pléiade », 1953, p. 1158. « Ainsi l'union de l'âme et du corps partage avec le libre arbitre, outre le rang de notion primitive (ou première), le recours obligé, pour en prendre la moindre connaissance, non à la *cogitatio*, mais à une expérience plus confuse, qui ne livre pas d'objet au regard d'une évidence présente » (Jean-Luc Marion, *Sur le prisme métaphysique de Descartes, op. cit.*, p. 215, n. 85). Pour mieux apprécier la complexité de la position de Descartes, voir Leslie Armour, *Descartes and Eustachius a Sancto Paulo : Unravelling the Mind-Body Problem*, in *British Journal for the History of Philosophy*, vol. 1, n° 2, septembre 1993, p. 3-21.

tant, à première vue, il n'est guère aisé de les distinguer les unes des autres. J. C. C. Smart tenait à une stricte identité des processus cérébraux et des sensations, comparable à celle de la foudre et des décharges électriques[1]. De prime abord, on peut se demander si la théorie avancée par John Searle dans *The Rediscovery of the Mind* est bien différente, même s'il reproche à la science cognitive d'oublier la conscience. « Le fameux problème de l'esprit et du corps *(mind-body problem)*, source de tant de controverse depuis deux millénaires, a une solution simple. La solution était accessible à toute personne éduquée depuis que le travail sérieux a commencé sur le cerveau il y a bientôt un siècle, et, en un sens, nous savons tous qu'elle est vraie. La voici : les phénomènes mentaux sont causés par des processus neurophysiologiques dans le cerveau et sont eux-mêmes des traits du cerveau. Afin de distinguer cette vue des autres dans le domaine, je l'appelle "naturalisme biologique". Les événements et les processus mentaux font autant partie de notre histoire naturelle biologique que la digestion, la mitose, la méiose, ou la sécrétion d'enzyme. » Le monisme et le dualisme sont faux tous deux d'après Searle. La question est de savoir dans quelle mesure le « naturalisme biologique » qu'il propose échapperait à ces catégories[2].

A vrai dire, est-il évident que la célèbre théorie d'Aristote diffère elle-même de celle de Searle, d'après ce qu'on vient de lire ? Qu'on se remette en mémoire le passage bien connu du *De Anima* où, immédiatement après avoir énoncé sa définition de l'âme comme « la réalisation première [ou acte premier] d'un corps naturel ayant potentiellement la vie » (412 *a* 27-28), c'est-à-dire « la réalisation première [ou acte premier] d'un corps naturel pourvu d'organes » (412 *b* 5-6), il poursuit en disant : « C'est pourquoi l'on n'a même pas besoin de chercher si le corps et l'âme font un, exactement comme on ne le demande pas non plus de la cire et de la figure, ni, globalement, de la

---

1. Cf. Cynthia Macdonald, *Mind-Body Identity Theories*, Londres, Routledge, 1989, p. 17 sq. Cette étude passe en revue de nombreuses théories de l'identité corps-esprit, depuis l'identité forte selon Smart et U. T. Place, jusqu'aux théories causales de D. M. Armstrong et David Lewis, et à celles, plus nuancées, de Jaegwon Kim and Donald Davidson.
2. Cf. John Searle, *The Rediscovery of the Mind*, Cambridge, Mass., MIT Press, 1992 ; notre citation : p. 1. Chez Searle, les critiques des illusions réductionnistes sont à notre avis remarquablement lucides.

matière de chaque chose et de ce qui a cette matière. »[1] Aristote ne se
qualifierait-il pas ici comme un « moniste », tout simplement ?
Platon un « dualiste » et Aristote un « moniste », voilà qui est tout
simple ? Assurément pas. Supposant un instant qu'on s'en tienne,
d'une part, au Platon du *Phèdre* sur le beau, que nous venons d'évoquer — par opposition à certains passages du *Phédon* ou du *Gorgias* où
le corps est décrit comme un tombeau, ou une prison —, ou au dualisme du *Premier Alcibiade* ; et qu'en revanche on se limite à Aristote
sur la nature spirituelle du *nous*, ou « intellect », il serait aisé d'inverser
les étiquettes, faisant alors d'Aristote une sorte de dualiste et de Platon
un moniste[2]. Jeu pervers, dira-t-on, mais qui fait ressortir à quel point
les étiquettes sont insuffisantes, trompeuses même. A mesure que progresse la réflexion, « monisme », « dualisme » et leurs semblables se
révèlent de moins en moins à la hauteur[3].

Les contributions des neurosciences contemporaines et les débats
qu'elles suscitent vont dans le même sens. En 1992, à l'occasion d'un
symposium international à Londres, 28 philosophes et savants réunis
se sont penchés sur la conscience, sur le problème de l'esprit-cerveau et

---

1. *De Anima*, II, 1, 412 *b* 6-9 ; nous citons la traduction nouvelle de Richard Bodéüs, Aristote, *De l'âme*, Paris, GF-Flammarion, 1993, qui substitue « réalisation » à la traduction traditionnelle d'*entelecheia* par « acte », ou à sa simple transcription en « entéléchie ».

2. Cf. Platon, *Phédon* 66 *b*-67 ; 79 *c* ; *Gorgias* 493 *a* ; et Philip Merlan : « Plato's statements
concerning the nature of the soul are inconsistent (why modern interpreters devote so much
effort to proving the opposite, is incomprehensible) » (*The Cambridge History of Later Greek and
Early Medieval Philosophy* (éd. A. H. Armstrong), Cambridge, 1967, p. 28). Platon nous paraît
mériter tout de même un traitement plus nuancé ; les textes du Phédon visent des Pythagoriciens
et utilisent fréquemment leur langage (ainsi pour le corps prison). Mais une lecture plus poussée
déborderait notre propos actuel. Dans une des meilleures monographies récentes sur Aristote, la
doctrine d'Aristote est parfois qualifiée de « quasi dualiste » (T. H. Irwin, *Aristotle's First Principles*, Oxford University Press, 1988, p. 292).

3. D'autres perspectives influentes dans l'histoire du problème incluent celle de Locke, dont
nous avons fait état au chapitre précédent ; aussi Hume, *Treatise of Human Nature*, Book I,
Part IV, sec. 5-6 et Appendix ; sur son « monisme neutre », Book I ; d'autres « monismes neu-
tres » à noter : William James in *Essays in Radical Empiricism* ; et Bertrand Russell's, *Our Knowledge of the External World*, chap. 3 et 4 ; *Mysticism and Logic*, chap. 7 et 8 ; *The Analysis of Mind*,
chap. 1. Pour Descartes, voir surtout les *Meditationes* II et VI. Sur le *stream of consciousness*, William James, *The Principles of Psychology*, chap. 9. Sur le thème du « faux problème », Gilbert
Ryle, *The Concept of Mind* (Londres, 1949), chap. 5, et Richard Rorty, *Philosophy and the Mirror
of Nature*, Princeton University Press, 1980 (trad. franç. *L'homme spéculaire*, Paris, Seuil, 1990). Il
y a pléthore d'anthologies d'articles contemporains et d'extraits de classiques ; voir notamment
The Nature of Mind (éd. David M. Rosenthal), Oxford University Press, 1991.

sur les processus conscients et inconscients. S'agissant du rapport
esprit-cerveau, aucun des participants n'a plaidé pour le dualisme, et
cependant la question débattue n'était plus : « Y a-t-il des interactions
esprit-cerveau ? », mais bien : « Quelles sont-elles ? », question qui les
suppose distincts l'un de l'autre (en un ou des sens évidemment à
déterminer). Le numéro récent de la *Revue de métaphysique et de morale*
consacré aux neurosciences et la philosophie soulève des questions très
proches. « L'identité psychoneurale », défendue par Michel Jouvet,
semble bien exprimer le point de vue partagé par la plupart des
savants ; mais elle n'est manifestement pas non plus à interpréter de
manière étroitement univoque[1].

2 / L'UNION DE L'ÂME ET DU CORPS

La meilleure réponse au *Connais-toi toi-même* se trouve, selon
Hegel, dans les livres d'Aristote *Sur l'âme*, la seule œuvre « qui présente un intérêt spéculatif » sur le sujet. Redécouvrir le sens de ces
livres aristotéliciens apparaît même à Hegel « le but essentiel d'une
philosophie de l'esprit ». Les débats actuels montrent qu'on est en effet
loin d'avoir épuisé ces livres et leur sens[2]. D'après Hilary Putnam, « la
direction du progrès dans notre pensée concernant la relation de l'esprit au corps réside en grande mesure dans un *retour* à Aristote — la

---

1. Cf. le compte rendu de Yves Rosetti, in *Trends in Neurosciences*, vol. 15, n° 12, 1992,
p. 467-468 ; *Revue de métaphysique et de morale*, avril-juin 1992 : *Neurosciences et philosophie. Le problème de la conscience*, sous la direction de Claude Debru ; le texte de Michel Jouvet, p. 185 et sq.

2. Voir G. W. F. Hegel, *Encyclopédie des sciences philosophiques*, III : *Philosophie de l'esprit*,
377-378 ; trad. Bernard Bourgeois, Paris, Vrin, 1988, p. 175-176. Nous faisons tout à fait nôtres
les remarques de Jean-Louis Chrétien à ce propos, dans *L'appel et la réponse*, Paris, Minuit, 1992,
p. 102-103. Voir aussi le début du cours de Hegel sur Aristote : la philosophie aristotélicienne
contient « les concepts spéculatifs les plus profonds. Il n'est personne qui ait autant d'ampleur et
d'esprit spéculatif. (...) Aucun philosophe n'a subi autant de tort de la part de traditions entièrement dénuées de pensées qui se sont perpétuées au sujet de sa philosophie, et qui sont encore à
l'ordre du jour, bien qu'il ait été des siècles durant le maître de tous les philosophes.
(...) Aujourd'hui encore, notamment chez les Français, existent des vues entièrement fausses au
sujet d'Aristote » (*Leçons sur l'histoire de la philosophie*, trad. Pierre Garniron, t. 3, Paris, Vrin,
1972, p. 499-500).

reprise d'un moment de l'histoire de la pensée antérieur à la montée de la science moderne ». Un des arguments fondamentaux des récents ouvrages de Putnam, c'est que ceux qui ignorent l'histoire d'un problème, même son histoire récente, sont condamnés à répéter cette histoire à leur insu et à retomber dans des erreurs dès longtemps réfutées — on peut penser, en ce qui nous concerne à présent, à certaines théories pythagoriciennes, comme nous verrons — selon le mot de Santayana : « Those who cannot remember the past are condemned to fulfill it. »[1] Qu'on nous permette donc de revenir à notre tour à ce chef-d'œuvre d'Aristote, à ce point-ci de notre enquête.

Il faut commencer par s'entendre sur un sens au moins minimal du mot *psyché*, ou *âme* : « principe premier de vie chez les vivants » ne saurait faire difficulté. Mais la « vie » se manifeste en une grande variété d'activités tout à fait distinctes et à différents niveaux. On peut y voir le premier principe de la nutrition, par exemple, de la perception, du mouvement, de la pensée, tous donnés d'emblée dans l'expérience humaine ordinaire, comme nous le relevions à la fin du chapitre précédent.

« Or l'être, pour les vivants, c'est la vie. »[2] L'âme étant principe premier de vie, il s'ensuit qu'elle est ce qui fait que ce corps humain existe. Une autre manière de dire la même chose est de l'appeler la « forme » de ce corps. C'est d'autant plus évident qu'à la mort, où l'âme, principe de vie, disparaît, les parties du corps perdent même leur nom : « Un cadavre a aussi la même forme extérieure, et néanmoins ce n'est pas un homme. De plus, il est impossible qu'existe une main faite de n'importe quoi, par exemple de bronze ou de bois, sinon

---

1. Cf. Hilary Putnam, *Words and Life*, Harvard University Press, 1994, Introduction by James Conant, p. XIX, XIII, LXIII ; George Santayana, *The Life of Reason*, New York, Charles Scribner's and Sons, 1909, vol. 1, chap. 12. A strictement parler, l'approche d'Aristote est plus proche de la nôtre lorsque nous parlons en français de la relation de l'âme au corps, plutôt que du *mind-body problem,* qui est d'emblée celle de l'esprit au corps, voire, comme le souligne Putnam, d'une problématique ambiguë due à Hume encore plus qu'à Descartes, car chez Hume (à la suite de Berkeley) même la sensation est d'emblée détachée du corps. Le véritable dualiste serait Hume. Décidément, si Putnam a raison, et ses arguments sont puissants, l' « empirisme » britannique (le mot vient, après tout, d'*empeiria* qui signifie, en grec, « expérience ») s'avère *curiouser and curiouser* comme dirait Alice. Voir les trois essais de la première partie du volume sous le titre commun *The Return of Aristotle*, p. 1-81.
2. *De Anima*, II, 4, 415 *b* 13 : τὸ δὲ ζῆν τοῖς ζῶσι τὸ εἶναί ἐστιν : *vivere viventibus est esse*, selon la formule qui sera ensuite souvent reprise dans la tradition.

par une homonymie comparable à celle d'un dessin représentant un médecin. Car cette main ne pourra pas remplir sa fonction, pas plus que des flûtes de pierre ou le médecin dessiné ne rempliraient la leur. De même, il n'est pas une partie du cadavre qui conserve encore le caractère d'une partie véritable du corps, par exemple l'œil ou la main. Soutenir le contraire est donc par trop simpliste et ressemble au propos d'un menuisier qui parlerait d'une main de bois. »[1] En un mot, l'union de l'âme au corps n'a rien d'accidentel, comme le montre assez le fait patent de la mort ; nous voilà loin déjà de la relation corps-vêtement.

On peut faire remarquer, en plus, que l'être humain et l'animal sont des êtres naturels, perceptibles. Or il n'en serait rien si le corps et ses parties n'appartenaient pas à l'essence de l'être humain et de l'animal, si justement leur essence c'était l'âme, comme séparée du corps. Car l'âme n'est pas, comme telle, perceptible. Qu'un homme ou un animal soit une âme se servant d'un corps a tout l'air, par conséquent, d'un non-sens. De toute façon, l'expérience la plus élémentaire prouve bien que vivre, percevoir et le reste sont le fait du corps et de l'âme réunis ; ces activités cessent quand cette dernière n'est plus là, et on n'imagine pas comment voir, par exemple, serait possible sans yeux.

Dans un excellent essai défendant cette perspective aristotélicienne sur le problème âme-corps, Martha Nussbaum et Hilary Putnam ont bien mis en lumière ce point : « L'âme [écrivent-ils] n'est pas quelque chose qui habite simplement le corps ; ses gestes *(doings)* sont les gestes du corps. »[2] L'analogie de la cire citée plus haut n'est pas la seule qu'Aristote suggère. L'âme est « la détermination qui fait essentiellement de telle sorte de corps ce qu'il est. C'est comme si un quelconque des outils était un corps naturel, par exemple une hache. La détermination qui fait essentielle la hache serait sa substance et son âme s'identifierait à cela. Et

---

1. *De Partibus Animalium*, I, 1, 640 *b* 34 sq. (trad. Pierre Louis).
2. Martha C. Nussbaum and Hilary Putnam, Changing Aristotle's mind, in *Essays on Aristotle's De Anima* (éd. Martha C. Nussbaum et Amélie Oksenberg Rorty), Oxford University Press, 1992, p. 45. On sait que Hilary Putnam a abandonné le fonctionnalisme (cf. *Representation and Reality*, MIT Press, 1988 ; trad. franç. *Représentation et réalité*, Paris, Gallimard, 1990), pour se rapprocher davantage de la position d'Aristote : on en trouvera l'explication dans le présent essai, p. 48-49, qui a été récemment repris dans *Words and Life*, *op. cit.*, où l'on trouvera d'autres explications, notamment dans l'essai « Why Functionalism Didn't Work », p. 441-459.

si l'on mettait cette détermination à part, il n'y aurait plus de hache, sauf de façon purement nominale. Mais voilà, c'est une hache (...) On doit voir, au reste, ce qu'on a voulu dire, en prenant le cas des parties du corps. Si l'œil, en effet, était un animal, la vue en serait l'âme, car c'est elle la substance de l'œil qui correspond à sa raison, tandis que l'œil, lui, est matière de la vue. Et, quand cette dernière disparaît, il n'y a plus d'œil, sauf de façon nominale, comme l'œil en pierre ou celui qui est dessiné. On doit donc transférer ce qui est vrai de la partie sur la totalité du corps vivant. Car le rapport de partie à partie est celui de la sensation entière au corps entier doué de sensation, en tant que tel »[1].

Il ne se trouve pas de théorie plus éloignée de tout ceci que celle qu'illustre le mythe de la métempsycose, ou transmigration des âmes ; l'idée, en somme, que n'importe quel corps puisse convenir : « C'est à peu de chose près comme si l'on prétendait que la technique du charpentier s'insinue dans les hautbois : l'art, en effet, doit disposer de ses instruments et l'âme de son corps. » Comme l'explique Hegel dans son cours sur les Pythagoriciens, « le mode du corps n'est pas contingent par rapport à celui de l'âme, et inversement. Cette contingence est impliquée dans la migration des âmes : l'âme humaine est aussi l'âme animale. La réfutation d'Aristote est suffisante ». Voir, entendre, par exemple, exigent un corps et des organes précis, extrêmement raffinés, pour être ce qu'ils sont[2].

Les problèmes soulevés de nos jours en bioéthique rendent d'autant plus pertinentes les précisions suivantes. « Puisque donc le composé des deux représente l'être animé, ce n'est pas le corps qui est réalisation [acte] de l'âme, mais c'est, au contraire, celle-ci qui est réalisation [acte] d'un certain corps. » Suit une nouvelle allusion à la thèse pythagoricienne. « Et voilà pourquoi se trouve une juste assomption dans l'opinion de ceux pour qui l'âme ne va pas sans le corps et ne constitue pas un corps quelconque. Elle n'est pas un corps, en effet, mais quelque chose du corps. Et voilà pourquoi elle réside dans le corps et dans tel genre de corps, contrairement à l'idée de ceux qui, naguère, la mettaient en harmonie avec le corps sans rien préciser tou-

---

1. *De Anima* II, 1, 412 *b* 4-25, omettant 15-18 ; cf. Nussbaum et Putnam, *loc. cit.*, p. 45 sq.
2. Cf. *De Anima*, I, 4, 407 *b* 24-26 ; Nussbaum et Putnam, *loc. cit.*, p. 55 ; Hegel, *Leçons sur l'histoire de la philosophie*, trad. Pierre Garniron, t. I, p. 106 (Paris, Vrin, 1971).

chant l'identité ou la qualité de celui-ci, alors même qu'on voit bien que n'importe quoi ne reçoit pas au hasard n'importe quoi. »[1]

En sa *Métaphysique*, après avoir fait observer que le doigt est défini par le corps entier « car le doigt est telle partie déterminée de l'homme », Aristote ajoute : « Il y a même quelques parties qui sont simultanées avec le composé : ce sont celles qui sont essentielles, et dans lesquelles la notion et la substance résident immédiatement, comme le cœur et le cerveau, s'ils jouent réellement ce rôle, car peu importe que ce soit l'un ou l'autre. »[2] L'exemple suivant du premier livre du traité *De l'Ame* est étonnamment actuel : « Si le vieillard recouvrait un œil sain, il verrait comme un jeune homme. »[3] On le voit, le cœur, le cerveau, la main, le doigt, l'œil, ou d'autres parties du corps sont dans les textes précités définis par leur fonction. En d'autres termes, un cœur transplanté, une main greffée, une nouvelle cornée *sont* désormais mon cœur, ou ma main, ou ma cornée, une fois qu'ils ont été intégrés à mon corps. Ils rendent effectivement possibles les activités ou les fonctions respectives qui les nécessitent — dans le cas du cœur la vie même.

Un premier point ressortant de ces considérations pourtant bien élémentaires, c'est la dignité du corps humain, quelle que soit sa condition, car il est indivisiblement uni à l'âme. L'indivision en question n'est évidemment pas quantitative : Socrate sans sa jambe est indivisiblement le même Socrate. Ce que les exemples précités d'organes transplantés et le reste font voir à l'évidence, en somme, c'est que l'âme est par conséquent là tout entière, intacte pour ainsi dire, que tel ou tel organe ou le corps en son fonctionnement global soient ou non déficients. De là la vision « recouvrée » par le vieillard dans l'exemple donné : elle était de fait toujours là, mais rendue inefficace en raison de dommages à l'organe. L'âme de l'invalide n'est ni altérée ni moins unie au corps du fait que celui-ci soit par exemple dans un coma profond, ou déficient de quelque autre manière ; son visage, ses

---

1. *De Anima*, II, 2, 414 *a* 17-25.

2. Cf. Aristote, *Métaphysique* (Z) VII, 10, 1034 *b* 20 sq. ; 1035 *b* 2 sq., en particulier 10-11 et *b* 24 sq. ; sur le cœur et le cerveau, 25-27 (trad. Tricot).

3. *De Anima*, I, 4, 408 *b* 21-22, trad. E. Barbotin (Paris, Les Belles Lettres, 1966) ; Lewis Thomas cite avec humour ces propos d'un vieil homme : « I don't feel like an old man. I feel like a young man with something the matter with him » (*The Fragile Species*, New York, Scribners, 1992, p. 5).

mains, son corps tout entier ont exactement la même dignité qu'auparavant ; car il s'agit, encore une fois, de la dignité du tout humain. Nous anticipons évidemment en parlant ici déjà de dignité, puisque cette dernière ne se dévoile pleinement qu'à l'étude de l'âme humaine comme telle, de l'esprit et de ses implications.

Toute vision crûment dualiste enlève au corps sa dignité, on le voit ainsi de plus en plus nettement. N'est-on pas tenté de dire néanmoins que la dignité humaine, à supposer qu'on l'admette, est due uniquement à l'*âme* humaine ? Peut-être bien, mais dans l'optique présente elle n'existe pas comme une entité séparée, étant unie indivisiblement au corps.

Le texte suivant d'Aristote le dit bien, tout en marquant une réserve à la fin : « On voit donc sans peine que l'âme n'est pas séparable du corps puisqu'elle a des parties qui ne le sont pas, si tant est que la nature l'ait faite morcelable. Car, en certaines parties, elle est réalisation des parties mêmes du corps. Mais, bien évidemment, en certaines autres parties, rien n'empêche la séparation, parce qu'elles ne sont réalisations d'aucun corps » (*De Anima* II, 2, 413 *a* 3-7). L'âme aurait-elle donc des « parties » tout en demeurant indivisible ?

La précision suivante ne fait pas problème : « Comme le fait de vivre s'entend de plusieurs façons, nous prétendons qu'il y a vie là où se trouve ne serait-ce qu'une seule quelconque des manifestations telles que l'intelligence, la sensation, le mouvement local et le repos, ou encore le mouvement nutritif, dépérissement et croissance » (II, 2, 413 *a* 22 sq.).

Ce qu'on veut dire en déclarant Socrate, vous ou moi indivisibles (« individus » : nous y reviendrons), c'est qu'il est impossible de diviser l'âme, au sens défini, de la même manière que le corps. Dans ses discussions préliminaires, Aristote avance que c'est en effet « plutôt l'âme qui assure la cohésion du corps, puisque, lorsqu'elle s'en est allée, il se dissipe et se putréfie. Par conséquent, s'il est autre chose qui produit l'unité de l'âme, cette autre chose va être l'âme au plus haut point ! Mais on devra reposer la question à son sujet : est-ce une chose une ou comporte-t-elle plusieurs parties ? Car, dans la première hypothèse, pourquoi ne pas directement conférer à l'âme l'unité ? Et, dans l'hypothèse d'une chose morcelable, le raisonnement demandera de nouveau ce qui en assure la cohésion, et, de la sorte, on ira donc à l'infini » (I, 5, 411 *b* 6-14). N'est-il pas évident, plutôt, que « c'est par toute notre âme que nous pensons et sentons, que nous nous mettons en mouvement et que nous faisons et subissons tout le reste » (411 *b* 1-3) ? Semblablement, Augustin enseignera que l'âme est « dans chaque corps, tout entière dans le tout, tout entière en chaque partie » (*De Trinitate*, VI, VI, 8).

En un mot, c'est son âme qui fait exister ce vivant-ci, Socrate. Tel est le sens de la définition de l'âme comme l'acte premier (la « réalisation première », si on adopte la traduction Bodéüs) « d'un corps naturel ayant potentiellement la vie », ou « d'un corps pourvu d'organes » (412 *b* 1). Ce qui n'est nullement la même chose que de considérer l'âme comme l'organisation même d'un tel corps, interprétation qui équivaudrait à la thèse pythagoricienne, longuement critiquée par Aristote, faisant de l'âme l'harmonie des parties du corps. Prétendre que l'âme ne soit que l'organisation des cellules, ou des neurones, est en somme rééditer la thèse pythagoricienne de l'âme harmonie du corps, qui de prime abord ne manque pas de plausibilité, on le voit.

Le problème, c'est que l'âme est alors réduite à quelque chose de postérieur au corps, qu'on peut ajouter ou retrancher — comme si la main de Socrate, par exemple, pouvait exister avant Socrate. Nous l'avons vu, aucune partie de Socrate ne peut, à parler strictement, exister avant que Socrate n'existe ; tels éléments matériels, particules ou autres, ne sont à l'évidence siens qu'à la condition qu'il *existe* lui-même.

Ce sens d'acte premier (ou de réalisation première) ressort encore mieux une fois considérée l'importante distinction suivante : « Mais cette dernière [la "réalisation", ou l' "acte"] s'entend de deux façons, tantôt, comme la science, tantôt, comme l'acte de spéculer. Par conséquent, c'est évidemment comme la science. En effet, la présence de l'âme implique sommeil et éveil. Or il y a correspondance entre l'éveil et l'acte de spéculer, d'un côté, et, de l'autre, le sommeil et le fait d'avoir cette disposition sans l'exercer ; par ailleurs, la première à naître chez un même sujet, c'est la science. En conséquence, l'âme est la réalisation première [l'acte premier] d'un corps naturel qui a potentiellement la vie. Tel est, du reste, tout corps pourvu d'organes. »[1] L'exemple est clair : la théorie des nombres n'est pas moins présente en ce grand mathématicien spécialiste, lorsqu'il est endormi ; c'est cette même présence de la science

---

1. *De Anima*, II, 1, 412 *a* 22-412 *b* 1.

en lui (« acte premier » ou « réalisation première ») qui explique la différence entre sa considération actuelle de tel problème une fois éveillé à
nouveau (« acte second » ou « réalisation seconde ») et la mienne chez qui
l'acte premier en question n'existe pas, ignorant que je suis de cette noble
partie des mathématiques. De même pour l'âme : que le vivant qu'elle
anime soit endormi ou éveillé, comateux, gravement handicapé ou en
pleine forme, elle est tout aussi présente. C'est elle qui rend possible tout
exercice éventuel des diverses potentialités qu'elle unifie : marcher, voir,
entendre, penser, et le reste ; mais ces passages à l'acte ne sont pas l'âme.

Rien d'exclusivement « aristotélicien » en ce qui précède, même si
le respect du concret est caractéristique chez Aristote. Un regard vers
l'Orient le confirme. Dans le texte de Tong Tchong-chou, de l'école
confucéenne, cité en exergue du présent chapitre, l'auteur fait cette
remarque : « La nature de l'homme peut être comparée aux yeux.
Dans le sommeil ils sont fermés et il fait noir. Ils doivent attendre
l'éveil avant de voir. Avant l'éveil, on peut dire qu'ils possèdent la
substance (qualité) fondamentale pour voir, mais on ne peut dire qu'ils
voient. Or la nature de tous possède cette substance fondamentale,
mais elle n'est pas encore éveillée ; c'est comme des gens endormis
attendant d'être éveillés. »[1]

3 / INDIVISION

C'est assez dire le degré d'intimité de l'âme et du corps, si ce qui
vient d'être résumé est vrai. Peu importe l'état en lequel se trouve un
corps humain vivant, lui et l'âme ne font qu'un, tout et parties, quelle
que puisse être la condition apparente, parfois très diminuée, du corps.
Car l'âme — du moins en cette perspective, encore une fois — est une
et indivisible. (Le sens commun le reconnaît ; prétendre un tel
« schizophrène » c'est déclarer son esprit « partagé en deux », et, partant, reconnaître son unité foncière : il n'y a pas de division sans

---

1. Tung Chung-shu, *op. cit.*, chap. 35 ; in *A Source Book in Chinese Philosophy*, *op. cit.*,
p. 275.

divisé : l'attribution n'a pas de sens autrement ; *qui* est « schizo » ?
Nous retrouvons, *mutatis mutandis*, les problèmes de Parfit et Hume,
discutés plus haut.) Il en est ainsi du premier au dernier instant de la
vie de ce corps humain. Dans l'hypothèse, bien entendu, où l'âme
humaine mérite respect, il suit de ce que nous venons de voir que tout
corps humain, quel qu'il soit — dément profond, Einstein, comateux,
trois fois champion olympique — , mérite le même respect.

Pour peu que nous nous reportions à notre expérience ordinaire de
vivre, malgré la difficulté à concevoir l'indivision — ce n'est en effet
possible que par négation, comme le mot l'indique —, nous nous
éprouvons, en temps normal — le langage, le dialogue même, en
témoignent — comme « chacun » (« chaque » « un ») un « je » « individuel » ; « individu » vient du latin *individuum*, « corps indivisible » ; la
sagesse inscrite dans la langue ordinaire le dit donc à nouveau : divi-
sant — chirurgicalement, par exemple — le corps de Socrate, jamais
je ne parviendrais à diviser Socrate.

Il n'empêche pourtant que, nous reportant toujours à l'expérience
quotidienne, cette belle unité ne manque pas d'exceptions apparentes :
celle d'essayer de penser en état de profonde fatigue physique, par
exemple, comme nous le disions plus haut à propos du cerveau. Cette
résistance du corps, n'y a-t-il pas là un argument valable en faveur
d'une forme ou l'autre de dualisme ? Voilà bien l'esprit, l'intelligence,
désireux de fonctionner à pleine capacité, mais à côté le corps faisant
obstacle ? De plus, mon corps, tout corps humain — plus exactement
encore, du reste, tout *être* humain — est engagé dans un devenir incessant, continu ; l'œuvre ici n'est manifestement jamais achevée ; or voici
qu'à la mort émerge quelque chose de tout nouveau : un cadavre.
Mais survivrai-je, « moi », à ce cadavre ? C'est la question. D'autant
que l'angoisse n'est pas de mourir, mais bien plutôt, comme l'a dit
avec profondeur Lévinas (après Hamlet et d'autres), de ne pas mourir[1].

1. Voir Emmanuel Lévinas, *Le temps et l'autre*, Paris, PUF, « Quadrige », 1983, p. 29 :
« L'angoisse, d'après Heidegger, est l'expérience du néant. N'est-elle pas, au contraire — si par
mort on entend néant — le fait qu'il est impossible de mourir ? » ; p. 61 : « *Spiro-spero*. De cette
impossibilité d'assumer la mort, *Hamlet* précisément est un long témoignage. Le néant est impossible. (...) "To be or not to be" est une prise de conscience de cette impossibilité de s'anéantir » ;
p. 60 : « Il me semble parfois que toute la philosophie n'est qu'une méditation de Shakespeare ».
Sur l'angoisse, voir aussi plus loin, p. 165.

La difficulté est considérable, on le voit. Non seulement s'agit-il de montrer que l'âme humaine a une dignité particulière, mais, supposé qu'on y parvienne, encore faut-il voir comment pareille dignité peut être compatible avec cette dépendance à l'égard du corps, voire le degré d'intimité et d'unité avec lui dont nous venons de parler. Et que dire, pour ceux qui y croient, de l'immortalité de chaque âme humaine individuelle ?

4 / LA MAIN ET LE TOUCHER

On sait le succès qu'obtint naguère Gilbert Ryle à Oxford lorsqu'il dénonça, dans *The Concept of Mind*, le mythe du « ghost in the machine », le « fantôme dans la machine », ou « le cheval dans la locomotive », qu'il qualifiait d'*official view,* « opinion officielle ». Comme on le lui fit remarquer, aucun philosophe, pas même Descartes — nous dirions, pour notre part, pas même Locke (quoique en est-on si sûr, à lire l'*Essai*, en 2, 27, comme nous l'avons vu ?) — n'a soutenu une théorie aussi primaire de la relation âme-corps. Mais quoi qu'il en soit de la caricature de Ryle, que veut-on dire, en réalité, quand on emploie les mots « interne », « intérieur », et le reste, à propos de l'âme ou de l'esprit, parlant par exemple de « vie intérieure », d'expérience « interne », comme plus haut, ou d'avoir quelque chose à l'esprit, voire « en tête » — qu'a-t-il, lui, « dans la tête » ?[1] Comment Platon pouvait-il déclarer à ses étudiants, quand Aristote manquait un cours : ὁ νοῦς ἄπεστι, l' « Intellect est absent » ?
Une première réponse évidente, c'est qu'il s'agit là de figures de style, plus précisément de « synecdoques », où le tout est utilisé pour la partie, la partie pour le tout, le genre pour l'espèce, l'espèce pour le genre ; par exemple, cinquante voiles pour cinquante bateaux. Ce sont

---

1. Le débat continue. En 1975, Hilary Putnam déclarait avec humour, en argot américain, que *meanings « just ain't in the head »*, mais John Searle n'est pas d'accord. Voir la réfutation de Ryle et la discussion de tout ceci par Donald Davidson, Knowing one's own mind, in *Self-Knowledge*, éd. Quassim Cassam, *op. cit.*, p. 43-64 ; et Putnam, *Words and Life, op. cit.*, 279-312.

là des faits grammaticaux très élémentaires, il est vrai, mais dont la
conscience peut aider à prévenir certains pièges.

Cela dit, l'âme est-elle *dans* le corps? Ou serait-ce l'inverse? Il n'est
pas possible de répondre à de telles questions sans avoir précisé au
préalable le sens des mots. Il n'est pas exclu, en outre, que cela puisse
même être utile quant à certains problèmes de bioéthique. Que veut
dire « être *dans* »? Il n'existe pas, à notre connaissance, de texte plus
éclairant à cet égard qu'Aristote, *Physique* IV, 3, 210 *a* sq., où sont dis-
tingués huit sens d' « être dans quelque chose ». Nous nous contenterons ici des deux premiers et du huitième. Il s'agit de savoir « en combien d'acceptions une chose est dite *dans* une autre ». La réponse
suggérée, c'est : « D'une première manière, comme le doigt est dit
dans la main et en général la partie dans le tout ; d'une autre, comme
le tout dans les parties, car il n'y a pas de tout en dehors des parties. »
Le huitième et « le sens le plus propre, c'est quand on dit dans un vase
et en général dans un lieu (210 *a* 14-24, trad. Carteron). Mais ce n'est
évidemment là qu'amorcer la question : « C'est une difficulté de
savoir si une chose peut également être à l'intérieur d'elle-même, ou si
rien ne le peut, tout étant alors ou nulle part ou en autre chose
(210 *a* 25-26). » Suit un long développement qui mériterait une étude
approfondie et qui montre que nous n'avons qu'à peine effleuré un
début de réflexion jusqu'à présent.

Plus immédiatement utile à notre propos, et plus accessible, sera la
considération du corps organique lui-même, afin de voir dans le
concret comment l'âme, voire l'intelligence humaine, s'y découvre.
Nous n'avons aucun rapport vécu au cerveau, disions-nous avec
Ricœur. Mais nous en avons avec la main.

Une des manières les plus originales de décrire l'utilité de la main
aura été sans doute celle de saint Grégoire de Nysse, reprise
aujourd'hui en paléontologie humaine : la main libère la bouche en
vue de la parole[1]. L'idée que l'évolution a libéré la main est chère de

---

1. Cf. Grégoire de Nysse, *Traité de la création de l'homme*, chap. VIII, et chap. X : « ... Ainsi
c'est grâce à cette organisation que l'esprit, comme un musicien, produit en nous le langage et
que nous devenons capables de parler. Ce privilège, jamais sans doute nous ne l'aurions, si nos
lèvres devaient assurer, pour les besoins du corps, la charge pesante et pénible de la nourriture.
Mais les mains ont pris sur elle cette charge et ont libéré la bouche pour le service de la parole. »
Au chapitre VIII Grégoire insiste que ces instruments adroits qui suffisent à tout, les mains, c'est

son côté à Darwin et aux évolutionnistes. On constate au départ la station droite, dont l'importance et la signification furent bien marquées d'abord par les anciens Grecs, notamment Platon et Aristote, mais aussi par l'antique sagesse chinoise, puis cent fois réitérées par la suite ; tous l'associent au bout du compte à notre nature intellectuelle[1] ; pour Darwin et pour la paléontologie contemporaine, la verticalisation de l'animal humain libère la main et la face, ce qui permet le développement du cerveau et la faculté de symbolisation[2]. Non pas, insiste-t-on aujourd'hui, que tel organe provoque la formation de tel autre, mais « tout le corps est solidaire » (Leroi-Gourhan)[3].

en premier lieu pour la parole que la nature les a ajoutés à notre corps. Cf. André Leroi-Gourhan, *Le geste et la parole*, t. I : *Technique et langage*, Paris, Albin Michel, 1964, chap. 2, en particulier p. 41 sq. et 55 sq. ; *Les racines du monde*, Paris, Le Livre de poche, 1991, p. 175 : « Ce que dit Grégoire de Nysse est très proche de ce que j'ai essayé de dire moi-même, mais à près de deux mille ans de distance, et dans une ambiance métaphysique toute différente. »

1. Cf. Platon, *Timée*, 90 a-b : « (...) Cette âme nous élève au-dessus de la terre, en raison de son affinité avec le ciel, car nous sommes une plante non pas terrestre mais céleste. Et en effet c'est du côté du haut, du côté où eut lieu la naissance primitive de l'âme, que le Dieu a suspendu notre tête, qui est comme notre racine et, de la sorte, il a donné au corps tout entier la station droite » (trad. A. Rivaud) ; Aristote, *De Partibus Animalium*, IV, 10, 686 a 25 sq. : « L'homme, au lieu des pattes et des pieds de devant, possède des bras et ce qu'on appelle les mains. Car il est le seul des animaux à se tenir droit parce que sa nature et son essence sont divines. Or, la fonction de l'être divin par excellence c'est la pensée et la sagesse. Mais cette fonction n'aurait pas été facile à remplir si la partie supérieure du corps avait pesé lourdement (trad. P. Louis) » ; cf. 687 a 6 sq. ; Herder, dans ses *Idées en vue d'une histoire de l'humanité* : « Grâce à cette station verticale, l'homme devint une créature apte à créer ; il reçut des mains libres et créatrices. Et seule la station debout permet l'apparition du véritable langage humain » (cité par Kant dans son compte rendu critique : voir *Philosophie de l'histoire*, trad. S. Piobetta, Paris, Aubier, 1947, p. 101).

2. Cf. Charles Darwin, *The Descent of Man*, part I, c. 2, New York, Modern Library, n.d., p. 431-439. Aussi, « pour l'homme, la condition vraiment fondamentale, c'est la forme de son pied » (Leroi-Gourhan, *Les racines du monde*, p. 176 ; voir les explications détaillées, p. 176-178, et Darwin, p. 434). Observation analogue chez Grégoire de Nysse (*op. cit.*, chap. VIII, au début). Il est intéressant de constater que le pouce du pied des anthropoïdes est opposable ; le pouce du pied humain n'est pas opposable mais plantigrade, « mécaniquement la pièce maîtresse du squelette du pied » (Leroi-Gourhan, *ibid.*) ; c'est donc la formation exactement inverse de celle de la main où c'est au contraire l'opposition du pouce et de la main qui explique la supériorité mécanique de celle-ci, comme on sait ; or il s'agit dans les deux cas du détail principal assurant la supériorité de l'animal humain.

3. André Leroi-Gourhan, *Les racines du monde*, p. 176 ; cf. p. 170-171 : « L'outil est en quelque sorte le prolongement du corps humain, la main est la commande centrale de l'outil, et l'histoire de la main entraîne celle de tout le corps. C'est l'une des grandes vérités qu'a découvertes le XIXᵉ siècle, avec Cuvier : les parties d'un corps sont solidaires les unes des autres et on peut reconstituer avec une griffe (...) les formes et les caractères physiques des animaux les plus variés, avec une surprenante exactitude... (...) L'anatomie comparée est une des sciences les plus fermes et les plus convaincantes, parmi les sciences naturelles. La forme de chaque partie du corps est véritablement conditionnée par le corps tout entier. »

Diversement comprise et interprétée certes, l'existence d'un lien entre la main et l'intelligence reste néanmoins tellement évidente qu'elle a fait l'unanimité tout au long de l'histoire[1]. On l'avait déjà bien entrevue chez les Présocratiques : « Anaxagore prétend que c'est parce qu'il a des mains que l'homme est le plus intelligent des animaux. Ce qui est rationnel, plutôt, c'est de dire qu'il a des mains parce qu'il est le plus intelligent. »[2] Aristote explique que « en effet, l'être le plus intelligent est celui qui est capable de bien utiliser le plus grand nombre d'outils : or, la main semble bien être non pas un outil, mais plusieurs. Car elle est pour ainsi dire un outil qui tient lieu des autres. C'est donc à l'être capable d'acquérir le plus grand nombre de techniques que la nature a donné l'outil de loin le plus utile, la main »[3]. Elle est l' « outil des outils », l' « instrument des instruments »[4]. Même accent chez Kant, chez Hegel aussi qui écrit de la main qu' « on peut dire qu'elle *est* ce que l'homme *fait* »[5], et chez Valéry : « Cet organe

1. « Man could not have attained his present dominant position in the world without the use of his hands, which are so admirably adapted to act in obedience to his will. Sir C. Bell insists that "the hand supplies all instruments, and by its correspondence with the intellect gives him universal dominion" » (Charles Darwin, *The Descent of Man*, p. 434). Les observations de Darwin sont étonnamment voisines ici de celles d'Aristote dans le *De Partibus Animalium* ; c'est d'ailleurs dans une lettre de 1882 à Wm. Ogle, traducteur d'Oxford de cette œuvre d'Aristote, que Darwin formulait son éloge bien connu : « Linnaeus and Cuvier have been my two gods, though in very different ways, but they were mere schoolboys to old Aristotle » (*Life and Letters*, éd. F. Darwin, 3ᵉ éd., Londres, 1887, vol. 3, p. 252) ; dans le même sens, voir Cuvier, l'*Histoire des sciences naturelles*, Paris, 1841, vol. 1, p. 132.
2. Aristote, *ibid.*, 687 *a* 6-9. « Car la main, poursuit-il, est un outil ; or la nature attribue toujours, comme le ferait un homme sage, chaque organe à qui est capable de s'en servir. Ce qui convient, en effet, c'est de donner des flûtes au flûtiste, plutôt que d'apprendre à jouer à qui possède des flûtes. C'est toujours le plus petit que la nature ajoute au plus grand et au plus puissant, et non pas le plus précieux et le plus grand au plus petit. Si donc cette façon de faire est préférable, si la nature réalise parmi les possibles celui qui est le meilleur, ce n'est pas parce qu'il a des mains que l'homme est le plus intelligent des animaux, mais c'est parce qu'il est le plus intelligent qu'il a des mains » (687 *a* 10-19).
3. *Ibid.*, 687 *a* 19-23.
4. *Ibid.*, 687 *a* 21 : ὄργανον πρὸ ὀργάνων ; cf. *De anima*, III, 8, 432 *a* 1-2 : ὄργανόν ἐστιν ὀργάνων. Autour du sens ici d'instrument ou d'outil, et du corps comme « instrument » et non une « machine », voir Gerd Haeffner, *Philosophische Anthropologie*, Stuttgart, Kohlhammer, 1982, § 142, p. 97 sq.
5. Cf. Kant, *Philosophie de l'histoire, loc. cit.*, p. 62-63, et *Anthropologie du point de vue pragmatique*, trad. Michel Foucault, Paris, Vrin, 1964, p. 163 ; Hegel, *Phénoménologie de l'esprit*, trad. Jean Hyppolite, Paris, Aubier, 1939, I, 261 ; *Encyclopédie*, III : *La Philosophie de l'esprit (1827 et 1830)*, trad. Bernard Bourgeois, § 411 (p. 176 sq.), où la main est qualifiée d' « outil absolu » ; dans le

extraordinaire en quoi réside presque toute la puissance de l'humanité, et par quoi elle s'oppose si curieusement à la nature, de laquelle cependant elle procède. »

C'est, en un mot, l'universalité de la main qui témoigne d'abord de son lien avec l'intelligence : ses « virtualités innombrables » qui en font l'*organe du possible*, comme le dit Valéry, un de ces possibles parmi tant d'autres étant justement des « machines à penser » de plus en plus perfectionnées. Elle reflète l'infinité de l'esprit humain parce que ses œuvres à elle déjà sont infinies en variété, en inventivité, en expressivité : « Comment trouver une formule pour cet appareil qui tour à tour frappe et bénit, reçoit et donne, alimente, prête serment, bat la mesure, lit chez l'aveugle, parle pour le muet, se tend vers l'ami, se dresse contre l'adversaire, et qui se fait marteau, tenaille, alphabet ? »

Nous connaissons tous des artistes témoignant d'une sorte d'autonomie de leurs mains, dans la sculpture ou la peinture, par exemple, comme si l'œuvre jaillissait d'elles plus encore que de l'esprit conscient de son créateur, ou encore comme si c'étaient elles, palpant, moulant, pesant, mesurant, qui inspiraient l'artiste.

Valéry parlait même d'une « réciprocité de services » entre la main et la pensée elle-même, ce qu'attestent les mots mêmes désignant les actes fondamentaux de l'intelligence, à commencer par celui de « saisir » *(begreifen, grasp)*[1]. L'activité de penser semble même se comprendre mieux par analogie, voire de concert, avec celle de la main : « L'esprit fait la main, la main fait l'esprit. Le geste qui ne crée pas, le geste sans lendemain provoque et définit l'état de conscience. Le geste qui crée exerce une action continue sur la vie intérieure » (Henri Focillon)[2]. « Penser est

---

Zusatz correspondant (p. 514-517), on lit : « La main de l'homme — cet *instrument des instruments* [allusion évidente à Aristote, mais tacite] — est apte à servir à une multitude infinie d'extériorisations de la volonté » (p. 515).

1. Les textes cités proviennent de Paul Valéry, Discours aux chirurgiens, in *Œuvres*, I, Paris, Gallimard, coll. « La Pléiade », 1957 ; respectivement, p. 918 et 919 deux fois : « L'esclave enrichit son maître et ne se borne pas à lui obéir. Il suffit pour démontrer cette réciprocité de services de considérer que notre vocabulaire le plus abstrait est peuplé de termes qui sont indispensables à l'intelligence, mais qui n'ont pu lui être fournis que par les actes ou les fonctions les plus simples de la main. *Mettre ; - prendre ; - saisir ; - placer ; - tenir ; - poser*, et voilà : *synthèse, thèse, hypothèse, supposition, compréhension...* Addition se rapporte à donner, comme *multiplication* et *complexité* à plier » (*ibid.*).

2. Henri Focillon, Eloge de la main, in *Vie des formes*, Paris, PUF (1943) ; repris dans coll. « Quadrige », 1981, à quoi nous renvoyons ; ici, p. 128.

peut-être du même ordre que travailler à un coffre. C'est en tout cas un travail de la main » (Heidegger)[1]. « Il faut penser la main. Mais on ne peut la penser comme une chose, un étant, encore moins comme un objet. La main pense avant d'être pensée, *elle est pensée*, une pensée, la pensée » (Jacques Derrida)[2].

Sa proximité au langage, au *logos* humain en ce sens, est du reste telle qu'on trouve en elle, au niveau de l'expression, une infinité comparable à celle de la parole (bien que cette dernière paraisse plus intimement liée à l'intelligence et encore plus universelle). Comme dit Heidegger, « les gestes de la main transparaissent partout dans le langage, et cela avec la plus grande pureté lorsque l'homme parle en se taisant ». Et Focillon encore : « Pourquoi l'organe muet et aveugle nous parle-t-il avec tant de force persuasive ? »[3]

La main étonne par sa fermeté, par son habileté à saisir et à tenir, ce que rend possible avant tout le pouce opposable, remarquait déjà Aristote ; mais également par l'infinie variété des manipulations que déploient nos activités quotidiennes, impliquant chaque fois la coordination de tout un ensemble de muscles : simplement enfiler une aiguille exige un équilibre délicat à tous les niveaux entre les muscles extenseurs et fléchisseurs de la main, du bras, de l'épaule, voire du corps tout entier. La multiplicité des articulations de la main, sa souplesse et son aptitude à se mouler sur les objets, en un mot son extraordinaire flexibilité, la rendent capable de myriades d'opérations, et contribuent à son extraordinaire puissance d'expressivité. Les neurosciences commencent à dévoiler la fabuleuse organisation corticale qui

---

1. Martin Heidegger, *Qu'appelle-t-on penser ?*, trad. franç., Paris, PUF, coll. « Epiméthée », 1959, p. 89-90 ; Heidegger ajoute : « La main est une chose à part. (...) La main est séparée de tous les organes de préhension — les pattes, les ongles et les griffes — infiniment, c'est-à-dire par l'abîme de son être. Seul un être qui parle, c'est-à-dire pense, peut avoir une main et accomplir dans un maniement le travail de la main. (...) Chaque mouvement de la main dans chacune de ses œuvres est porté par l'élément de la pensée, il se comporte dans cet élément. Toute œuvre de la main repose dans la pensée. C'est pourquoi la pensée elle-même est pour l'homme le plus simple, et partant le plus difficile travail de la main, lorsque vient l'heure où il doit être expressément accompli » (p. 90).
2. Jacques Derrida, La main de Heidegger, in *Psyché, op. cit.*, 426-427. On trouve le même texte dans *Heidegger et la question. De l'esprit et autres essais*, Paris, coll. « Champs », 1990. Il est question de la main dans l'essai *De l'esprit*, également.
3. Heidegger, *loc. cit.* ; Focillon, p. 104.

y correspond[1]. Rien de plus « corporel », « organique », en somme, que la main, lieu pourtant d'un pouvoir infini de création et de signification qui a nom intelligence et auquel elle apparaît non moins indispensable que la voix à la parole ou l'instrument au musicien.

Dans les pages déjà citées, Darwin a relevé à quel point l'usage délicat des mains est lié à la finesse du toucher ; la station verticale permet d'éviter que ce sens ne s'émousse. Le toucher n'a pas d'organe facilement repérable, sinon le corps humain tout entier ; c'est aussi le moins spécialisé des sens, recouvrant un ensemble très complexe de fonctions, de sorte que son analyse est particulièrement difficile. Cela dit, il ne fait aucun doute que la main soit une des zones du corps où le toucher est à son plus fin, les lèvres en étant une autre ; l'expérience du corps vécu, du corps propre, suffit à le corroborer ; mais par ailleurs aussi la place importante de la main et des lèvres dans le cortex sensoriel.

Le corps et le toucher ont récemment fait l'objet, de la part de Jean-Louis Chrétien, d'une étude tout à fait remarquable, que nous recommandons au lecteur souhaitant approfondir ce thème capital[2], car nous nous contentons d'indiquer quelques traits essentiels pour notre thème. L'association entre le toucher et l'intelligence n'a rien de neuf ; ici encore, le pionnier est Aristote. Ces lignes célèbres disent l'essentiel : « Notre sens du goût est plus aigu parce qu'il est une sorte de toucher et que ce dernier sens atteint chez l'homme un très haut degré d'acuité. Quant aux autres sens, en effet, l'homme est inférieur à beaucoup d'animaux, mais pour le toucher il les surpasse tous de loin en acuité. Aussi est-il le plus intelligent des animaux. La preuve en est qu'à s'en tenir à l'espèce humaine, c'est l'organe de ce sens, et aucun autre, qui partage les individus en bien et mal doués : ceux qui ont la chair dure sont mal doués intellectuellement, mais ceux qui ont la chair tendre sont bien

---

1. Sur la main comme organe moteur, et ses liens avec le cerveau, voir le résumé de Gordon M. Shepherd, *Neurobiology*, Oxford, 1988, p. 456-467 ; sur son rôle sensoriel (notamment le concept d'*active touch*), cf. tout le chapitre 12 : « The Somatic Senses », p. 247-269, et au chapitre 22 la reprise p. 464 sq. : « (...) The fingers have a high density of sensory receptors. This is correlated with their large cortical representation (...) » (464). « (...) Sensory receptors provide exquisitely refined information about the frictional condition of the gripped surface. This comes not from a single type of receptor, but from the entire ensemble of receptors in the skin and connective tissue of the finger tips » (465).

2. Jean-Louis Chrétien, Le corps et le toucher, in *L'appel et la réponse, op. cit.*, p. 101-154.

doués. » La finesse du toucher humain va de pair, selon Aristote, avec
« une finesse plus grande de l'éveil ». Même éveillé et actif, l'animal « est
comme endormi par rapport à l'homme » (Brague). Le toucher est évidemment le sens le plus fondamental, appartenant au corps tout entier
chez l'homme, jusqu'aux organes mêmes des autres sens ; la nudité
caractéristique de l'être humain le fait au surplus ressortir. Le toucher se
confond avec la sensibilité elle-même ; or plus celle-ci est fine, plus elle
dispose à la finesse de l'intelligence[1].

Mais il y a plus. Il y a le fait que le toucher est le sens par excellence du concret et de la certitude. Il est frappant que les deux penseurs sans doute les plus marquants du XXe siècle, Heidegger et
Wittgenstein, s'en soient tous deux préoccupés de manière originale. Dans *Etre et Temps*, la place de choix accordée aux termes
Zuhandenheit (« être à-portée-de-main », à la manière de l'ustensile)
et *Vorhandenheit* (« être devant-la-main ») dans l'analyse du *Dasein*
met en relief le rôle de la main dans notre être-au-monde, puisque
les deux termes renvoient à *Hand*, « main ». Ils laissent entendre que
notre accès premier au monde comme à nous-mêmes passe par le
toucher, avant même la vue par exemple, idée que nous reprendrons
plus loin[2].

Selon Wittgenstein à la fin de sa vie, la méthode d'analyse philosophique depuis Descartes « est fausse, parce qu'elle part de fausses présuppositions »[3]. Il est faux que les corps ne soient que « conçus » ; on ne

1. Voir Aristote, *De Anima*, II, 9, 421 *a* 18-26, trad. E. Barbotin (Paris, Les Belles Lettres, 1966) ; cf. *De sensu*, 4, 441 *a* 2 ; *Historia Animalium*, I, 15, 494 *b* 17 ; *De Partibus Animalium,* II, 16, 660 *a* 11 sq. et 17, 660 *a* 17 sq. ; voir Rémi Brague, *Aristote et la question du monde*, Paris, PUF, coll. « Epiméthée », 1988, p. 256-261 (les lignes citées ici sont à la p. 260, 369-373 ; sur la main, p. 118 sq.).

2. Outre les textes de Jacques Derrida auxquels nous avons déjà fait référence, voir Didier Franck, *Heidegger et le problème de l'espace*, Paris, Ed. de Minuit, 1986, *passim* ; et Jean-François Courtine (qui montre bien l'importance de la main chez Heidegger dès 1927) : Don-ner/Prendre : la Main, in *Philosophie*, n° 17, hiver 1987, p. 73-92. Voir en outre Franco Volpi, *Heidegger e Aristotele*, Padoue, 1984.

3. Cf. Ludwig Wittgenstein, *De la certitude*, trad. Jacques Fauve, Paris, Gallimard, coll. « Tel », 1979 ; nos références sont aux numéros de paragraphes. Pour ce qui suit, Gunter Gebauer, Hand und Gewissheit, in *Das Schwinden der Sinne*, éd. Dietmar von Kamper und Christoph Wulf, Frankfurt am Main, Suhrkamp Verlag, 1984, p. 234-260. Cf., à propos de Heidegger, J. Greisch : « Le sujet cartésien, à l'opposé du *Dasein,* n'a manifestement pas de mains » (Le phé-nomène de la chair : un ratage de *Sein und Zeit*, in *Dimensions de l'exister* [éd. G. Florival], Lou-vain-Paris, Ed. Peeters, 1994, p. 161).

peut faire totalement abstraction du corps, encore moins nier son propre corps. Même la démarcation entre le rêve et le non-rêve peut être rêvée ; de sorte que l'argument « Je rêve peut-être » est *sinnlos*, vide de sens[1].

Ce qui est en fait certain au départ, hors de doute, c'est, par exemple, que j'ai deux mains, que ceci est mon pied. « Qu'en serait-il de douter maintenant que j'ai deux mains ? Pourquoi ne puis-je pas du tout me le représenter ? Que croirais-je si je ne croyais pas cela ? Je n'ai toujours pas de système, vraiment aucun, à l'intérieur duquel il puisse y avoir un tel doute. » « Je sais que ceci est mon pied. Il n'y a pas d'expérience que je serais susceptible d'accepter comme preuve du contraire (...) » « Si quelqu'un me disait qu'il doute avoir un corps, je le prendrais pour un demi-fou (...) » La certitude du corps propre, sous sa forme donnée, matérielle, précède les autres. Même les certitudes fondamentales de la pensée s'ancrent en quelque sorte — *verankert sind*, écrit Gebauer — dans celles du corps et en tout cas les présupposent : « Pourquoi suis-je aussi certain que ceci est ma main ? Le jeu de langage tout entier ne repose-t-il pas sur ce genre de certitude ? » Il s'agit vraiment d'une certitude antérieure à toutes les autres, même à la vision : « Que j'aie deux mains est, en des circonstances normales, aussi sûr que tout ce que je pourrais en produire comme témoignage. C'est pourquoi je suis hors d'état de considérer la vision que j'ai de ma main comme en portant témoignage. »[2]

Wittgenstein fait ainsi allusion à la certitude exemplaire du sens du

---

1. Cf. ces lignes de la seconde Méditation de Descartes : « (...) car, puisque c'est une chose qui m'est à présent connue, qu'à proprement parler nous ne concevons les corps que par la faculté d'entendre qui est en nous, et non point par l'imagination ni par les sens, et que nous ne les connaissons pas de ce que nous les voyons, ou que nous les touchons, mais seulement de ce que nous les concevons par la pensée (...) » (« La Pléiade », *op. cit.*, p. 283) ; voir aussi la première Méditation : « (...) et pensons que peut-être nos mains, ni tout notre corps ne sont pas tels que nous les voyons (...) » (p. 269) ; « (...) Je me considérerai moi-même comme n'ayant point de mains, point d'yeux, point de chair, point de sang, comme n'ayant aucun sens, mais croyant faussement avoir toutes ces choses » (p. 272) ; et cette phrase en réponse à Gassendi : « Car je nie absolument que je sois un corps » (p. 479 ; cf. p. 423, en réponse à Arnauld). Cf. Wittgenstein, *De la certitude*, 383 : « L'argument : "Je rêve peut-être" ne fait pas sens pour cette raison que, si je rêve, alors cette déclaration elle aussi est le fruit d'un rêve, et l'est aussi *ceci* : que ces mots ont une signification. »

2. Respectivement, 247 ; cf. 250, 255, 157, 446, 360 ; cf. 148, 257, 446 ; cf. Gebauer, p. 241, 250.

toucher, grâce auquel je m'éprouve pour ainsi dire au-dedans de moi-même bien avant toute autre conscience de moi-même. J'ai l'évidence et la certitude que ces mains sont miennes non pas parce que je les vois comme des parties de mon corps, mais bien parce que je les sens, qu'elles se sentent elles-mêmes, pour ainsi dire, au contact de ma plume ou de mon ordinateur, ou simplement en touchant une autre partie de mon corps, voire en se refermant sur elles-mêmes[1]. Il est remarquable que cette certitude incontestable que recherche notre intelligence lui soit donnée par le sens du toucher[2].

Ainsi donc, la main et l'intelligence ont en partage la quête de certitude et la vérification. C'est ma main qui m'assure d'abord que le bâton dans l'eau est bien droit, en dépit des assurances contraires, claires et distinctes, de mon œil. Ou pour prendre un exemple dans l'ordre de l'expérience prudentielle cette fois : « Les hommes, en général, jugent plutôt aux yeux qu'aux mains, car chacun peut voir facilement, mais sentir, bien peu. Tout le monde voit bien ce que tu sembles, mais bien peu ont le sentiment de ce que tu es (...) » (Machiavel)[3].

Un autre trait, intimement relié au précédent, c'est que « le toucher est, par excellence, le sens des objets réels ». « Ce qu'elle touche est *réel*, déclare encore Valéry. Le réel n'a point, ni ne peut avoir, d'autre définition »[4] — propos qui rejoignent les conceptions communes de la vie

---

1. « (...) If there is a sense by which we feel ourselves within ourselves and distinct from other things about us, surely it is the sense of touch. I begin down there and end up here. It is by virtue of touch that I feel my hand belongs to me. Of the parts of myself that I could merely see I cannot "feel" with equal certitude that they belong to me, though I am confident they may be quite essential » (Charles De Koninck, The Tyranny of Sight, in *Report of Annual Meeting and Proceedings of the Royal College of Physicians and Surgeons of Canada*, 28 et 29 septembre 1951, p. 3).

2. « Wittgenstein behauptet mit dieser Überlegung, dass fundamentale Gewissheiten des Denkens in der materiellen Struktur des Körpers verankert sind. Die mit Hilfe des Körpers erzeugten Gewissheiten liegen *tiefer* als andere Gewissheiten unseres Weltbildes » (*loc. cit.*, p. 241). Cf. Charles De Koninck : « (...) Instead of basing ourselves immediately upon the operation which is proper to the highest of our faculties, we rest first of all and with great assurance in the experience of touching, in which we have at the same time an experience of existing. To be sure, this consciousness is not without thought, but the thought implied here is one which depends upon touch and which does not as yet reveal itself as thought » (*loc. cit.*). « Manifeste » vient de « man*u*festus », « pris à la main », par suite « pris sur le fait ».

3. Machiavel, *Le Prince*, chap. XVIII, in *Œuvres complètes*, Paris, Gallimard, « La Pléiade », 1952, p. 343.

4. Respectivement, Jean Nogué, cité par F. J. J. Buytendijk, Some Aspects of Touch, *Journal of Phenomenological Psychology*, I, 1970, p. 120 ; et Paul Valéry, *loc. cit.*, p. 919.

ordinaire. Est « réel » pour le sens commun ce qui offre une résistance, qui est « substantiel » par opposition à ce qui est inconsistant, « melted into air, into thin air » (Shakespeare)[1]. Mais d'où vient cette association courante entre le sens du toucher et *Wirklichkeitsgewicht*, « le poids de la réalité », qu'on retrouve du reste dans le geste de « peser » (on pèse pour jauger) — qui est à l'origine, on le sait, du verbe « penser » » ?

Le toucher va en profondeur, éprouve une première fois l'intériorité, le dedans des choses pour ainsi parler, comme aucun autre sens : la forme de cette clé enveloppée dans de la laine, que vous discernez sans vous arrêter à la surface de la laine, comme si celle-ci était transparente ; les battements d'un cœur. Mais il y a autre chose encore : la polarité. En posant ma main sur cette table, je me découvre là aussi pour ainsi dire : au point même du contact. Mieux, en écrivant à la main, j'éprouve l'impression de la surface au point de contact du crayon avec la table, et non dans la main ; je perçois par la pointe de ma plume la qualité du papier sur lequel elle court. L'aspérité ou la douceur d'une surface est perçue au bout même d'un bâton qui l'effleure, plutôt que sur la peau de la main détenant le bâton. Vous sentez la surface de la route à l'endroit où les pneus de votre voiture la touchent. Et cependant, même alors nous sommes à la fois conscients de nous-mêmes et de ce qui est touché. Dans les termes de Buytendijk, « touching is existing in one's own boundaries »[2].

Par le toucher, je ne puis être présent à l'autre sans l'être à moi-même. Voilà bien un garant de « vérité », s'il en est. La conscience du contact est en même temps conscience de la distinction entre les choses et moi-même : l'autre, moi-même, l'union et la séparation des deux sont simultanés — une excellente façon de définir l'éveil. La douche froide qui m'éveille me rend de nouveau présent à l'autre (l'eau) et partant à moi-même, c'est-à-dire, selon l'expression commune, me replonge « dans la réalité ». Ici apparaît une première fois l'intentionnalité qui définit la connaissance : « l'*eau* est froide », dis-je, en touchant la mer. Etre engourdi, endormi, en état de stupeur ou de coma,

---

1. Voir Shakespeare, *The Tempest*, III, IV, 150 ; aussi : « We are such stuff as dreams are made on » (v. 156-157) ; cf. 151 : « The baseless fabric of this vision » ; 155 : « This insubstantial pageant ».
2. Buytendijk, *loc. cit.*, p. 101 ; cf. 107.

c'est au contraire ne plus percevoir l'autre et par conséquent moi-même non plus.

L'analogie avec l'intelligence, ici encore, saute aux yeux. Rémi Brague a excellemment montré que selon Aristote le sens du toucher est même « un analogue privilégié de l'intellect ». Le milieu indispensable à la vision, la lumière, n'est pas lui-même vu. Or « percevoir de façon tactile, c'est percevoir en même temps le milieu. Dans le toucher, en effet, le milieu est lui-même perçu (...) Toucher, c'est percevoir, non seulement l'objet, mais ce qui fait percevoir. Ce milieu qui nous fait percevoir est lui-même sensible, il nous est intérieur. Dans le toucher, percevoir un objet et *se* percevoir soi-même ne sont pas séparés ; ils sont même la condition l'un de l'autre ». Ainsi le toucher rend-il mieux que la vision *(intuitus)* la conscience de soi caractéristique de la perception et de la pensée. L'atteinte des substances simples par nos intelligences est même décrite, d'autre part, dans une des pages les plus justement célèbres de la *Métaphysique* (Θ, 10), en termes de contact, de toucher[1].

En quoi il ressemble dès lors davantage que la vision même à l'intellect qui, considérant l'intelligible, est en même temps présent à soi. Jean Nogué parle d' « une sorte de réflexion du toucher sur lui-même, puisque l'organe même de la sensation peut devenir l'objet d'une autre sensation de même ordre. Ce fait est propre au toucher, puisque sans l'artifice du miroir, nous ne voyons pas nos yeux, puisque nous n'entendons pas notre oreille, ne sentons pas l'organe de l'odorat, etc. »[2]. Bref, la fameuse conscience de soi commence avec le toucher.

« Pour le tactile, c'est l'*être à deux* qui se place au premier rang » (Minkowski). Le toucher implique toujours réciprocité. « Tout ce qui touche est touché ou du moins peut l'être. C'est là, au fond, ce que nous traduisons par le mot contact (...). » La main réfute d'emblée

---

1. Rémi Brague, *op. cit.*, p. 372-373, renvoyant à *De Anima*, II, 11, 423 *b* 12-15 ; *Métaphysique*, Θ, 10, 1051 *b* 24 ; Λ, 7, 1072 *b* 21 ; Pierre Aubenque, La pensée du simple dans la *Métaphysique* (Z, 17, et Θ, 10), in *Études sur la « Métaphysique » d'Aristote*, éd. Pierre Aubenque, Paris, Vrin, 1979, p. 69-80. Voir en outre Gilbert Romeyer-Dherbey, Voir et toucher. Le problème de la prééminence d'un sens chez Aristote, in *Revue de métaphysique et de morale*, n° 4, 1991, p. 437 sq. Voir aussi Stanley Rosen, Thought and touch : A note on Aristotle's *De Anima*, in *Phronesis*, vol. VI, 1961, p. 127-137.

2. Jean Nogué, *Esquisse d'un système des qualités sensibles*, Paris, 1943, p. 77.

tout solipsisme, puisqu'elle nous met aussitôt en présence — qui plus est, au contact, réciproque de surcroît — de l'autre. Il n'est que d'observer l'enfant nouveau-né laissé à lui-même, s'émerveillant en palpant son autre main et ses propres pieds, pour pressentir ce qu'a de vital la prise de conscience tactile. « Tout ce qui *est*, tout ce qui dans la vie affirme son *être*, peut toucher ou peut être touché, ou plus exactement, affirme son être à l'aide de ce caractère. »[1]

Supposons un moment, par impossible, que nous ne possédions que des sens capables de percevoir à distance, comme la vue sait faire si admirablement. Supposons même que dans ce monde immense et somptueux, avec ses innombrables galaxies, ses milliards et milliards d'étoiles, et le reste, rien ne puisse « toucher » ou « être touché ». Loin d'apparaître alors le plus pauvre d'entre les sens, le toucher, s'il devenait soudain possible, ne paraîtrait-il pas au contraire le plus merveilleux ? Connaîtrions-nous même la seule signification de « contact », sans lui ? Certes pas, car aucune expérience ne pourrait lui donner sens. Que serait alors le « réel » ? Et que serions-nous ? « La possession du monde exige une sorte de flair tactile. La vue glisse le long de l'univers. La main sait que l'objet est habité par le poids, qu'il est lisse ou rugueux (...) Surface, volume, densité, pesanteur ne sont pas des phénomènes optiques. (...) Le toucher emplit la nature de forces mystérieuses. Sans lui elle resterait pareille aux délicieux paysages de la chambre noire, légers, plats et chimériques. »[2]

Hans Jonas a fait cette observation pénétrante que la *causalité* échappe à la vue, dont le relatif détachement par rapport à ses objets assure en revanche l'objectivité. L'expérience de la force, de l'impact, de la résistance, de la passivité proprement dite relève uniquement du toucher parmi les sens. (L'indigence de la machine cybernétique est à cet égard frappante : « The cybernetics machine is the mimicry of the living organism. It may perhaps be able to imitate the groping, feeling motion, but that which is lacking is the "pathic", which is at the same time perceiving and active. »)[3] La critique que fait Hume de la causalité n'a de plausibilité que dans un univers modelé sur la représentation

1. E. Minkowski, *Vers une cosmologie*, Paris, Aubier, 1936 ; respectivement, p. 183, 182, 181.
2. Henri Focillon, *loc. cit.*, p. 108.
3. Buytendijk, *loc. cit.*, p. 104.

visuelle[1]. Or la causalité, comme du reste toute relation en tant que telle, n'est accessible qu'à l'intelligence ; aucun sens ne perçoit comme telle la causalité, cela va de soi, mais elle *s'éprouve* ; et ici à nouveau nous rejoignons le toucher.

Le vocabulaire des relations humaines et des tonalités affectives est dominé par le toucher et les qualités tactiles : ainsi « avoir du tact », « se mettre dans la peau d'autrui », « avoir une personnalité froide », ou « chaud au cœur », être « rude », « doux », être « touché » — tout cela confirme à nouveau le caractère profondément « humain », unique, du toucher. Le seul geste de « donner la main » peut être chargé de signification. Le rôle du toucher dans le développement des enfants, du massage, par exemple, des enfants prématurés est bien établi[2]. Charlotte Wolff, décrivant les mains comme les sources principales des impressions tactiles, a montré leur rôle dans l'enregistrement des émotions ; « la main est un cadran plus authentique de la personnalité » que le visage, du fait qu'elle échappe à notre contrôle ; « la main est le sismographe des réactions affectives »[3].

Cela étant dit, l'éloge le plus étonnant et le plus grand sans doute, reste celui d'Aristote déclarant à propos de l'âme humaine elle-même qu'elle est « comme la main » (*De Anima*, III, 8, 432 *a* 1). Nous verrons plus loin quel sens retenir de cette affirmation. Notre but plus immédiat était de montrer à quel point les dimensions les plus élevées et les plus profondes à la fois de notre être, notre humanité même, sont manifestes en notre corps et ne sauraient en être dissociées.

On doit d'ailleurs pouvoir conclure, nous semble-t-il, que le corps humain participe à la dignité du tout humain de manière essentielle. Même si celle-ci est due en premier lieu à d'autres traits, comme ceux qui apparaîtront mieux dans la suite — à l'esprit, en un mot, c'est-à-

---

1. « No force-experience, no character of impulse and transitive causality, enters into the nature of image, and thus any edifice of concepts built on that evidence alone must show the gap in the interconnection of objects which Hume has noted. (...) And as long as percepts ("impressions" and "ideas") are taken as more or less perfect instances of the model case of visual images, Hume's denial of causal information to them must stand » (Hans Jonas, The nobility of sight : A study in the phenomenology of the senses, Sixth Essay de *The Phenomenon of Life. Toward a Philosophical Biology*, The University of Chicago Press, 1966, p. 147 et 149).
2. Cf. Diane Ackermann, *Le livre des sens*, trad. A. Kalda, Paris, Grasset, 1990, p. 95 sq.
3. Charlotte Wolff, *La main humaine*, Paris, PUF, 1952, p. 7 et 18.

dire l'intelligence, la liberté, l'amitié au sens fort, rien de tout cela n'a lieu chez nous sans lui. L'union de l'âme et du corps demeure aussi ineffable que l'ont dit les auteurs cités au début du chapitre. Elle ne le paraîtra pas moins, mais davantage encore, une fois l'esprit considéré de plus près dans les prochains chapitres.

5 / DEUX PRÉCISIONS

Nous ne saurions quitter ce chapitre-ci toutefois sans préciser deux conclusions découlant de ce qui précède. L'une est qu'il est clair que si la pensée et d'autres activités humaines s'avèrent spirituelles, non matérielles, leur union au corps ne peut néanmoins pas faire doute. Ce que j'appelle mon « intelligence » est tout simplement « ce par quoi je pense » ; cette aptitude particulière coexistant avec ma démarche et le reste. Le fait fondamental demeure mon indivision, ou mon unité, dans cette multiplicité d'aptitudes, de facultés, pourtant si diverses. Mais alors, si l'âme humaine n'est pas divisible en parties au sens strict du mot, il s'ensuivra nécessairement qu'elle est spirituelle si quelqu'une de ses activités l'est. Son union au corps étant celle que nous venons d'observer à partir de la main et du toucher, voilà qui investit le corps humain d'une dignité vraiment singulière, tout en laissant pressentir que l'âme, elle, doit être immortelle[1].

En ce qui a trait, d'autre part, à l'embryon ou à quelque autre moment de notre vie individuelle, il devrait être clair que le débat autour d'une personne potentielle par opposition à une personne actuelle est un faux débat. Le pouvoir de voir, quand je ferme les yeux, est actuel, non pas potentiel, tout comme le pouvoir de marcher ou d'entendre, de penser, vouloir ou aimer quand je dors. C'est ce que dit très bien le texte confucéen que nous avons cité un peu plus haut : la nature humaine se compare aux yeux lorsqu'ils sont fermés dans le sommeil ; il leur faut attendre l'éveil pour voir ; avant l'éveil, ils ont l'essentiel, même si on ne peut dire qu'ils voient. De même, la défini-

---

1. Aristote avait anticipé ces différents aspects du problème. Voir *De Anima*, 403 *a* 2-12, 413 *b* 24-29, 429 *a* 10 sq., 430 *a* 22-25, *De Generatione Animalium*, II, III, 736 *b* 27-29.

tion aristotélicienne de l'âme : elle est acte premier, donc acte avant toutes choses, et puissance par rapport à l'infinité d'actes particuliers, aussi différents génériquement que digérer, percevoir, penser ou aimer, qu'elle rend possibles tout au long de nos vies d'individus humains. Rien de plus actuel que cette puissance, car c'est vous et moi à chaque instant de ces vies.

C'est la science qui nous fait voir maintenant que l'organisation de notre être biologique commence dès l'œuf fécondé. Les Anciens n'en savaient rien. Pour Thomas d'Aquin, dont l'autorité est souvent évoquée à ce propos, comme elle l'est par Engelhardt, l'embryon n'avait rien d'un « corps organisé » humain et donc l'âme humaine n'y était pas encore : ses textes sont très explicites sur ce point[1]. Les progrès à cet égard, depuis le *De Generatione Animalium* d'Aristote, dont les données empiriques sur le sujet sont tout à fait obsolètes, ont été considérables, ces dernières années surtout. Il n'est que de lire le chapitre intitulé « Ex DNA omnia » dans le livre de Lewis Wolpert, *The Triumph of the Embryo,* ou les autres textes indiqués au début du présent chapitre, pour s'en convaincre.

L'être humain, avons-nous prétendu, est indivisible. C'est sur ce point qu'il faudrait pouvoir nous contredire si on veut soutenir, avec Engelhardt ou d'autres, qu'il y a ici deux choses : l'humain, puis la personne, fût-elle « morale ». Il y a là un dualisme tout à fait inadmissible à notre avis, qui ne résiste pas un instant à la constatation empirique de la venue au monde ordinaire de chacun et chacune d'entre nous, ni non plus à ce que nous appelons simplement la vie humaine, où le corps n'est pas quelque chose de surajouté. Nous avons assez dit en quoi et pourquoi. La dignité de la personne humaine et la dignité humaine tout court sont identiquement la même, du moins c'est ce qui doit ressortir du parcours que nous venons de tenter : la personne humaine est le tout humain, corps et âme, et non quelque substance séparée[2].

---

1. Cf. *Q. D. de Anima,* q. un., a. 11 ; *Q. D. de Spiritualibus Creaturis,* q. un., a. 3 ; *Q. D. de Potentia,* q. 3, a. 9 *c,* en particulier ad 9 ; et peut-être surtout *Contra Gentiles,* II, c. 89.

2. Voir Paul Ladrière, La notion de personne, héritière d'une longue tradition, in *Biomédecine et devenir de la personne,* éd. Simone Novaes, Paris, Seuil, 1991, p. 27-85 ; René Habachi, *Le moment de l'homme,* Paris, Desclée de Brouwer, 1984, p. 56 sq. ; Attilio Danese, *Ethique et personnalisme,* Louvain-la-Neuve, 1989 ; K. L. Schmitz, The Geography of the Human Person, in *Communio* 13 (Spring, 1984), p. 27-48.

IV

Le dépassement des contraires

> « Lo maggior don che Dio per sua larghezza
> fésse creando, e a la sua bontate
> più conformato, e quel ch'e'più apprezza,
> fu della volontà la libertate,
> di che le creature intelligenti,
> e tutte et sole, fuoro e son dotate. »
>
> (Dante, *Paradiso*, Canto V, 19-24.)[1]

1 / LA « REPRÉSENTATION PAR LE CONTRAIRE »

Considérons pour commencer l'interprétation psychanalytique que voici : « Il nous dit : "Vous vous demandez qui peut être cette personne du rêve. Ce n'est pas ma mère." Nous corrigeons : c'est donc sa mère. (...) Il est quelquefois facile d'obtenir l'éclaircissement qu'on souhaite sur le refoulé inconscient. On interroge : "Quelle est la chose qui vous paraît la plus invraisemblable dans cette situation ? Qu'est-ce qui, selon vous, était alors *le plus éloigné* de votre pensée ?" Si le malade tombe dans le piège et désigne *ce à quoi il peut croire le moins,* il avoue presque toujours le fait important. »[2]

---

1. « Le plus grand don que Dieu dans sa largesse fit en créant, le plus conforme à sa bonté, celui auquel il accorde le plus de prix, fut la liberté de la volonté : les créatures intelligentes, toutes et elles seules, en furent et en sont dotées », trad. Alexandre Masseron, Paris, Albin Michel, 1950.

2. Sigmund Freud, Die Verneinung, in *Gesammelte Werke*, XVII, Frankfurt, Fischer, 1968, p. 11 ; trad. H. Hoesli, La négation, in *Revue française de psychanalyse*, t. VII, n° 2 (1934), p. 174. C'est nous qui soulignons. On n'a peut-être pas assez considéré le rôle multiple de l'idée de contrariété chez Freud, ni non plus suffisamment apprécié l'universalité qu'il accorde à celle-ci, dans la tradition des plus grands philosophes. Lui-même ne craint pas de rapprocher *Eros* et *Thanatos* de *Philia* et *Neikos* chez Empédocle : cf. *Abriss der Psychoanalyse*, in *Gesammelte Werke*, XVII, Frankfurt, Fischer, 1941, p. 71.

« Le plus éloigné », c'est rigoureusement le contraire. Il se dégage de cette observation de Freud, qu'en la pensée du psychanalyste les contraires coexistent de façon actuelle. « C'est donc sa mère » démontre que l'opposé suggéré par le patient contient en acte son contraire, la mère. « C'est sa mère puisqu'il dit le contraire », telle est l'inférence. Aux yeux de Freud, semble-t-il, l'imagination inconsciente, le rêve, ne *représentent* d'abord l'élément opposé qu'à l'esprit de l'analyste, l'inconscient n'*ex*-prime d'abord qu'en la conscience « intellectuelle » de l'analyste le contraire qui le taraude. *Die intellektuelle Funktion vom affektiven Vorgang scheidet :* « La fonction intellectuelle se sépare du processus affectif. »[1] L'intention est de porter au jour de la « conscience » du patient une opposition jusque-là « inconsciente », bref de faire passer ces contraires, chez le patient même, à l'état de coexistence achevée.

« Dora » contient les précisions remarquables que voici : « Les pensées opposées, contraires, sont toujours étroitement liées les unes aux autres et souvent accouplées de façon à ce que l'une d'entre elles *soit très intensément consciente, tandis que son antagoniste demeure refoulée et inconsciente.* Cette corrélation est le résultat du processus de refoulement. Le refoulement, en effet, a souvent été effectué de telle sorte que la pensée opposée à celle qui doit être refoulée a été renforcée à l'excès. (...) Le moyen propre à enlever à l'idée prévalente sa force trop grande est alors de rendre consciente l'idée inconsciente qui lui est opposée. »[2]

Une tentative d'analyse approfondie des notions de refoulement, de conscience et d'inconscient chez Freud obligerait à de trop longues digressions, même si les travaux récents de Michel Henry s'offrent aujourd'hui comme des guides inespérés pour pareille entreprise. Retenons toutefois de ceux-ci que c'est Schopenhauer qui a introduit l'idée de refoulement, car la volonté est chez lui pensée « contre la représentation ». L'essence du refoulement, écrit Freud, « ne consiste que dans le fait d'écarter et de maintenir à distance du conscient », et

---

1. Cf. *Die Traumdeutung,* in *GW,* II/III, Frankfurt, Fischer, 1942, p. 321 et p. 323 ; *Der Witz und seine Beziehung zum Unbewußten,* in *GW,* VI, Frankfurt, Fischer, 1940, p. 199 ; *Über den Gegensinn der Urworte,* in *GW,* VIII, Frankfurt, Fischer, 1943, p. 214 sq. ; et « Die Verneinung », p. 12 ; trad., p. 175.
2. *Bruchstück einer Hysterie-Analyse (« Dora »),* in *GW,* V, Frankfurt, Fischer, 1942, p. 215 ; trad. Marie Bonaparte et Rudolph M. Loewenstein, in *Cinq psychanalyses,* Paris, PUF, 1966, p. 39.

« la volonté de Schopenhauer, écrit-il encore, « équivaut aux instincts
de la psychanalyse ». Or la volonté pour Schopenhauer est justement
cette force aveugle, antérieure à tout, qui explique que la mémoire, la
perception et la folie rejettent certaines choses avant même tout
« contenu représentatif ». Il découvre l'aporie lorsqu'il écrit, au chapitre XXXII du supplément au troisième livre du *Monde comme
volonté et représentation* : « Certains événements, certains détails sont
ainsi entièrement soustraits à l'intellect parce que la volonté n'en peut
supporter l'aspect. » Il n'empêche que pour écarter la représentation il
faut préalablement la connaître afin de vouloir l'écarter, ce qui suggère « une forme de connaissance étrangère à la conscience représenta-
tive », de l'ordre de l'affectivité[1].

Nous nous en tenons toutefois, pour le présent, à l'ordre de la
représentation. Il n'est pas indispensable que tout cela ait été pleinement clarifié pour que, de la manière indiquée, la communication
entre le patient et l'analyste manifeste comment, en l'intelligence tout
au moins de ce dernier, le contraire est saisi dans son contraire même.
On peut dire ici ce que Hegel dit des opposés qui, « dans leur concept
même, contiennent l'autre » *(in ihrem Begriffe selbst die andere enthält)* ;
connaissance sans laquelle, ajoute-t-il, on ne peut faire proprement un
pas en philosophie[2]. Ce qui ne serait jamais possible si les contraires ne
pouvaient jouir, dans la pensée, que d'une simultanéité virtuelle.

Une nouvelle marque du même fait fondamental se découvre
dans le langage, et fascine également Freud[3]. Si, d'après le linguiste

---

1. Voir Michel Henry, La question du refoulement, in *Présences de Schopenhauer,* collectif
sous la direction de Roger-Pol Droit, Paris, Grasset et Fasquelle, 1989; Le Livre de Poche, coll.
« Biblio Essais », p. 269-286, dont nous ne résumons ici que quelques idées et à qui nous empruntons les citations de Schopenhauer et de Freud à ce propos. Cf. Michel Henry, *Généalogie de la
psychanalyse,* Paris, PUF, coll. « Epiméthée », 1985. Sur l'inconscient, voir avant tout Henri
F. Ellenberger, *Histoire de la découverte de l'inconscient,* trad. J. Feisthauer, préface de Elisabeth
Roudinesco, Paris, Fayard, 1994 (ouvrage paru en anglais en 1970, trad. franç. en 1974, mais
enfin reconnu en milieu francophone près d'un quart de siècle plus tard seulement).
2. G. W. F. Hegel, *Wissenschaft der Logik,* éd. Georg Lasson (1934), 2 vol., Hamburg, Meiner, 1963, II, p. 56.
3. Cf. *Über den Gegensinn der Urworte...,* p. 214 sq. ; trad. Marie Bonaparte et
Mme E. Marty, dans *Essais de psychanalyse appliquée,* Paris, Gallimard, 1952, p. 59 sq. Nous laissons de côté les disputes entre linguistes autour de la validité des observations empiriques d'Abel,
non parce qu'elles n'importent pas, mais parce qu'elles ne changent rien à la pertinence des
remarques de Freud ni aux réflexions qu'impose ce type de phénomène dans le présent contexte.

K. Abel, en égyptien ancien un mot pouvait notifier à la fois deux
contraires, la fréquence de phénomènes analogues montrait en outre
que ce mode de communication était délibéré. Qui plus est, de semblables associations de contraires paraissent, à la vérité, immanentes à
une portion notable du vocabulaire humain, à toutes langues peu ou
prou, et Freud consigne une variété imposante d'illustrations à l'appui. On sait que de telles découvertes apparaissaient à Freud comme
une confirmation de sa conception de l'expression de la pensée dans
le rêve. Pourtant, parmi les explications d'Abel qu'il retient, on rencontre notamment celle-ci : « Tout concept se trouvant devoir être
le frère jumeau de son contraire, comment aurait-il pu être une
première fois pensé, comment aurait-il pu être communiqué à d'autres qui essayaient de le penser, sinon en le mesurant à son
contraire ? »

Pour différents qu'ils soient, ces deux points de vue se complètent
en fait on ne peut mieux. Car on peut considérer la connotation de
deux contraires par un mot identique d'au moins deux façons. Soit
que les significations contraires s'y voient distinguées : ceux à qui l'on
communique un contraire doivent, afin de le penser, penser dans le
même instant son contraire. C'est cette simultanéité que rendent en
quelque sorte sensibles les mots en question. Rappelant en passant que
la parole ne sert « pas seulement à formuler la pensée individuelle mais
essentiellement à la communiquer à autrui », Freud semble adopter
implicitement l'interprétation d'Abel.

Soit, d'autre part, qu'on ne distingue pas, tout en se servant de
pareils mots, leurs significations contraires : à la limite de l'indistinc-
tion, on retrouverait l'analogue du rêve, l'expression à « caractère
régressif, archaïque »[1]. « Le rêve ne peut d'aucune façon exprimer l'alternative "ou bien, ou bien" *(Entweder-Oder)*. »[2] A proportion, en
revanche, que ces significations seraient de plus en plus nettement dis-
cernées dans la communication, il y aurait « évolution du langage »[3].
Cela dit, et indépendamment des herméneutiques particulières, il reste
évident que les contraires doivent exister effectivement ensemble en

1. *Ibid.*, p. 217-218 ; trad. p. 63 ; p. 218 ; trad. p. 63 ; p. 221 ; trad., p. 67.
2. *Die Traumdeutung*, p. 323.
3. Cf. *Über den Gegensinn der Urworte*, p. 221 ; trad., p. 67.

l'intelligence du linguiste, du psychanalyste ou de quiconque constate dans le langage de semblables rapprochements.

Au sein de la communication humaine, c'est néanmoins l'ironie, moyen par excellence de signifier un contraire par son contraire, qui probablement fournit l'indication la plus nette de la simultanéité actuelle des contraires dans la pensée. L'ironie est le meilleur exemple de ce que Freud dénomme formellement, en y insistant, « la représentation par le contraire » *(die Darstellung durchs Gegenteil)*[1], dont il analyse diverses formes par le détail. « L'ironie, déclare-t-il, ne comporte aucune autre technique que la représentation par le contraire »; et il propose en guise d'illustration, comme il est d'usage d'ailleurs, la phrase « Brutus est un homme d'honneur », sorte de leitmotiv du fameux discours d'Antoine (Shakespeare, *Julius Caesar*, III, ii)[2]. Brutus, Cassius et les autres viennent d'assassiner César mais ils sont bien vus de la foule. Quand Antoine avance les premières fois que « Brutus is an honorable man », et que les autres assassins aussi sont « honorables », la proposition est donc entendue en son sens littéral par la foule. Mais sous l'effet du discours d'Antoine, surtout après qu'il aura annoncé puis fait part du testament de César favorable à tous et chacun des citoyens romains, le sens véritable de la proposition, le sens ironique, devient transparent à la foule : « They were traitors. Honorable men ! » » : « Ils étaient des traîtres. Hommes d'honneur ! » Pourtant Marc Antoine ne dit jamais autre chose que « Brutus est un homme d'honneur ». Cette phrase progresse, en l'esprit du peuple, d'un sens littéral à un sens diamétralement opposé : tous ont compris, à la fin, qu' « homme d'honneur » signifie son exact contraire : « traître ». Or l'efficacité du procédé est extraordinaire : il faut se demander pourquoi.

L'ironie, écrit Freud, « consiste essentiellement à dire le contraire de ce que l'on veut suggérer, tout en évitant aux autres l'occasion de la contradiction : les inflexions de la voix, les gestes significatifs, quelques artifices de style dans la langue écrite, indiquent clairement que l'on pense juste le contraire de ce que l'on dit. L'ironie n'est de mise

---

1. Cf. *Der Witz und seine Beziehung zum Unbewußten*, p. 75 ; trad. Marie Bonaparte et M. Nathan, Paris, Gallimard, coll. « Idées », 1969, p. 101.
2. Cf. *ibid.*, p. 78-79 ; trad., p. 106.

que lorsque l'interlocuteur est prêt à entendre le contraire, de telle sorte qu'il ne peut lui-même échapper ainsi à l'envie de contredire. (...) L'ironie offre à celui qui l'entend le plaisir comique, probablement parce qu'elle lui inspire un effort de contradiction dont l'inutilité apparaît aussitôt »[1].

Quand, au début de l'*Hippias majeur,* Socrate traite le suffisant Hippias de « sage », tout le monde, sauf Hippias, comprend qu'il veut dire le contraire, et la balourdise d'Hippias est d'entrée évidente ; en voilà un qui n'est pas « prêt à entendre le contraire ». A supposer qu'il l'eût entendu toutefois, désirant aussitôt contredire il se serait aperçu que le contraire était déjà dans le propos de Socrate : « L'inutilité apparaît aussitôt. » Un « Non, je suis ignorant » était surérogatoire. Tout comme le mensonge, ou l'hypocrisie, ou l'art du comédien, l'ironie, la litote et les formes analogues d' « esprit » supposent que deux contraires sont vus à la fois en leur unité et en leur distinction.

On associe depuis toujours l'ironie et l'humour au rire, et partant à l'intelligence. Bergson considérait même que le comique « s'adresse à l'intelligence pure »[2]. Il n'empêche que l'humour comporte une dynamique affective importante et un effet cathartique où l'émotion accumulée se décharge dans le rire. Arthur Koestler l'a bien mis en relief : « L'homme qui rit est à l'opposé du fanatique dont la raison est aveuglée par l'affectivité, et qui est dupe de lui-même. »[3] Mais il est clair que l'intelligence y joue un rôle central. Car tout ce qui entoure le rire implique la saisie de contrastes, l'appréhension simultanée d'opposés contraires, la capacité de se trouver soudain sur deux plans différents en même temps.

Soit qu'on insiste, en suivant Bergson, sur le « mécanique plaqué sur le vivant » ou, plus profondément, sur le contraste entre le spirituel ou le moral et le physique, où « notre attention est brusquement ramenée de l'âme sur le corps », comme dans cette phrase d'oraison funèbre : « Il était vertueux et tout rond. »[4] Soit qu'on marque le rôle,

---

1. *Ibid.,* p. 198-199 ; trad., p. 267.
2. Henri Bergson, *Le rire,* in *Œuvres,* Paris, PUF, 1959, p. 389 ; cf. p. 453 ; cf. V. Jankélévitch, *L'ironie,* Paris, Flammarion, 1964, p. 44 : « L'ironie sollicite l'intellection. »
3. Cf. Arthur Koestler, *Janus,* chap. VI, trad. Georges Fradier, Paris, Calmann-Lévy, 1979, p. 119-138 ; la phrase citée est à la page 138.
4. Cf. *loc. cit.,* p. 38-39 ; Centenaire, p. 410-411.

dans le mot d'esprit, à l'instar de Freud, de la « représention par le contraire », comme nous venons de le voir. Soit qu'on constate, comme Koestler, la perception d'une situation appartenant simultanément à deux cadres de référence autonomes et incompatibles ; selon un terme qu'il a forgé, l'événement est *bissocié* : deux contextes, deux univers, entrent pour ainsi dire en « collision ». Le dualisme de l'esprit et de la matière, sous la forme, par exemple, de la dichotomie homme/animal, « se retrouve dans Donald Duck, mais aussi dans la *Métamorphose* de Kafka et dans les rats de laboratoire, chers aux psychologues »[1].

Pouvoir tenir ensemble, pour ainsi dire, deux univers, deux plans de réalité tout à fait distincts, voire mutuellement incompatibles, cela se retrouve aussi dans le génie créateur. En son cas, il s'agira souvent d'établir entre deux tels plans des liens jusque-là inaperçus, insoupçonnés. L'exemple classique est celui de l'astronome allemand Johannes Kepler au XVIIe siècle : les mouvements des marées étaient connus depuis toujours ; ceux de la lune également ; mais l'idée de les mettre en rapport, d'attribuer les marées à l'attraction de la lune, a germé pour la première fois dans l'esprit de Kepler. Même Galilée considérait à l'origine cette théorie des marées de Kepler comme une mauvaise blague[2].

2 / LE DÉPASSEMENT DES CONTRAIRES DANS L'INTELLIGENCE

Nous venons de voir, avec l'aide de Freud, que dans l'intelligence, par opposition même à l'imagination, la « représentation par le contraire » est immédiate, actuelle, distincte. C'est assez dire qu'en l'intelligence, non seulement les contraires ne s'excluent pas l'un l'autre, mais s'impliquent au contraire réciproquement, en acte. Rien

1. Arthur Koestler, *loc. cit.,* p. 136-137.
2. Sur tout ceci voir à nouveau Arthur Koestler, *loc. cit.,* p. 139-143.

en fait ne manifeste mieux une réalité à l'esprit que son contraire ; dans les termes de Schopenhauer, « les contraires s'éclairent toujours mutuellement, et le jour se révèle en même temps que la nuit, comme l'a dit excellemment Spinoza »[1]. Bref, en l'intelligence, les choses contraires *in rerum natura* cessent d'être contraires — puisqu'alors elles s'expulseraient mutuellement — et même favorisent la compréhension. C'est une doctrine constante et fondamentale d'Aristote que dans l'âme, « la forme *(eidos)* des contraires est en quelque sorte la même » ; en effet, « la substance de la privation, c'est la substance opposée, comme la santé est la substance de la maladie (car c'est par l'absence de santé que se manifeste la maladie) »[2]. Le premier livre du *De Anima* fournit un excellent exemple : « L'autre partie de la contrariété suffit en effet pour juger de soi-même et de l'opposé. Car c'est par le droit que nous connaissons et lui-même et le courbe. La règle est en effet juge de l'un et de l'autre ; cependant que le courbe [n'est juge] ni de lui-même ni du droit » (I, 5, 411 *a* 3-7). Au troisième livre, Aristote ajoute : « Et on peut en dire autant des autres cas : sur la façon, par exemple, dont on connaît le mal ou le noir. Car c'est en quelque sorte par leur contraire qu'on les connaît » (III, 6, 430 *b* 21-23).

C'est même ainsi que nous pensons l'indivisible, par exemple le point, défini par Euclide — dont c'est d'ailleurs la toute première définition — comme « ce qui n'a pas de partie ». L'*eidos* du point, pour ainsi dire, c'est son contraire. S'interroger sur sa nature se compare à chercher à définir la maladie, ou le mal — ou les ténèbres[3]. De même que la maladie ou le mal ne sont définissables qu'à partir de leurs contraires, qu'ils n'ont pas à proprement parler d'*eidos* propre et en tout cas n'ont pas de sens en dehors de leurs opposés, de même les indivisibles comme le point ne possèdent pas une forme ou une détermination permettant de les penser directement eux-mêmes. Aussi la

---

1. *Le Monde comme volonté et comme représentation,* trad. A. Burdeau, IV, 65, *in fine.*
2. *Métaphysique* Z, 7, 1032 *b* 1-6, trad. Tricot légèrement modifiée ; voir surtout, *Metaph.* Θ (IX), c. 2, *in toto.*
3. Cf. Jean Philopon, *Commentaire sur le De Anima d'Aristote,* traduction de Guillaume de Moerbeke, éd. G. Verbeke, Louvain, 1966, *ad loc.,* p. 81 (l'original grec de ce *De Intellectu* ayant disparu). Tout l'être de l'obscurité ne lui vient-il pas, d'une certaine manière, de la lumière ? « Le noir [selon *Métaph.* I, 2, 1053 *b* 30-31] n'est que la privation du blanc, comme l'obscurité est la privation de la lumière. »

pensée du simple ou de l'un passe-t-elle pour nous, inéluctablement, par une privation ou une négation.

C'est bien ce que confirme cet autre texte, remarquablement précis : « L'un se dit et se manifeste par son contraire, et l'indivisible, par le divisible, la pluralité et le divisible étant plus accessibles aux sens que l'indivisible, de sorte que dans le discours la pluralité est antérieure à l'indivisible, en raison de la sensation » (*Métaphysique* I, 3, 1054 *a* 26-29). Cette antériorité du divisible et de la division sur l'indivisible n'en est pas une de nature mais bien de connaissance, de découverte.

Il est évident, d'après ce qui précède, que l'indivisible « absolu », quelle que soit sa nature, ne nous est pas accessible directement, pas plus qu'un contraire négatif. La négation par laquelle je l'atteins présuppose son opposé, déjà connu, donc déjà en moi. Or c'est bien ce que disent les lignes suivantes de notre texte : « Mais il faut que le connaissant soit en puissance et que l'un [des contraires] soit en lui » (430 *b* 22-23)[1]. Le texte ajoute : « Si, en revanche, quelqu'une des causes est sans contraire, elle se connaît elle-même, elle existe en acte et séparée » (*b* 24-26). Supposons, par impossible, que je ne découvre pas en moi de contraire grâce auquel je puisse saisir la nature de l'obscurité, du mal, de la maladie, ou que je ne dépende d'aucun divisible, ou sensible, à nier pour dire, voire penser, l'indivisible. Comment m'y prendrais-je ? Plus profondément, comment connaître alors un indivisible absolu qui soit plus qu'une entité géométrique comme le point, par exemple une substance non sensible ? En pareil cas, semble répondre le présent texte, il n'y aurait d'autre possibilité que de se connaître d'abord soi-même. L'*eidos* n'en serait plus un à l'égard duquel je suis en dépendance, « en puissance » dans le langage ici utilisé. Cet *eidos* serait au contraire moi-même, je serais donc acte pur et séparé. Point de discours, point de négations : voici que l'indivisible absolu m'est accessible directement et c'est moi-même. Selon Willy Theiler, en accord ici avec la plupart des commentateurs : « Die Wesenheit, die kein Gegenteil neben sich hat, sich selbst erkennt und

---

1. Pour les questions textuelles et d'interprétations de textes, voir notre article, La noesis et l'indivisible selon Aristote, *in* Jean-François Mattéi (éd.), *La naissance de la raison en Grèce*, Paris, PUF, 1990, 215-228.

reine Tätigkeit ist, ist der göttliche Geist » : « La substance qui n'a aucun opposé auprès d'elle se connaît soi-même et est pure activité, c'est l'esprit divin. »[1]

Cette association par contraste est, précisément pour cette raison, très éclairante en ce qu'elle met en relief combien cette manière de connaître les contraires certes, mais aussi les réalités qui dépassent le sensible, caractérise nos intelligences. C'est à ce dernier passage que nous faisions allusion dans un chapitre antérieur en disant que l'intuition intellectuelle de soi, pour Kant comme pour Aristote, ne saurait être accessible qu'à un être divin.

Pour récapituler, nous semblons accéder à la connaissance de l'indivisible, ou de l'un, à la manière dont nous connaissons les contraires, où le contraire privatif se compare à son opposé comme l'imparfait au parfait et ne peut être défini qu'à partir de lui. Parce que le mal, le point, et le reste, ne nous sont pas directement accessibles — soit par défaut d'être, soit par défaut de notre côté — il faut autre chose pour les connaître. Ils n'ont pas d'*eidos* propre. L'imparfait est pensable au moyen d'une forme achevée, qui se trouve en nous. Connaissant ainsi le contraire dans son contraire, notre intelligence se porte vers ce dernier comme vers quelque chose d'intelligible à partir de quoi elle passe à la connaissance de l'autre. C'est assez dire qu'elle est dès lors en puissance par rapport à cet autre. Ainsi donc, même l'indivisible absolu est pour nous mélangé de divisible, puisque nous ne l'atteignons que par la négation du divisible. Notre connaissance de l'un et de tout ce qui déborde le sensible est irrémédiablement négative.

Il n'empêche que ce pouvoir a quelque chose de prodigieux, car il nous permet de dépasser le fini et le limité, comme l'a admirablement dégagé Hegel dans sa critique fondamentale de Kant : « Quelque chose n'est su — et même ressenti — comme *borne*, manque, que pour autant que l'on est en même temps *au-delà* de lui. (...) Une borne, un manque de la connaissance ne sont de même déterminés comme borne, manque, que par la *comparaison* avec l'Idée *présente* de

---

1. Aristoteles, *Über die Seele,* übersetz von Willy Theiler, Berlin, Akademie-Verlag, 1959, « Anmerkungen », *ad loc.,* p. 145. Theiler renvoie à *Métaphysique* XII 1075 *b* 22 ; 1074 *b* 33 (cf. EE 1245 *b* 16 sq.) ; 1071 *b* 22.

l'universel, d'un être total et achevé. Ce n'est, par suite, que de l'in-
conscience que de ne pas discerner que précisément la désignation de
quelque chose comme quelque chose de fini ou de borné contient la
preuve de la *présence effective* de l'infini, du non-borné, que le savoir
d'une limite ne peut être que dans la mesure où l'illimité est *de ce côté-ci*
dans la conscience. »[1] La connaissance de l'imparfait, du fini, comme
tels, suppose la connaissance de leurs contraires. Affirmer nos limites
n'est possible que dans la mesure où quelque chose en nous les
déborde, qui soit en mesure de nier pour transcender, et qui donc
déborde déjà lui-même ces limites : les mots l'attestent : indivisible,
immatériel, incorporel, immortel, infini, illimité, et ainsi de suite,
autant de négations pour dire l'ineffable et, en tout cas, le non-
sensible.

3 / LES CONTRAIRES ET LE DEVENIR

Il est remarquable que, tant en Orient qu'en Occident, tous les
premiers penseurs ayant tenté une explication rationnelle du devenir
aient, sans exception, posé de la contrariété au principe des êtres mus,
et conçu les contraires comme possédant les propriétés de s'exclure et
de s'impliquer mutuellement en quelque sorte[2]. Il ne l'est pas moins

---

1. G. W. F. Hegel, *Encyclopédie des sciences philosophiques*, I : *La science de la logique*, trad.
Bernard Bourgeois, Paris, Vrin, 1979, p. 321.
2. Chez les Présocratiques, cela saute aux yeux dès une première lecture ; les sources sont
trop abondantes et trop variées pour que nous puissions commencer même à les donner ici.
Outre les échos chez Platon (par ex. *Phédon*, 60 *b*, 71 *a*, 86 sq. ; *Lois*, 889 *b* sq. ; *Timée*, 34 *c* sq.,
45 *b* sq., 46 *d* ; *Philèbe*, 25 *d* sq. ; *Théétète*, 25 *e* et, bien entendu, *Le Sophiste, passim*), on peut se
reporter au témoignage formel d'Aristote (*Phys.*, I, 5, 188 *a* 26 ; *Metaphys.* M, 10, 1075 *c* 28). Voir
aussi le livre de G. E. R. Lloyd, *Polarity and Analogy*, Cambridge, 1966 ; et l'*Héraclite* de Marcel
Conche, *op. cit.*, qui dégage bien le thème de l'unité des contraires dans la pensée de ce très grand
philosophe. Sur la tradition chinoise, cf. l'excellente étude de Derk Bodde, Harmony and
Conflict in Chinese Philosophy, in *Studies in Chinese Thought*, éd. A. F. Wright, Chicago, 1953,
p. 19-80. Quant aux taoïstes, voir surtout Lao-tseu, *Tao-tö king, passim*, et Tchouang-tseu,
L'Œuvre complète, II, XVII, et XXV, dans *Philosophes taoïstes*, Paris, Gallimard, « La Pléiade »,
1980. Voir aussi Mircea Eliade, La coincidentia oppositorum et le mystère de la totalité, in *Eranos
Jahrbuch*, 1958, vol. 27, p. 195-236.

que les sciences également se voient contraintes de poser de la contrariété sitôt qu'elles s'enquièrent des principes des différents devenirs[1].
Les philosophes contemporains et modernes s'étant préoccupés
d'approfondir les conditions constitutives de l'être sujet au devenir, les
ont déterminé eux aussi à partir des propriétés d'exclusion et d'implication réciproque des contraires[2]. Semblable convergence est singulière dans une histoire où la mésintelligence entre les penseurs est plutôt la règle.

Rien d'étonnant pourtant. Car qui dit devenir dit manifestement
non-être mais pas n'importe quel non-être : il s'agit d'un « manque »,
d'une « négation déterminée », que Hegel décrit ainsi : ce « n'est pas le
néant pur, mais un néant d'où quelque chose doit *(soll)* sortir »[3] ; c'est
la privation — la στέρησις d'Aristote —, une négation non pas absolue
mais dans un sujet apte à recevoir le contraire, ainsi la cécité d'Homère
par opposition à la non-vue d'une pierre, voire d'une chimère. En
elle-même, la privation est non-être, absence, néant même d'une
détermination, qui se trouve cependant en un sujet se référant par soi,
de par son aptitude native, à une possession déterminée. En ce sens,

---

1. Qu'on pense à la troisième loi de la physique newtonienne, à la gravitation et l'antigra-
vitation, à l'inertie, à la viscosité dite négative, aux galaxies et antigalaxies, aux particules et antiparticules, aux forces d'attraction et de répulsion, à la contraction et l'expansion, à l'union et dis-
sociation des atomes, à la contrariété des propriétés chimiques des éléments dont dépend en partie
le tableau de Mendeleïev (par ex. halogènes et métaux alcalins), etc. Ou encore, en biologie cette
fois, à la polarité, la symétrie bilatérale, aux virus et anticorps, etc. D'autre part, il y a la prodigieuse variété des moyens de défense et d'attaque dans la nature, le camouflage et la parade, le
conflit des instincts : l'écologie apparaît de plus en plus comme un vaste équilibre de contraires,
ainsi que le manifestent à leur façon la stérilité et la mort de tout un milieu vivant résultant de
l'abolition artificielle des ennemis naturels. Nous l'avons indiqué plus haut, la psychanalyse même
— depuis l'*Eros* et son contraire discuté, jusqu'au « refoulement » et la technique présidant à sa
guérison — est fondée sur une théorie des contraires. Tout cela mérite d'être développé davantage et nuancé, d'autant que les contraires postulés dans les diverses sciences ne sont souvent que
des entités purement théoriques. Le fait à retenir, c'est toutefois qu'on ne semble pas pouvoir se
passer de reconnaître partout de la contrariété au principe des êtres sujets à quelque devenir.

2. La preuve n'est pas à faire que le matérialisme dialectique était essentiellement tributaire
de ces deux propriétés des contraires. L'espace le permettant, on pourrait montrer, textes à l'appui, comment elles sont reconnues, en philosophie moderne, depuis Jacob Boehme jusqu'à Kant,
le romantisme allemand, Hegel et les néo-hégéliens de toutes tendances.

3. Cf. Jean-Paul Sartre, *Critique de la raison dialectique*, Paris, 1960, p. 166 ; Herbert Marcuse,
Raison et révolution (1939), trad. Castel et Gonthier, Paris, 1968, p. 41 et p. 166 sq. ; Hegel, *Wissenschaft der Logik*, Lasson, I, p. 58.

elle connote essentiellement une tendance naturelle, elle implique, *in rerum natura*, l'opposé qu'elle exclut[1].

Or, s'il est vrai qu'on emploie d'ordinaire le mot « contraire » au sens large, recouvrant en réalité contraire et privation, il est clair qu'en toute contrariété, prise même au sens strict, l'un des deux contraires est nécessairement privation de l'autre[2]. Il s'ensuit que toute contrariété implique un sujet naturellement apte à l'un et l'autre contraires. La matière n'est autre que cette puissance simultanée des contraires.

Les Mégariques de l'histoire, c'est-à-dire ceux qui — à l'instar de l'école de Mégare, contemporaine de Socrate et Platon, sauvée de l'oubli par la réfutation d'Aristote — désirent nier la potentialité, se voient condamnés à demeurer perpétuellement assis, ou perpétuellement debout, comme l'indique Aristote — un nouvel « éternel retour du même ». Ils seraient « aveugles plusieurs fois par jour, et sourds également » (*Metaph*, Θ, 3, 1047 *a* 9-10), condamnés à une vision magique et superstitieuse du quotidien[3].

Comme dit Wittgenstein, « ce qui détermine notre jugement, nos concepts et nos réactions, ce n'est pas ce qu'*un* homme fait *maintenant*,

---

1. Non pas au sens d'une force installée dans les choses, mais bien plutôt d'aptitude naturelle, comme le dit bien ce mot clé chez Aristote : pephuke. Il s'agit de la nature ; cf. Aristote, *Phys*., II, c. I, 192 *b* 18. A propos de *Trieb*, cf. Hegel, *passim*, notamment *Begriff der Religion*, Lasson, p. 119-120. Relativement à la notion de *pephuke*, l'énoncé fondamental se trouve chez Aristote, *Phys*., II, 8, 199 *a* 9-11 ; Οὐκοῦν ὡς πράττεται, οὕτω πέφυκε, καὶ ὡς πέφυκεν, οὕτω πράττεται ἕκαστον... ; en traduction latine littérale : *sicut agitur, sic aptum natum est ; et sicut aptum natum est, sic agitur unumquodque*. On le retrouve, *mutatis mutandis*, chez beaucoup de penseurs ; tel Platon (voir *Le Sophiste*, 247 *e*) — et même, à l'occasion, Hume (par ex. *An Enquiry concerning Human Understanding*, sect. V, Part I, Selby-Bigge, p. 46-47). Nous devons à Henri-Paul Cunningham de nous avoir, depuis longtemps, aidé à entrevoir la profondeur de ce thème de l'aptitude naturelle.

2. Cf. Aristote, *Métaphysique*, I (X), c. 4. Sur la distinction du contraire et du contradictoire, voir le Vocabulaire de Lalande, où elle est reproduite d'après Aristote ; les contraires sont définis comme les deux extrêmes dans un même genre, ainsi blanc et noir, cependant que les contradictoires sont le terme positif et sa négation, ainsi blanc et non-blanc ; l'opposition de contradiction est donc très indéterminée, le négatif pur, tel non-blanc, pouvant se dire d'une infinité de choses. Voir aussi Hegel, *Philosophische Propädeutik*, éd. K. Lowith et M. Riedel, in *Studienausgabe*, Frankfurt, Band 3, p. 136.

3. Pour plus de détails sur les Mégariques, voir l'excellente étude de Jules Vuillemin, *Nécessité et contingence. L'aporie de Diodore et les systèmes philosophiques*, Paris, Minuit, 1984, en particulier le chapitre VI sur Aristote et la contingence, comportant une analyse du célèbre chapitre 9 du *De Interpretatione* à propos des futurs contingents, p. 149-187.

une action individuelle, mais tout le tohu-bohu des actions humaines, le contexte dans lequel nous voyons toute action »[1]. La négation de quelque chose d'aussi obvie, en réalité, que la puissance, force à rappeler des évidences premières. S'il ne fait aucun doute qu'il ne peut être assis et debout en même temps, il n'en fait pas plus que Socrate est, en vérité, tantôt assis, tantôt debout. Le nier obligerait à soutenir qu'il n'est jamais qu'assis ou debout, alors que, de fait, il est *et* assis *et* debout, successivement. Ce sont là deux mouvements dont il est par nature susceptible. La nécessité d'une cause réelle de ce fait, inscrite par soi, non par accident, en ce sujet naturel, s'impose. (Pour comprendre « par soi », qu'il suffise de se reporter à Platon expliquant que, de chevelu, on ne devient pas cordonnier, mais chauve [*République*, V, 454 c-d] ; ou à Hegel, exposant la « nécessité résultant de la chose même : l'un y est posé en même temps que l'autre »[2]. Ce n'est pas n'importe quel non-lettré qui devient lettré : c'est une nature susceptible par soi de lettres.)[3] A défaut d'une telle cause, force serait de soutenir que la présente station verticale en Socrate soit le résultat d'une création *ex nihilo,* ou encore, lui advienne du dehors, de manière étrangère, comme quelque chose de surajouté à l'existence (une sorte d'*äusserlichen Dasein*)[4], à la manière dont, dans ce marbre, le buste de Napoléon a pu succéder à une forme rectangulaire. Se refuser à la découvrir mènerait au plus pur verbalisme, à la réitération tautologique du fait. En somme, nous venons de constater que si deux contraires ne peuvent jamais coexister, de manière actuelle, en un sujet identique numériquement, ils y existent successivement de façon tout aussi nécessaire — l'alternative étant, faut-il encore le répéter, que

---

1. Ludwig Wittgenstein, *Zettel,* Seconde Edition, éd. G. E. M. Anscombe, Oxford, Blackwell, 1981, # 567, p. 98.

2. Cf. G. W. F. Hegel, *Begriff der Religion,* éd. Georg Lasson (1925), Hamburg, Meiner, 1966, p. 208-209 ; *Einleitung in die Geschichte der Philosophie,* éd. J. Hoffmeister (1940), Hamburg, Meiner, 1959, p. 114.

3. C'est l'exemple d'Aristote dans *Phys.,* I, c. 7 et 8. Remarquons que cette notion de « par soi » est capitale : dans l'être naturel, la structure ou la forme et le sujet ne font qu'un. La preuve en est qu'en son cas la séparation de la structure signifie l'anéantissement du sujet : après la mort d'un homme, on n'a plus même les parties d'un homme ; une machine ou n'importe quel tout artificiel détruits, *les parties subsistent toujours* : ce ne sont que des touts accidentels. Nous avons discuté ceci déjà plusieurs fois.

4. Cf. Hegel, *Wissenschaft der Logik,* Lasson, I, p. 98.

Socrate demeure éternellement debout. Par voie de conséquence certaine, il suit que la cause en est une puissance réelle à subir les deux mouvements contraires. On est conduit, en bref, à la notion de possibilité réelle[1].

Le mot « matière » vient du latin *materies* qui signifiait proprement « bois de construction » — tout comme son équivalent grec, *hulē* ; il désigne communément ce d'où vient une chose, qui est conservé en elle, la compose en partie tout au long de son devenir, continue d'exister après elle. Elle est ce qui, par soi, non par accident, est apte à être mû d'un contraire à l'autre. Se définissant dès lors positivement comme une aptitude simultanée à deux contraires et, négativement, comme une inaptitude à subir deux contraires en acte, elle est essentiellement le lieu d'un contraire en acte, qu'elle constitue partiellement, et de deux contraires en puissance. Du fait qu'elle contient invariablement une privation, elle effectue toujours une exclusion ; mais elle comporte en même temps une implication de la possession correspondante, d'autant qu'elle est par soi puissance. Sujet naturel des contraires, il est impossible à la matière — le sens commun le vérifie au surplus — d'être jamais le sujet actuel immédiat de deux contraires.

On le voit, cette manière de voir le sujet du devenir, la matière en ce sens, explique et démontre à la fois les propriétés des contraires que l'unanimité décrite rendait déjà fort probables. Elle dissipe également la contradiction apparente entre l'implication et l'exclusion réciproques. Elle met en lumière la notion moderne de « dialectique » et le thème, central chez Hegel, de l'*Aufhebung* — « sursomption » (Gauthier, Labarrière), « relève » (Derrida) — lequel n'a rien d'une supercherie ou d'une métaphore abusive comme on l'a souvent prétendu, mais s'inspire d'une constatation profonde. « *Sursumer* et le *sursumé* est un des concepts les plus importants de la philosophie, une détermination fondamentale qui

---

1. Cf. Jean-Paul Sartre, *L'être et le néant, op. cit.*, p. 142 : le possible, écrit Sartre, « est une propriété concrète de réalités déjà existantes. Pour que la pluie soit possible, il faut qu'il y ait des nuages au ciel. (...) Certes, l'état possible n'est pas encore ; mais c'est l'état possible d'un certain existant qui soutient par son être la possibilité et le non-être de son état futur » ; Hegel, *Wissenschaft der Logik*, Lasson, II, p. 99 ; Aristote, *Rhétorique*, II, c. 19, 1392 *a* 812 ; *De Caelo*, I, c. 12, 281 *b* 1518 ; *De Somno et Vigilia*, 454 *a* 32 - 454 *b* 4. Voir en outre Proclus, *In Parmenidem*, II, col. 741 (Cousin) ; et saint Thomas d'Aquin : « omnia contraria habent naturam quae est in potentia ad utrumque contrariorum » (*In Metaph.*, XII, lect. 12).

revient absolument partout, dont il faut saisir le sens de façon déterminée. »[1] Chacun sait que le verbe *aufheben* a le double sens de supprimer et
de conserver, « *maintenir, et faire cesser, mettre un terme* », tout comme
l'expression française équivalente : « mettre de côté ». Ce qui est signifié
ici en réalité, c'est l'implication *nécessaire* (au sens de par soi, nullement
d'exécution), par son contraire, du contraire qui le supprimera, c'est-à-
dire la double action de supprimer et de conserver, la première étant
commandée par la seconde, comme le moyen par sa fin, et, partant, par
le sujet naturellement apte à cette fin, principe et terme incessant du processus, sous des rapports distincts.

Un exemple tiré du vivant peut ici éclairer. Quand l'animal a
faim, il supprime cette faim par de la nourriture qui assurera sa conservation ; la tendance naturelle à la survie dépend de la suppression de
manques qui doivent cependant être sentis pour être comblés, ou, dans
le vocabulaire hégélien, « niés » ; de là l'expression « négation de la
négation » : la négation du manque, lui-même une négation (comme
toute privation), est ce qui assure ici la permanence dans l'être. « Toute
tendance *(Trieb)* n'est que la position d'une négation dans le Moi,
lequel réagit contre cette négation. »[2]

L'être en devenir n'est, on le voit, jamais sans privation : possédant
une détermination, il est privé de son autre. Recevant cette dernière,
la privation d'une autre forme encore lui sera toujours adjointe. La
privation est la négation même qui est abolie, supprimée, dans la
« mise de côté » *(Aufhebung)* nécessaire à la conservation du sujet. Pour

---

1. G. W. F. Hegel, *Science de la logique* (édition de 1812), I, trad. Pierre-Jean Labarrière et
Gwendoline Jarczyk, Paris, Aubier Montaigne, 1972, p. 81. En ce qui concerne la dialectique,
voir Pierre-Jean Labarrière, La dialectique hégélienne, in *Analogie et dialectique,* sous la direction
de P. Gisel et Ph. Secretan, Genève, Labor et Fides, 1982, p. 145-159 ; et le collectif *Seminar :
Dialektik in der Philosophie Hegels,* éd. Rolf-Peter Horstmann, Frankfurt, Suhrkamp, 1978. Il
s'agit d'un thème extrêmement riche et varié, dont nous ne traitons ici qu'un aspect limité.
   2. Nous citons ici la traduction J. Gibelin des *Leçons sur la philosophie de la religion,* Première
Partie : « Notion de la religion », Paris, Vrin, 1959, p. 108-109, où se trouve également cet
exemple de l'animal qui a faim. Hegel insiste à juste titre que ce qui est conservé, c'est la *capacité*
inhérente au sujet de « désirer » encore : cf. *Begriff der Religion,* p. 130-131. Le processus entier est
commandé par la fin : cf. *Vorlesungen über die Beweise vom Dasein Gottes,* éd. Lasson (1932), Hamburg, Meiner, 1966, p. 163 ; et, en définitive, par le Bien : *Der höchste Zweck ist das Gute, der
Allgemeine Endzweck der Welt (ibid.,* p. 170). De là le célèbre *Das Wahre ist das Ganze (Phänome-
nologie des Geistes,* Vorrede, éd. J. Hoffmeister, Hamburg, Meiner, 1952, p. 21), et sa doctrine du
« résultat » *(ibid.)* ; cf. Aristote, *Phys.,* I, c. 7, 190 *b* 24 ; Hegel, *Wissenschaft der Logik,* I, p. 58-59.

sa part, quelle que soit sa détermination actuelle, la matière est invariablement tendance *(Trieb)* à une autre détermination. C'est cela qui est « conservé » dans la « mise de côté » — ou « sursomption », « relève ». Le devenir, le mouvement, est fonction de la conservation de l'être par soi, naturel, de la matière, au prix de la « négation de la négation », de l'abolition incessante de la privation[1]. Aussi, pour nécessaire qu'elle soit à tout devenir, la privation est bel et bien accidentelle, puisqu'elle n'entre point dans l'essence de la chose faite et que seule la matière « se maintient dans tous les états »[2].

Paradoxalement, sans doute, peu d'approches semblent conduire plus sûrement à la nature, au πέφυκε, à l'*aptum natum,* à la puissance passive, qu'un examen approfondi de cette « négativité ». Après avoir expliqué que l' « en soi » correspond à la *dunamis (potentia,* « puissance ») chez Aristote, le « pour soi » à l'*energeia (actus,* « acte »), Hegel déclare : « L'en-soi règle le cours. La plante ne se perd pas en un pur changement démesuré. »[3] Le processus de changement est celui « dans lequel le donné progresse en accord avec le possible qu'il contient » (Marcuse)[4]. Bref, l'être mû obéit au calibre naturel, à la puissance des êtres. *Sicut aptum natum est, sic agitur unumquodque.* Voilà qui tire à conséquence. L'imparfait, l'incomplet, l'inachevé en acte *est* le parfait, le complet, l'achevé en puissance[5]. Etre privé, c'est être incomplet en acte, complet en puissance. Tout être naturel incomplet est un commencement réel de l'être complet qui le définit et vers lequel il tend. Tel sujet étant, en acte, inachevé, il s'ensuit qu'il est composé de l'achevé en puissance. Tout contraire parfait (positif) est posé en puis-

---

1. Le contraire supprimant la privation est bien « négation *de la négation* » (cf. *Wissenschaft der Logik,* I, p. 103) ; autrement, la matière « serait abolie comme telle » *(Die Vernunft in der Geschichte,* 5ᵉ éd., éd. J. Hoffmeister, Hamburg, Meiner, 1966, p. 55).
2. Cf. Hegel, *Einleitung...,* p. 107-108, et saint Thomas, *In Phys.,* I, lect. 14, n. 5 ; rien de plus désirable que la durée : *optimum in rebus est permanentia.*
3. *Einleitung,* p. 108 (Glockner, p. 50). Les textes parallèles sont nombreux. L'exemple favori de Hegel est celui du germe.
4. Herbert Marcuse, *Raison et révolution, op. cit.,* p. 198.
5. Se référant de nouveau à la *potentia* d'Aristote, Hegel est formel : « L'imparfait ne doit pas être saisi abstraitement comme seulement imparfait, mais comme ce qui contient également en soi, comme germe et comme tendance *(Trieb),* le contraire de soi-même, à savoir ce qu'on nomme le parfait » *(Die Vernunft in der Geschichte,* p. 157). Cf. *Wissenschaft der Logik,* I, p. 126-146.

sance dans le contraire imparfait existant en acte. En ce sens précis, l'adulte est « dans » l'œuf, pour emprunter l'exemple favori de Mao autrefois (ou plus exactement de ses *ghost-writers*) dans son *A propos de la contradiction*[1].

Car c'est, comme toujours, la vie qui manifeste le plus nettement ces déterminations. Avec sa pénétration coutumière, Alexandre Koyré avait parfaitement su rendre la difficulté qu'éprouve l'esprit d'abstraction à penser cette réalité pourtant si familière, impossible à esquiver, qu'est le germe, dont il a été question au chapitre III. « L'idée du germe est, en effet, un *mysterium* », écrit Koyré. « Elle est une véritable union des contraires, même des contradictoires. Le germe est, pour ainsi dire, ce qu'il n'est pas. Il est déjà ce qu'il n'est pas encore, ce qu'il sera seulement. Il l'est, puisque autrement il ne pourrait le devenir. Il ne l'est point, puisque autrement comment le deviendrait-il ? Le germe est, en même temps, et la "matière" qui évolue et la "puissance" qui la fait évoluer. Le germe agit sur lui-même. Il est une *causa sui* ; sinon celle de son être, du moins celle de son développement. Il semble bien que l'entendement ne soit pas capable de saisir ce concept : le cercle organique de la vie, pour la logique linéaire, se transforme nécessairement en cercle vicieux. »[2]

4 / LES CONTRAIRES ET LA LIBERTÉ

Même s'il se trompe gravement sur le plan historique, Luc Ferry explique avec talent l'idée traditionnelle, qu'il trouve chez Jean-Jacques Rousseau, selon laquelle l'homme ne saurait être prisonnier de ses déterminations. « Rousseau est le premier dans toute l'histoire de la

---

1. Cf. *Ecrits choisis en trois volumes,* trad. officielle de Pékin, Paris, Maspero, 1967, vol. II, p. 10 et 45. Le « matérialisme dialectique » avait su exploiter ainsi des idées justes en ce qui a trait au devenir, mais en les appliquant de manière trop univoque, et sans discrimination, à tous les devenirs, par exemple à l'histoire, en oubliant la liberté, le hasard et les autres facteurs qui rendent aussitôt caducs les déterminismes réducteurs.

2. Alexandre Koyré, *La philosophie de Jacob Boehme,* Paris, Vrin, 1929, p. 131.

philosophie, dans le *Discours sur l'origine de l'inégalité,* à faire une différence entre humanité et animalité — qui paraît toute simple et qui est d'une profondeur abyssale — qui est celle-ci : l'animal est guidé intégralement par son instinct, il ne peut pas s'écarter d'un code, d'une espèce de logiciel qui le programme (...) L'homme à la différence de l'animal et bien sûr des choses est le seul être qui n'est pas programmé par un code et la liberté, de Rousseau jusqu'à Sartre, dans cette tradition, se définira comme arrachement ou transcendance, comme capacité de s'arracher aux déterminations particulières. » Le pigeon est à ce point « programmé » qu'il mourrait dans un réservoir rempli de viandes, et le chat de même mourrait sur un tas de blé ; « l'homme est exactement le contraire » : il est « si peu programmé, il a tellement peu de codes qu'il est capable de mourir parce qu'il boit trop »[1].

L'exemple du logiciel ou de la programmation par un code est bien trouvé et vaut tout à fait en ce qui concerne les ordinateurs et « l'intelligence artificielle »; si admirables qu'en soient les performances, elles resteront toujours *ad unum,* selon la formule scolastique, parfaitement « inintelligentes » au sens propre du terme « intelligence », et « prisonnières » dans le langage ici utilisé. S'agissant des animaux, il convient toutefois d'introduire une nuance, finement rendue

---

1. Débat Luc Ferry — François Laruelle, La cause de l'homme ou La nouvelle querelle de l'humanisme, in *La décision philosophique,* n° 9, octobre 1989, p. 42 ; voir aussi la même explication de Luc Ferry, in Frédéric Lenoir (éd.), *Le temps de la responsabilité,* Entretiens sur l'éthique, Paris, Fayard, 1991, p. 224-225 ; notamment : « Si l'on accepte, contre les Anciens, contre Aristote, que le propre de l'homme réside dans le fait de ne pas avoir de propre, que la définition de l'homme est de ne pas avoir de définition, que la nature de l'homme est de ne pas avoir de nature, ou comme le dira un peu plus tard Fichte en commentant Rousseau, que l'homme n'est *rien* au départ, à la différence de l'animal qui est *quelque chose* puisqu'il a un instinct, un code (...) » (p. 224). Fort bien, mais pourquoi dire « contre les Anciens » ? A la suite de Platon et Aristote — que nous citons — les Pères de l'Eglise (par ex. Clément d'Alexandrie, Grégoire de Nysse) ne tarissent pas sur la plasticité de l'être humain — intelligence, liberté et le reste —, s'émerveillant qu'il soit « sans limites » et appelé à se faire par ses propres choix : selon Clément d'Alexandrie, « la liberté permet à l'homme de se donner à soi-même ce qui lui est *propre* » (Boulnois) ; pour un bon exposé introductif et quelques références précises, voir Olivier Boulnois, *Humanisme et dignité de l'homme selon Pic, op. cit.,* en particulier p. 307 sq. ; sur une « rétroprojection de Sartre », voir p. 308, n. 61. Avant même l'infinité du *nous* et de la main chez Anaxagore, ou Héraclite et le lien si fort qu'il établissait entre la sagesse et *panta,* « toutes choses », il est probable qu'on pourrait retracer ce thème chez Alcméon de Crotone, voire Anaximandre, comme il ressort de l'excellente édition commentée de Marcel Conche (Anaximandre, *Fragments et témoignages,* texte grec, traduction, introduction et commentaire par Marcel Conche, Paris, PUF, coll. « Epiméthée », 1991).

par Paul Valéry : les « accès d'indétermination » par lesquels l'homme diffère de l'animal trouvent chez ce dernier tout de même des anticipations[1]. La différence relevée par Rousseau est sans doute « d'une profondeur abyssale » en effet, et on doit féliciter ce dernier de l'avoir bien saisie, mais il est faux qu'il y ait là du nouveau, car l'observation de ce fait fondamental remonte aux Présocratiques (Héraclite et Anaxagore au moins) et à Platon, puis Aristote. Après quoi elle devient vite un lieu commun. Les médiévaux, saint Thomas d'Aquin en particulier, répètent à satiété, à la suite d'Aristote, que la nature, les puissances « non rationnelles » *(alogoi),* les animaux dans une certaine mesure, sont déterminés *ad unum.* La raison, au contraire, est indéterminée, *ad multa, ad infinita, ad opposita* ; la noblesse de l'être humain lui vient de ce qu'il est intelligent et au principe de ses actes, c'est-à-dire libre, en quoi il est à l'image de Dieu (Thomas d'Aquin)[2]. Le corps humain, sa nudité et sa vulnérabilité initiales (il n'a pas d'armes particulières comme les autres animaux), en offre un premier reflet, étant compensées par l'infinité de la main, « outil des outils », selon Aristote (anticipé par Anaxagore), comme nous l'avons vu au chapitre III ; l'intelligence humaine pour Aristote n'est justement « rien » au départ (cf. *De Anima* III, 4 ; aussi 8).

Un des textes les plus connus à cet égard est sans doute le mythe d'Epiméthée dans le *Protagoras* de Platon (320 *c* sq.). Nous avons cité au Liminaire le mot de Pic de La Mirandole : l'homme est pour commencer « indistinct ». Reprenant le mythe d'Epiméthée justement, et s'inspirant en même temps du livre de la Genèse (I, 26-28) et du *Timée* (41 *b* sq.), voici plus précisément comment Pic présente ce thème clas-

---

1. « L'Homme diffère de l'Animal *par accès. Et ce sont des accès d'indétermination.* Il pense alors : JE PENSE. L'Animal, mis dans la situation *critique,* qui est celle où ses automatismes d'action sont en défaut, tend vers la pensée. S'il hésite entre deux voies, le limier se retourne vers l'Homme. "PENSE"... semble-t-il lui dire, C'EST TON AFFAIRE » (Paul Valéry, Mauvaises pensées et autres, in *Œuvres,* II, Paris, Gallimard, « La Pléiade », 1960, p. 792).
2. Sur ce dernier point, voir le prologue de la seconde partie de la Somme théologique (*Summa theologiae, Ia-IIae, Prologus),* et la discussion qu'en propose Otto Hermann Pesch, in *Thomas d'Aquin. Grandeur et limites de la théologie médiévale,* trad. Joseph Hoffmann, Paris, Cerf, 1994, p. 489 sq. ; cf. également *Ia Pars,* q. 93. Pour plus de nuances que nous ne pouvons apporter ici, ainsi que d'autres références et un bon exposé d'introduction, voir Servais Pinckaers, La dignité de l'homme selon saint Thomas d'Aquin, in *De dignitate hominis,* Mélanges offerts à Carlos-Josaphat Pinto de Oliveira, Freiburg Schweiz, Universitätsverlag, 1987, p. 89-106.

sique : « Le parfait artisan décida finalement qu'à celui à qui il ne pouvait rien donner en propre serait commun tout ce qui avait été le propre de chaque créature. Il prit donc l'homme, cette œuvre à l'image indistincte, et l'ayant placé au milieu du monde, il lui parla ainsi : "Je ne t'ai donné ni place déterminée, ni visage propre, ni don particulier, ô Adam, afin que ta place, ton visage et tes dons, tu les veuilles, les conquières et les possèdes par toi-même." La nature enferme d'autres espèces en des lois par moi établie. Mais toi, que ne limite aucune borne, par ton propre arbitre, entre les mains duquel je t'ai placé, tu te définis toi-même. Je t'ai mis au milieu du monde, afin que tu puisses mieux contempler autour de toi ce que le monde contient. Je ne t'ai fait ni céleste ni terrestre, ni mortel ni immortel, afin que, souverain de toi-même, tu achèves ta propre forme librement, à la façon d'un peintre ou d'un sculpteur. Tu pourras dégénérer en formes inférieures, comme celles des bêtes, ou régénéré, atteindre les formes supérieures, qui sont divines. » D'une manière analogue à celle de Rousseau plus tard, il ajoute que « les bêtes, au moment où elles naissent, portent en elles dès la matrice de leur mère, comme dit Lucilius, tout ce qu'elles auront. (...) Mais dans chaque homme, le Père a introduit des semences de toutes sortes, des germes de toute espèce de vie. (...) Qui n'admirerait ce caméléon que nous sommes ? »[1].

Une autre manière, non moins réussie, de marquer « l'arrachement » ou la « transcendance » qui manifeste la liberté humaine, est celle de Schelling. Se demandant, « comment puis-je avoir des représentations ? », Schelling prend acte avec raison du fait que je m'élève déjà ainsi au-dessus de la représentation. « Pour autant que je suis *libre* (et je le *suis,* puisque je m'élève au-dessus de l'ensemble des choses et me demande comment cet ensemble est possible), je ne suis ni *chose* ni *objet.* » Supposons un instant, pour les besoins de l'argumentation, que je sois un « simple rouage d'un mécanisme », un « résultat de toutes les actions qui s'exercent sur moi ». Même là, il faut voir que « ce qui fait partie d'un mécanisme ne peut s'en détacher pour demander : comment tout cela est-il devenu possible ? ». Car « si le rouage que je suis

---

1. Jean Pic de La Mirandole, Sur la dignité de l'homme, 5-6, in *Œuvres philosophiques, op. cit.,* p. 5-9. L'image du caméléon se retrouve chez Aristote (*EN* I, 11, 1100 *b* 6) et chez Marsile Ficin, comme l'indique une note de l'édition.

quitte cette place, je cesse d'être ce rouage, je deviens un être indépendant, et l'on ne comprend plus comment une cause extérieure peut encore agir sur cet être indépendant et parfait. C'est une question par laquelle commence toute philosophie, et l'on doit être capable de la poser, pour pouvoir philosopher (...) Chacun doit se la poser pour son compte (...) Le fait seul que je suis capable de poser ce problème montre déjà suffisamment que je me soustrais à l'action des choses extérieures (...) »[1].

Reprenant à son propre compte — à un autre niveau que celui que nous avons résumé (mais qui se trouve lui aussi, bien entendu, chez Hegel) — l'idée d'*Aufhebung*, Jean-Paul Sartre redit la même chose dans les termes suivants : « Ce que signifie : "Nous sommes condamnés à être libres." On ne l'a jamais bien compris. C'est pourtant la base de ma morale. Partons du fait que l'homme est-dans-le-monde. C'est-à-dire *en même temps* une facticité investie et un projet-dépassement. En tant que projet il assume pour la dépasser sa situation. Ici nous nous rapprochons de Hegel et de Marx : *aufheben*, c'est conserver en dépassant. Tout dépassement qui ne conserve pas est une fuite dans l'abstrait. Je ne puis me débarasser de ma situation de bourgeois, de Juif, etc., qu'en l'assumant *pour la changer*. » Or la même chose s'applique à tout déterminisme en ma condition, voire à une situation nouvelle venue « du dehors », qui « doit être vécue, c'est-à-dire assumée, dans un dépassement ». Imaginons que l'on devienne soudain tuberculeux. Certaines possibilités seront ainsi ôtées, mais « la maladie est une *condition* à l'intérieur de laquelle l'homme est de nouveau libre et sans excuses ». Ainsi, par exemple, vivre avec le nouvel entourage imposé par elle, « réclame autant d'inventivité, de générosité et de tact de la part du malade que sa vie de bien portant ». Cette brusque suppression de possibilités n'est pas *de lui*. Ce qui, toutefois, « est *de lui* c'est l'invention immédiate d'un projet nouveau à travers cette brusque suppression (...) Ainsi y a-t-il du vrai dans la morale qui met la grandeur de l'homme dans l'acceptation de l'inévitable et du destin. Mais elle est incomplète car il ne faut l'assumer que pour la

1. F. W. J. Schelling, *Idées pour une philosophie de la nature* (1797), in *Essais,* trad. S. Jankélévitch, Paris, Aubier, 1946, p. 50-51.

changer. Il ne s'agit pas d'adopter sa maladie, de s'y installer mais de la vivre selon les normes pour demeurer homme »[1].

Ces observations convergentes, d'auteurs par ailleurs si différents, sont en lien direct avec nos considérations précédentes. Nous avons vu que la présence intelligible d'un contraire en l'autre — et la délectation naturelle qu'elle suscite, pourrait-on ajouter à la suite de saint Augustin, cette fois[2] — marque leur simultanéité actuelle dans l'intelligence. Et nous venons de remarquer que la simultanéité des contraires qui fonde le devenir n'est, elle, que virtuelle. Or c'est dans l'art et dans l'agir qu'apparaît justement de la manière la plus vive cette différence de la condition des contraires — en notre intelligence, d'une part, au sein du devenir concret, de l'autre. Tenir ce médecin responsable de la maladie de son patient, c'est voir que deux mouvements contraires, l'un vers la maladie et, au terme, la mort, l'autre vers la santé, sont simultanément contenus, de manière actuelle, en la science dudit médecin. Non point seulement du fait que la santé soit incluse en la définition de maladie, mais aussi parce que le médecin doit, de toute évidence, à la fois connaître votre progression vers la mort et la progression vers la santé qu'il serait censé provoquer en vous, le patient. L'opposition de ces mouvements contraires tels que contenus, d'une part dans la raison du médecin, et d'autre part, dans le patient proprement dit, est donc radicale. En ce dernier, le mouvement vers la mort exclut en acte la guérison, tandis qu'en la raison du médecin qui tenterait d'empêcher cette mort il implique en acte la guérison et les moyens de l'assurer.

Si, d'une part, l'incompatibilité actuelle des deux états est ce qui oblige à pallier la maladie, c'est en revanche leur présence simultanée dans le connaître humain qui est la source même du remède. Tout l'être de l'art médical s'enracine en ce double fait. Ce qui rend possible l'art médical, c'est l'implication en acte des contraires dans la pensée. Ce qui le rend nécessaire, c'est leur exclusion en acte dans un même sujet matériel. La même chose est vraie, on le devine, de tout art. Déjà Platon ne notait-il pas que l'art dispose positivement aux contraires[3].

---

1. Jean-Paul Sartre, *Cahiers pour une morale,* Paris, Gallimard, 1983, p. 447-449.
2. Voir saint Augustin, *Confessions,* X, c. 33.
3. Cf., par ex., *République,* I, 333 e.

Parce que les opposés sont ensemble dans la considération intellectuelle, mieux le médecin comprendra une maladie, mieux il pourra assurer la santé de son malade. La considération de la maladie à cet égard n'a rien de déplaisant, tout au contraire ; imaginons que nous ayons enfin découvert l'explication ultime du cancer, ou du sida, cette connaissance ne nous remplirait-elle pas de joie ?

La raison fondamentale de tout cela a été expliquée de manière détaillée par Aristote en sa *Métaphysique* : « Les puissances rationnelles sont, toutes, également puissances des contraires, mais les puissances irrationnelles ne sont, chacune, puissances que d'un seul effet. Par exemple, la chaleur n'est puissance que de l'échauffement, tandis que la Médecine est puissance à la fois de la maladie et de la santé. La cause en est que la science est la raison des choses, et que c'est la même raison qui explique l'objet et la privation de l'objet, bien que ce ne soit pas de la même manière (...) Ce qui est sain ne produit que la santé, ce qui peut échauffer que la chaleur, ce qui peut refroidir, que la froidure, tandis que celui qui sait produit les deux contraires. En effet, la raison des choses est raison de l'un et de l'autre, mais non de la même manière, et elle réside dans une âme, qui a en elle un principe de mouvement, de sorte que, du même principe, l'âme fera sortir deux contraires, puisqu'elle les aura reliés l'un à l'autre à la même raison. Les êtres ayant la puissance rationnelle produisent donc leurs effets d'une manière contraire aux êtres ayant une puissance irrationnelle, car les effets des êtres possédant la puissance rationnelle sont contenus par un seul principe, à savoir la raison des choses » (Θ, 2, 1046 b 4-9 ; 18-24, trad. Tricot).

La nécessité d'une autre puissance, la volonté, devient aussitôt évidente, comme le résument les lignes suivantes (*Metaph.* Θ, 5, 1048 a 8-11) : « Toute puissance irrationnelle n'étant productrice que d'un seul effet, alors que toute puissance rationnelle est productrice des contraires, il en résulterait que la puissance rationnelle produirait simultanément les contraires, ce qui est impossible. Il est donc nécessaire qu'il y ait pour elle quelque autre élément déterminant, je veux dire le désir ou le choix (ὄρεξιν ἢ ποαίρεσιν : *a* 11). » Dans le *De Anima*, Aristote précise également : « C'est dans la partie rationnelle que la volonté (ἡ Βούλησις) prend naissance » (III, 9, 432 b 5).

Toute action proprement humaine porte déjà en elle l'opposition qui nous occupe entre la pensée et la matière. Là encore, Platon, le premier, l'énonce expressément — et admirablement : « Connaître, en effet, le sérieux sans connaître le ridicule, et connaître, l'un sans l'autre, quelques contraires que ce soit, est impossible à qui veut devenir un homme de jugement. Mais pratiquer l'un et l'autre n'est pas non plus possible, si l'on veut participer quelque peu à la vertu. »[1] Toute action, au sens le plus propre, a son contraire. Or il est impossible de poser les deux en même temps. Aussi *dois*-je choisir. C'est précisément parce qu'on sait que les contraires ne peuvent coexister simultanément en acte dans les choses qu'on délibère. Or choisir contraint à une comparaison actuelle. Afin de décider si je dois poser telle action ou son contraire, voire agir ou ne pas agir, il est nécessaire que l'un et l'autre mouvements soient réellement confrontés. Autant les deux actions s'excluent mutuellement en acte, autant elles s'impliquent en acte dans la raison.

L'agir humain tout entier obéit à cette opposition inéluctable entre les contraires connus par l'intelligence et les contraires mus. Le soliloque de Hamlet tire son intensité de cette universalité ; le *Tao* en conclut le fameux « non-agir » *(wou-wei)*. Nous touchons ici en vérité au cœur de la condition humaine. « Grâce à mon "ou bien - ou bien" apparaît l'éthique »[2], écrit Kierkegaard. C'est justement cet *Entweder-Oder, Either-Or,* qui est invariablement absent du rêve, comme, nous l'avons vu, le souligne Freud, et comme en témoigne d'ailleurs le fait qu'en rêve on ne perçoive l'incongru ni le ridicule. « L'animal seul est irresponsable » (Hegel). « Oui ; mais il faut parier. Cela n'est pas volontaire : vous êtes embarqués » (Pascal)[3].

L'apport de Kierkegaard, que nous venons de citer, est particulièrement significatif sous ce rapport, en raison de son engagement éthique. Le mot « existence » a chez lui son sens le plus ordinaire, celui de la vie qu'on vit. La pensée « existentielle » est dès lors avant tout une philosophie pratique, une philosophie de l'action humaine, préoccupée du bien et du mal, bien plutôt que de l'être. Kierkegaard semble s'adresser à la volonté de ses lecteurs. Lisant et traduisant Hegel il se

---

1. *Les lois,* VII, 816 *e* (trad. Diès).
2. *Ou bien... Ou bien...,* trad. F. et O. Prior et M. H. Guignot, Paris, 1943, p. 479.
3. Hegel, *Die Vernunft in der Geschichte, op. cit.,* p. 107 ; Pascal, *Pensées,* B 233 ; L 418.

choque de ne pas y trouver d'éthique, et se voit appelé comme Socrate
à éveiller les hommes à leur ignorance de l'essentiel pour la vie ; à leur
montrer, par une méthode indirecte, négative, ce qu'est un être
humain existant[1]. Ne s'agit-il pas tout de même de l'être, dira-t-on ?
Sans doute, mais de l'être moral : être comme on doit être. C'est le
« *deviens* ce que tu *es* » de Pindare, ce devenir dont nous sommes responsables chacun pour notre propre compte.

De là ce thème magnifique de *l'alternative,* qui se révèle l'outil
majeur mis en œuvre par Kierkegaard afin de marquer tout cela. Nous
nous engageons tout entiers, corps et âme, de manière passionnée,
existentielle, dans nos choix. Penser à une action bonne n'équivaut
d'aucune manière à l'avoir faite. Même si le philosophe — ou Hamlet — peut penser en même temps les opposés, en tant qu'individu
existant il est constamment aux prises avec des alternatives qui s'excluent l'une l'autre. André Clair résume cette idée avec bonheur
quand il écrit : « Reconnaître l'alternative, c'est commencer à penser
l'existence, c'est entrer dans sa détermination, puisque l'alternative ne
renvoie pas à quelque propriété seconde de l'existence, mais qu'elle en
signifie le caractère le plus élémentaire ; ôter l'alternative, c'est supprimer l'existence même, et non pas tel attribut particulier ou telle
marque accidentelle. D'un mot, on pourrait dire que l'alternative est
l'essence de tout rapport à l'existence ; et c'est aussi le premier élément
essentiel de l'existence. »[2] C'est là le sens du premier ouvrage pseudo-
nyme de Kierkegaard, *Ou bien... Ou bien...,* dont le *Post-scriptum aux
miettes philosophiques* explicite le fondement.

On lit en effet dans le *Post-scriptum* : « Dans la langue de l'abstraction, ce qui constitue la difficulté de l'existence et de l'existant, bien
loin d'être éclairci, n'apparaît à vrai dire jamais ; justement parce que
la pensée abstraite est *sub specie aeterni,* elle fait abstraction du concret,
du temporel, du devenir de l'existence, de la détresse de l'homme,
posé dans l'existence par un assemblage d'éternel et de temporel (...)
Hegel a tout à fait et absolument raison en ce que, du point de vue de

---

1. Cf. Ralph McInerny, A Note on the Kierkegaardian Either/Or, in *Laval théologique et philosophique,* VII, n° 2, 1952, p. 230-242.

2. André Clair, Kierkegaard et l'acte dialectique, in *Analogie et dialectique,* éd. P. Gisel et Ph. Secretan, *op. cit.,* p. 181-182.

l'éternité, *sub specie aeterni,* dans le langage de l'abstraction, il n'y a point d'*aut - aut,* dans la pensée et l'être purs ; comment diable pourrait-il y en avoir, puisque l'abstraction éloigne justement la contradiction (...) Comme ce géant, avec lequel combattit Hercule, perdait ses forces toutes les fois qu'il était soulevé de terre, ainsi l'*aut - aut* de la contradiction se trouve *eo ipso* éliminé, aussitôt qu'il est élevé au-dessus de l'existence et conduit dans l'éternité de l'abstraction. D'un autre côté Hegel a tout aussi complètement tort quand, oubliant l'abstraction, il la quitte et se précipite dans l'existence pour supprimer de vive force l'alternative. Ceci en effet ne peut se faire dans l'existence, car alors on supprime l'existence : quand je fais abstraction de l'existence, il n'y a pas d'alternative ; quand je fais abstraction de l'alternative dans l'existence cela signifie que je fais abstraction de l'existence (...) Il est interdit à un homme d'oublier qu'il existe. »[1]

Dans *Ou bien... Ou bien...,* K. marque bien la différence entre l'esthétique et l'éthique par l'alternative encore. Avant même le choix de quelque chose, ou la réalité de ce qui a été choisi, il y a *la réalité du choix* lui-même : « C'est la chose décisive et c'est à cela que je m'efforcerai de t'éveiller. »[2] La conciliation esthétique, la considération de l'existence, de son sens, des choix qui se présentent à nous ou à d'autres, rien de cela n'est encore l'éthique, qui exige qu'on tranche. Ce n'est qu'alors qu'on pourra parler de « se choisir soi-même au sens absolu ». Voici en quels termes Kierkegaard formule cette idée capitale : « Ce soi-même s'est produit grâce à un choix et il est la conscience de cet être précis et libre qui n'est que soi-même et personne d'autre. Ce soi-même contient en lui une riche concrétion, une grande quantité de déterminations et de qualités, bref il est le soi esthétique complet qui a été choisi éthiquement. Par conséquent, plus tu te concentres en toi-même, plus tu te rendras compte de l'importance même de ce qui est insignifiant non pas au sens fini, mais au sens infini, parce qu'il a été posé par toi (...). »

1. Sören Kierkegaard, *Post-scriptum aux miettes philosophiques,* trad. Paul Petit, Paris, Gallimard, 1949, p. 201, 203-204. Plus loin, on lit aussi : « Exister, si l'on n'entend pas par là un simulacre d'existence, ne se peut faire sans passion. C'est pourquoi chaque penseur grec était aussi, essentiellement, un penseur passionné » (208). « La propre réalité éthique de l'individu est la seule réalité » (219).
2. Sören Kierkegaard, *Ou bien... Ou bien...,* loc. cit. (p. 479).

C'est au point que, la passion de liberté une fois réveillée, « elle est jalouse d'elle-même et ne permet pas que ce qui appartient à l'un et ce qui ne lui appartient pas restent ainsi confusément mélangés. Par conséquent, la personnalité se présente à l'instant premier du choix apparemment aussi nu que l'enfant lorsqu'il sort du sein de la mère ; à l'instant d'après elle est concrète en elle-même, et si l'homme peut rester à ce stade, ce n'est que grâce à une abstraction arbitraire. Il reste lui-même, entièrement le même qu'auparavant, jusqu'à la plus insignifiante particularité ; cependant, il devient un autre, car le choix pénètre tout et modifie tout ».

Voilà donc l'essence de la liberté humaine pour Kierkegaard : « Ce choix absolu de moi-même est ma liberté, et ce n'est qu'après m'être choisi moi-même au sens absolu, que j'ai posé une différence absolue, celle qui existe entre le bien et le mal. » Passage qui est à rapprocher du suivant des *Papirer* : « C'est une chose tout à fait remarquable que presque tous les sceptiques ont laissé intacte la réalité de la volonté. Par là, ils sont proprement arrivés au point où ils devaient arriver ; car c'est par la volonté que vient la guérison. »[1]

Mais il y a plus, il y a les désirs — s'agissant toujours de contrariété. La connaissance intellectuelle est une chose, le désir une autre. Le désir du sucré s'oppose au désir de l'amer, là où la seule considération de l'un n'entre nullement en conflit avec celle de l'autre. Le désir va vers la chose même pour s'y unir en quelque manière ou pour la supprimer, de sorte qu'il s'oppose au désir contraire comme la chose elle-même s'oppose à son contraire. La difficulté de la vie, l'authenticité morale, sont dues au fait que l'action implique volonté et mouvement vers les choses mêmes, ce qui entraîne inéluctablement la soumission cette fois à la contrariété *in rerum natura*.

Avant d'aller plus avant dans cette problématique, rappelons succinctement d'abord les acquis en ce qui concerne la volonté, tels qu'on les trouve en particulier chez Aristote, dans l'esprit des remarques de Hilary Putnam déjà citées à propos de sa contribution au *mind-body problem*. Suivant Aristote, en résumé, on peut « dire indifféremment

---

1. Cf., respectivement, *Ou bien... Ou bien...*, *op. cit.*, p. 512-513 ; *Lectures philosophiques de Sören Kierkegaard,* trad. H. B. Vergote, Paris, PUF, 1993, p. 303 (*Pap.*, IV C 56 [1842]).

que le choix préférentiel est un intellect désirant (ὀρεκτικὸς νοῦς) ou un désir raisonnant (ὄρεξις διανοητική), et le principe qui est de cette sorte est un homme » (*EN* VI, 2, 1139 *b* 4-5). Or, « l'objet du choix étant, parmi les choses en notre pouvoir, un objet de désir sur lequel on a délibéré, le choix sera un désir délibératif des choses qui dépendent de nous ; car une fois que nous avons décidé à la suite d'une délibération, nous désirons alors conformément à notre délibération » (*EN* III, 5, 1113 *a* 10-11)[1].

Voilà qui permet de dégager une contrariété centrale : intelligence et désir sont tous deux au principe de l'action humaine, le second s'enracinant dans la première. Le principe du mouvement, c'est le désir, ou appétit. Le moteur premier (non mû), c'est l'objet désirable. « Or c'est un fait que les appétits peuvent aussi se contrarier mutuellement, que cela se produit quand la raison et les désirs sont contraires et que c'est le cas chez les animaux *qui ont le sens du temps* [nous soulignons] (l'intelligence, en effet, commande de se réfréner à cause de l'avenir, tandis que le désir opère en raison de l'immédiat, car l'agrément immédiat lui paraît et simplement agréable et bon simplement du fait qu'il ne voit pas l'avenir) » (*De Anima*, III, 10, 433 *b* 5-10 ; trad. Bodéüs). Bref, les sens nous présentent des absolus à saisir dans l'instant, comme l'illustre par moments le stade esthétique kierkegaardien, cependant que l'intelligence dépasse l'immédiat temporel, prévoit, et le reste, mais atteint en outre des réalités éternelles (des invariants scientifiques, par exemple, ou moraux, ou spirituels). Selon que nos appétits inclinent vers l'un ou l'autre type d'objet, ils sont soit sensibles soit rationnels ; la volonté (βούλησις) n'est autre que cet appétit, ou désir, « rationnel ». Or le « libre arbitre » ne paraissant pas être autre chose que la volonté en sa qualité de puissance élective, il s'enracine par conséquent lui aussi en la condition des contraires dans la raison.

---

1. Pour d'autres textes relatifs à la volonté et la liberté, voir *EN* III, 11, 1113 *b* 32 ; III, 13, 1114 *b* 32 ; III, 11, 1113 *b* 7-14 ; le lien avec la persuasion : *EN* I, 20, 1102 *b* 53 - 1103 *a* 1 ; avec la louange et le blâme : *EN* III, 1, 1109 *b* 30-31 ; avec les peines et les honneurs législatifs : *EN* III, 11, 1113 *b* 22-30. Voir par ailleurs saint Augustin, *De Civitate Dei*, V, IX ; Boèce, *Consolation de la philosophie*, V, pr. III, 29-32. Relativement à la contingence, voir aussi Aristote, *Metaph.* E, 1027 *a* 29 - 1027 *b* 18 ; cf. 1026 *b* 14-15 touchant Platon. En outre, *EN*, I, 13, 1102 *a* 26 sq. ; III, chap. 1, 2, 3, etc. jusqu'à 7, autour du volontaire et de l'involontaire. Sur l'organisation du désir chez Aristote, cf. Jonathan Lear, *Aristotle : the Desire to Understand*, Cambridge, 1988, c. 5.

Si ce qui précède est juste, une des conséquences nécessaires de cette simultanéité actuelle des contraires dans la volonté comme dans l'intelligence avant l'action, c'est qu'elles doivent être dès lors spirituelles, « immatérielles », toutes deux. Car autrement un contraire chasserait l'autre du même sujet immédiat comme il ne peut pas ne pas le faire dans le cas des choses matérielles. En cette perspective, les dimensions spirituelles de notre être à tous, et dès lors sa dignité particulière, se manifestent avant tout dans l'expérience de la liberté, comme le suggère Dante dans les vers cités en exergue.

5 / L'AKRASIA

Jacqueline de Romilly a retracé jusqu'en Grèce antique, à Athènes en particulier, où il est né, notre idéal de liberté[1]. Il a commencé par se définir face à « la possibilité, par la guerre et par la défaite, de devenir esclave », à laquelle, d'ailleurs, nul n'échappait, comme l'atteste abondamment la littérature depuis Homère ; il n'est que de relire les adieux d'Hector à Andromaque (*Iliade*, VI, v. 454-458 et sq. ; cf. aussi XVI, 831 ; X, 193) pour se remettre en mémoire cette menace universelle. L'esclavage *antique* ne disparaîtra, on le sait, qu'après l'avènement du christianisme[2]. Jacqueline de Romilly indique cependant des « dépassements progressifs » de l'esclavage au Ve siècle, dont le théâtre d'Euri-

1. Jacqueline de Romilly, *La Grèce antique à la découverte de la liberté*, Paris, Editions de Fallois, 1989 (repris dans la coll. « Biblio Essais » du Livre de poche). Voir aussi Pierre Grimal, *Les erreurs de la liberté*, Paris, Les Belles Lettres, 1989 ; Kurt Raaflaub, *Die Entdeckung der Freiheit, Zur historischen Semantik und Gesellschaftgeschichte eines politischen Grundbegriffes der Griechen*, Munich, 1985 ; ainsi que l'ouvrage classique de Max Pohlenz, *La Liberté grecque, nature et évolution d'un idéal de vie*, trad. franç. Paris, Payot, 1956. On ne saurait trop recommander, en vue de ce même thème de la liberté, deux autres livres de Jacqueline de Romilly : *Problèmes de la démocratie grecque*, Paris, Hermann, 1975 (Agora, 1986, n° 10), déjà cité plus haut ; et « *Patience mon cœur* ». *L'essor de la psychologie dans la littérature grecque classique*, Paris, Les Belles Lettres, 1984.

2. Pour d'abondantes références aux Pères de l'Eglise proclamant l'égalité de tous et combattant l'esclavage, voir Henri Wallon, *Histoire de l'esclavage dans l'Antiquité* [1847 et 1879], Paris, Laffont, coll. « Bouquins », 1988 [avec des mises au point et une importante préface par J.-C. Dumont], liv. III, chap. VIII-X, p. 784-867 ; 991-1005 ; Dumont rappelle en note [p. 1016] que le christianisme a été précédé par le stoïcisme.

pide, par exemple, « apporte bien des preuves ». Aristote sera toutefois le premier dans l'Antiquité (et le dernier, comme l'observe M. I. Finley) à traiter *systématiquement* de la question, dans ce qui a tous les traits d'une attaque en règle contre l'esclavage, plutôt que le contraire comme le faisaient croire naguère encore des lectures trop rapides. Il est clair en tout cas qu'Aristote « vend la mèche » (Jacques Brunschwig). D'après Victor Goldschmidt, tout son effort « consiste à voir dans l'esclave, un homme ». C'est bien ce qu'il nous paraît aussi. Par définition, ou par « nature » *(phusis)* — par opposition donc à la violence faite à quiconque est soudain réduit à l'esclavage par la défaite de la cité à laquelle il appartient — serait esclave celui qui serait à jamais incapable de s'autodéterminer. Mais c'est dire qu'afin de prononcer quelqu'un « esclave » par nature, il faudrait pouvoir déterminer de son âme, ce qui est toujours impossible dans les faits ; on sait, au surplus, comme les apparences — celles du corps notamment — sont trompeuses (cf. *Politique*, I, 5, 1254 *b* 37 - 1255 *a* 1). On doit au contraire tenter, par l'éducation, poursuit Aristote, de remédier au manque apparent, chez certains humains, d'autonomie[1].

Les Grecs ont cependant vite compris que le pire ennemi, le tyran ou le maître étranger qui aliène, est dans la maison, pour ainsi dire : on peut être *esclave* de ses passions, dit Euripide — esclave de l'argent, asservi à l'amour, au profit, à la multitude, aux circonstances ; étouffé par la crainte, par l'ambition, le désir de vengeance ou la colère. Les

---

1. Voir, respectivement, Jacqueline de Romilly, *op. cit.*, p. 174 ; M. I. Finley, *Ancient Slavery and Modern Ideology*, Londres, Chatto & Windus, 1980, p. 120 ; Aristote, *Politique*, I, 3-7. Sir Ernest Barker relevait déjà en 1918 (*The Political Thought of Plato and Aristotle*, New York, Dover Publications, s.d. p. 369), que ces propos d'Aristote avaient en même temps pour ses contemporains l'allure d'une attaque. Aujourd'hui, voir surtout Jonathan Lear, *Aristotle : The Desire to Understand*, *op. cit.*, p. 192-208 ; non seulement Aristote attaque-t-il manifestement l'institution de l'esclavage (cf. Lear, p. 197 sq.), mais, Peter Simpson l'a bien vu, sa discussion de l'esclavage montre qu'il n'existe pas du tout, en définitive, d'esclaves naturels non plus (cf. Peter Simpson, Making the citizens good : Aristotle's city and its contemporary relevance, in *The Philosophical Forum*, vol. XXII, n° 2, hiver 1990-1991, p. 153 et 164). Pour un modèle d'acribie et de probité sur le sujet, lire Victor Goldschmidt, La théorie aristotélicienne de l'esclavage et sa méthode, dans *Zetesis* (Mélanges E. de Strycker), Antwerpen/Utrecht, De Nederlandische Boekhandel, 1973, p. 147-163. Voir en outre Jacques Brunschwig, in *Cahiers philosophiques*, septembre 1979 ; et Pierre Pellegrin, in *Revue philosophique*, 1982, n° 2, p. 345-357. Le testament d'Aristote, conservé par Diogène Laerce, témoigne de son humanité personnelle sur ce plan comme sur d'autres.

« dominer », en revanche, l'emporter sur tout cela, est ce que permet l'excellence (l'*areté* : la « vertu ») morale, qui assure une pleine liberté. D'où le thème de la lutte intérieure, avec soi, qui débute lui aussi dès Homère. « Tout son cœur aboyait (...) ; mais, frappant sa poitrine, il gourmandait son cœur : Patience, mon cœur ! » (*Odyssée, XX*, début). C'est à partir de telles observations que Platon saura ensuite initier la psychologie des profondeurs et démontrer l'existence de « parties de l'âme ». Pour rappeler un exemple seulement : vous mourez de soif et vous voici au bord d'une rivière, dont vous savez l'eau empoisonnée ; en raison de cette connaissance quelque chose en vous parvient à vous empêcher de succomber à votre soif, si vive soit-elle : il faut bien qu'il y ait donc en vous un ou des principes différents de votre désir immédiat. Ici encore, des mouvements contraires les uns aux autres servent d'indices pour la découverte de réalités pourtant intimes qui autrement resteraient inconnues[1]. L'impact de Platon sur Freud n'a pas lieu d'étonner[2].

Video meliora proboque, deteriora sequor : « Je vois le meilleur et j'approuve, je me laisse entraîner au pire », disait Ovide. Cet énoncé pourrait servir à introduire le thème de l'*akrasia* (« manque de contrôle de soi », « incontinence », « faiblesse de la volonté »), tant discuté chez les philosophes analytiques depuis des décennies, et auquel Donald Davidson, en particulier, a consacré des pages importantes. Il s'agit à l'origine, on le sait, de l'objection faite au Socrate de Platon par Aris-

---

1. Cf. *République* IV, 431 *a* sq. ; 436 *a* - 441 *c* ; *Phèdre*, 256 *b* sq. ; et le mythe de l'attelage ailé, 246 *a* sq ; repris en 253 *c*, qui fait ressortir la violence de la lutte interne ; *République* IX, 571 *c* - 572 *b* ; et Jacqueline de Romilly, « *Patience, mon cœur* », *op. cit.*
2. Voir Philip Merlan, An Idea of Freud's in Plato, in *The Personalist*, vol. XXV, n° 3, 1944, p. 54-63 ; repris dans Philip Merlan, *Kleine philosophischen Schriften* (éd.) Franciszka Merlan, Hildesheim - New York, Georg Olms Verlag, 1976, p. 668-677 ; l'auteur relève plusieurs textes de part et d'autre, mais en particulier *République* IX, 571 *c-d* ; voir aussi, du même, Brentano and Freud, in *Journal of the History of Ideas*, vol. VI, n° 3, 1945, p. 375-377 ; et Brentano and Freud. A Sequel, *ibid.*, vol. X, n° 3, 1949 (cf. *Kleine...*, p. 678-681) ; les seuls cours non médicaux suivis par Freud durant toutes ses études à l'Université de Vienne auraient été ceux de Franz Brentano, dont un sur « la philosophie d'Aristote » (été 1876), et trois semestres de « lectures d'écrits philosophiques » (1874-1876). Voir en outre Charles Kahn, Plato's Theory of Desire, in *The Review of Metaphysics*, vol. XLI, n° 1, septembre 1987, p. 77-103, surtout p. 96 sq. sur le modèle hydraulique en *République* VI, 485 *d* et la théorie de la sublimation dans l'*Introduction à la psychanalyse* de Freud. Pour la mise au point antérieure de F. M. Cornford dans *The Unwritten Philosophy and other Essays*, cf. The Doctrine of Eros in Plato's Symposium, in *Plato, A Collection of Critical Essays*, vol. II, éd. G. Vlastos, New York, Doubleday, Anchor Books, 1971, p. 119-131, en particulier 128 sq.

tote : il ne suffit pas de savoir ce qui est bien, car l'expérience montre que le désir non seulement contredit le savoir, mais a même souvent le dessus : « l'agent agit à l'encontre de ce qu'il croit, toutes choses considérées, être le meilleur » (Davidson). Deux positions extrêmes sont mises en présence par Davidson ; celle qu'il appelle le *Principe de Platon*, à savoir « la doctrine de la rationalité pure » ; l'autre, à l'extrême opposé, le *Principe de Médée* : « C'est ce qui arrive quand Médée réclame à sa propre main de ne pas tuer ses enfants. Sa main, ou la passion de la vengeance qui se tient derrière elle, l'emporte sur sa volonté. »[1] Voici comment Aristote décrit le conflit « akratique » : outre le principe rationnel, il se manifeste en nous, écrit-il, « un autre principe, qui se trouve par sa nature même en dehors du principe raisonnable, principe avec lequel il est en conflit et auquel il oppose de la résistance. Car il en est exactement comme dans les cas de paralysie où les parties du corps, quand nous nous proposons de les mouvoir à droite, se portent au contraire à gauche. Eh bien, pour l'âme il en est de même : c'est dans des directions contraires à la raison que se tournent les impulsions des incontinents (τῶν ἀκρατῶν). Il y a pourtant cette différence que, dans le cas du corps, nous voyons de nos yeux la déviation du membre, tandis que dans le cas de l'âme, nous ne voyons rien : il n'en faut pas moins admettre sans doute qu'il existe aussi dans l'âme un facteur en dehors du principe raisonnable, qui lui est opposé et contre lequel il lutte » (*EN* I, 13, 1102 *b* 16-25 ; trad. Tricot, légèrement modifiée). Les découvertes modernes relatives à l'inconscient, et les difficultés qu'on en tire en ce qui concerne le degré réel de liberté et de responsabilité qui subsiste quand tout a été dit, n'ont pas simplifié le problème.

Devant les abus auxquels a si souvent donné lieu dans l'histoire la liberté dite « positive », au nom d'idéologies du type de celles dénoncées au début de ce livre, on est tenté de se retrancher sur la « liberté

---

1. Cf. Ovide, *Les métamorphoses*, liv. VII, début. Le texte classique sur l'*akrasia* est le début du livre VII de l'*Ethique à Nicomaque* d'Aristote ; voir Donald Davidson, *Actions et événements*, Essai 2 : « Comment la faiblesse de la volonté est-elle possible ? », trad. Pascal Engel, Paris, PUF, coll. « Epiméthée », 1993, p. 37-65, faisant intervenir Aristote et Thomas d'Aquin, qu'il juge « excellent » sur plusieurs des points essentiels ; et *Paradoxes de l'irrationalité*, trad. Pascal Engel, Paris, Editions de l'Eclat, 1991 ; les citations de Davidson proviennent des pages 27-29 de ce dernier texte.

négative », c'est-à-dire, dans sa forme la plus crue — chez un Hobbes notamment — de vouloir se contenter d'un concept de la liberté où elle ne serait plus que l'absence de contraintes ou d'obstacles extérieurs. Mais cette réduction n'est pas non plus une solution. Celui qui souffre d'agoraphobie, par exemple, sera tout aussi empêché de parler en public comme il peut le souhaiter pourtant fortement par ailleurs ; les cas analogues ne manquent pas pour prouver que les pires contraintes peuvent être intérieures[1].

Récapitulons à nouveau, mais en ajoutant du même coup, et en précisant aussi davantage certains points. Les Grecs faisaient observer que « si l'homme, à son point de perfection, est le meilleur des animaux, il est aussi, quand il rompt avec la loi et avec la justice, le pire de tous »[2]. *Corruptio optimi pessima,* la corruption du meilleur est la pire. Pour peu qu'on soit éveillé aux atrocités nazies, au Goulag, à la course effrénée aux armes de mort, et à tant d'autres exemples encore plus récents de l'ordre de ceux que nous évoquions, on ne serait guère enclin de nos jours à nier qu'en effet l'être humain puisse s'avérer *pessimum omnium animalium* — de tous les animaux le pire. Et pourtant, les exemples de la contrepartie, d'héroïsme et de sainteté, ne manquent pas non plus. « La plus profonde difficulté de toute la doctrine de la liberté », écrit Schelling, réside en ceci qu'elle est « un pouvoir du bien et du mal ».

Car l'être humain est investi de ce que Pascal appelle, dans un contexte différent, « la dignité de la causalité »[3]. Or cet être se découvre aux prises avec une contrariété entre ses désirs et sa raison, entre sa perception immédiate, produit de sa connaissance sensible, et son appréhension de l'avenir, que son intelligence — sans parler de son angoisse — lui permet d'anticiper. Nos intelligences nous incitent à résister, en raison de l'avenir, cependant que nos désirs nous poussent à obéir à l'attirance de l'immédiat sensible qui a, pour nos sens, l'aspect d'un absolu.

---

1. Voir Isaiah Berlin, Two Concepts of Liberty, in *Four Essays on Liberty,* Oxford University Press, 1969, p. 118-172 ; trad. franç. citée *supra,* au chap. I : *Éloge de la liberté* ; et Charles Taylor, What's Wrong with Negative Liberty, in *Liberty,* éd. David Miller, Oxford University Press, 1971, p. 141-162.
2. Aristote, *Politique,* I, 2, 1253 *a* 31-33. Cf. Platon, *Lois,* VI, 766 *a* ; et *Rep.* VI, 491 *d.*
3. F. W. J. Schelling, *Recherches philosophiques sur l'essence de la liberté humaine et les sujets qui s'y rattachent* (1809), trad. Jean-François Courtine et Emmanuel Martineau, in *Œuvres métaphysiques (1805-1821),* Paris, Gallimard, 1980, p. 139 (*SW,* VII, p. 352) ; Pascal, *Pensées,* B 513, L 930.

Une autre manière d'exprimer la même chose est de dire, avec la tradition : « Il y a en l'homme deux réalités. » Ainsi parle Platon : « Quand, simultanément, par rapport au même objet, il se produit dans l'homme des impulsions contraires, c'est, disons-nous, que nécessairement il y a en lui deux tendances. » « In homine duo sunt, scilicet natura spiritualis, et natura corporalis » (Thomas d'Aquin). « Zwei Seelen wohnen, ach, in meiner Brust, Die eine will sich von der andern trennen » (Faust). « Même si, en nous, l'homme extérieur va vers sa ruine, l'homme intérieur se renouvelle de jour en jour » (saint Paul). Comme l'a montré Coomaraswamy, dans les sagesses de toutes les nations, pour ainsi dire, on trouve des affirmations analogues ; notamment dans « toute notre tradition métaphysique, chrétienne et autre », y compris « le Vedânta, le bouddhisme, l'Islam et en Chine ». Mais l'énoncé le plus clair et le plus connu reste probablement le suivant : « Moi qui veux faire le bien, je constate donc cette loi : c'est le mal qui est à ma portée. Car je prends plaisir à la loi de Dieu, en tant qu'homme intérieur, mais, dans mes membres, je découvre une autre loi qui combat contre la loi que ratifie mon intelligence ; elle fait de moi le prisonnier de la loi du péché qui est dans mes membres. Malheureux homme que je suis ! Qui me délivrera de ce corps qui appartient à la mort. (...) Me voilà donc à la fois assujetti par l'intelligence à la loi de Dieu et par la chair à la loi du péché. »[1]

Bref, ce n'est que dans la mesure où il est délivré du joug de la contrariété en lui que l'être humain peut faire le bien qu'il désire. Liberté implique libération de toute contrariété. Les mots déjà le révèlent : en grec *luô*, qui signifie d'abord « délier » (comme dans les expressions « délivrer quelqu'un de ses liens », « délier le joug », « dégager de ses entraves »), puis « lâcher », « laisser aller », et ensuite « mettre en liberté, délivrer, affranchir », par exemple « faire sortir quelqu'un de prison », « délivrer de la souffrance, de maladies pénibles ») ; semblablement *eleutherõ*, « délivrer », « affranchir », de même que le latin

1. Respectivement, Platon, *République*, X, 604 *b* ; cf. IV, 439 *d-e* ; saint Thomas, *Summa theologiae*, IIa-IIae, q. 26, a. 4 ; cf. *In II ad Corinthios*, lect. V, n. 146-147 ; Goethe, *Faust I*, v. 1112-1113 : « Deux âmes, hélas ! habitent en ma poitrine ; / L'une aspire à se séparer de l'autre » (trad. Henri Lichtenberger) ; saint Paul, 2 *Corinthiens* 4, 16-17 (trad. TOB) ; A. K. Coomaraswamy, *Selected Papers* 2 : *Metaphysics*, Princeton, 1977, p. 24 ; saint Paul, *Romains*, 7, 21-24 (trad. TOB).

liberare ; et, en sanskrit, *dvandvau vimuktah,* témoin ces paroles de la *Bhagavad Gîtâ* : « Affranchis de l'orgueil et de l'illusion, victorieux du vice de l'attachement, toujours préoccupés du Soi, ceux qui se sont débarrassés des désirs, délivrés *(vimuktah)* des couples de contraires *(dvandva)* — plaisir, douleur, etc. — accèdent à l'immuable » ; ou encore, celles-ci : « Qui a surmonté les couples des contraires, guerrier aux grands bras, se libère facilement, en effet, du lien. »[1]

Ainsi, du même coup, apparaît un des traits les plus caractéristiques de l'être humain, le désir de dépasser, transcender — *aufheben* encore —, d'une manière ou d'une autre, cette condition de contrariété et de scission interne. L'homme, dit excellemment Eric Weil, « est toujours conditionné, dans la condition ; mais il est en même temps au-delà de toute condition, ne serait-ce que par le désir d'un autre état de choses (...) C'est l'infini de la liberté qui introduit l'idée de l'infini et celle, équivalente, de la totalité, en permettant à l'homme de s'opposer au donné quel qu'il soit et à tout le donné en sa totalité ; il n'y a rien qu'il ne puisse nier, à condition qu'il soit prêt à en payer le prix, qui peut être le prix absolu : la réalité apparaît comme la somme de tout ce qui peut être nié »[2].

Nous retrouverons le thème de la contrariété, ou coercition, interne, au chapitre sur l'amitié, et celui du dépassement de la totalité au prochain chapitre, sur le sens du sens. Mais il nous faut d'abord nous attarder à nouveau sur l'intelligence, on verra vite pourquoi.

6 / L'INTELLIGENCE

Nous avons utilisé plus haut, à propos du *génie* de Kepler, l'expression *germer* dans son esprit. Ces mots ou expressions sont courants et traduisent un aspect capital de la pensée : elle est une forme de vie avant toute chose. Le génie *engendre* ; de même, à leurs niveaux, l'in-

---

1. *La Bhagavad Gītā,* trad. A.M. Esnoul et O. Lacombe, Paris, Seuil, coll. « Points Sagesse », 1976 ; respectivement, Chant XV, 5 ; Chant V, 3.

2. Eric Weil, De la réalité, in *Essais et conférences,* Paris, Plon, 1970, p. 311-313.

géniosité, l'ingénieur ; les mots analogues abondent et il ne faut pas craindre de s'en étonner. L'expérience le montre assez, l'acte fondamental de la pensée est celui de *concevoir* ; d'où les termes « conception », « concept », et le reste ; ou, à l'inverse, le lien entre l'impossible et l' « inconcevable », c'est-à-dire l'inengendrable. Edgar Morin sait gré à Jean-Louis Le Moigne d'avoir récemment mis en relief ce thème du passage au conçu, et définit la conception comme « l'engendrement, par un esprit humain, d'une configuration originale formant unité organisée »[1].

On sait que, chez Platon déjà, ce thème de l'enfantement de *logoi,* au double sens du terme — paroles intérieures d'abord, puis leurs expressions extérieures, « la manifestation de la propre pensée par le courant qui sort de la bouche » (*Théétète,* 206 *d*) —, est partout présent. La « pensée » *(dianoia)* est « ce dialogue intérieur que l'âme entretient, en silence, avec elle-même » (*Le Sophiste,* 263 *e*). Quand elle pense, l'âme ne fait « rien d'autre que dialoguer, s'interrogeant elle-même et répondant, affirmant et niant » (*Théétète,* 189 *e* - 190 *a*). Le véritable ami de la connaissance « serait naturellement porté à combattre pour atteindre ce qui est réellement » ; il « irait de l'avant et ne laisserait pas son amour *(tou erōtos)* s'atténuer ni prendre fin avant d'avoir touché la nature de chaque chose qui est, en elle-même, avec la partie de l'âme avec laquelle il appartient de s'attacher à une telle réalité ; or cela appartient à l'élément qui en est parent ». Après « s'être ainsi approché de ce qui est réellement, et s'y être uni, après avoir dans cette union engendré intelligence et vérité, il aurait la connaissance, et en même temps la vie et la nourriture véritables » (*République,* VI, 490 *a-b*)[2].

Il n'empêche que les pages les plus connues de Platon à cet égard soient sans doute celles du *Théétète* (148 *e* - 151 *d*) consacrées à la « maïeutique » — l'art de faire « accoucher » les esprits. Or un moyen essentiel de cet art, c'est l'ironie, soit socratique, soit à vrai dire platonicienne à l'endroit du lecteur. Nous voici reconduits à « l'esprit ». La

---

1. Edgar Morin, *La méthode III, La connaisance de la connaisance / 1 Anthropologie de la connaissance,* Paris, Seuil, 1986, p. 186-187.
2. Nous avons cité les traductions suivantes : *Théétète,* trad. Michel Narcy, Paris, GF-Flammarion, 1994 ; *Le Sophiste,* trad. Nestor-Luis Cordero, Paris, GF-Flammarion, 1993 ; *La République,* trad. Pierre Pachet, Paris, Gallimard, coll. « Folio », 1993.

principale raison de l'efficacité du discours d'Antoine dont nous parlions est, à coup sûr, le fait que la foule ait été amenée à découvrir d'elle-même, pour ainsi dire, le sens caché, au lieu de se le faire imposer ; ce sens lui appartient maintenant. Quintilien a une belle expression pour expliquer l'effet d'une figure consistant à faire entendre quelque chose d'autre, qui est caché : *aliud latens et auditori quasi inveniendum* : l'auditeur est obligé de découvrir lui-même ce qui est inapparent[1].

Or telle est toujours, d'une certaine manière, la pensée humaine. *Concevoir*, c'est enfanter des *concepts* qui se traduiront en paroles, en *logoi* ou « verbes intérieurs » ; sauf dans le psittacisme, le verbe extérieur, le *logos* ou la parole en ce sens, est toujours précédé d'un « vouloir-dire »[2]. Le premier modèle pour comprendre l'activité de l'esprit est forcément, non pas des artefacts qui n'en sont de toute manière qu'un produit externe, mais plutôt la vie même, en ses manifestations les plus caractéristiques, telle la génération. Il y a ici bien plus que de simples métaphores. Nous l'avons vu à propos du mot « culture », les formes de vie, ou les activités vitales, n'ont pas de meilleur étalon qu'elles-mêmes ou leurs semblables, selon l'observation que nous citions de Goethe. Or l'activité de penser est, comme celle d'aimer, vie par excellence — on ne peut plus éloignée, par conséquent, des modèles artificiels possibles ; c'est au reste sa propre créativité, ou fécondité (voilà ce mot encore), qui lui permet d'inventer de tels modèles puis de les rejeter pour de meilleurs dont le caractère cependant de plus en plus manifestement inadéquat mettra de mieux en mieux en relief l'importance de revenir plutôt au modèle vital,

---

1. Quintilien, *Institution oratoire* IX, II, 65 ; sur l'ironie, VIII, VI, 54-59, mais surtout IX, II, 44-46. Les déterminations de Quintilien sur l'ironie ont été ensuite reprises telles quelles jusqu'à ce jour : cf. Gregory Vlastos, Socratic Irony, in *Socrates, Ironist and Moral Philosopher*, Cornell University Press, 1991, p. 21-44. Voir aussi Roland Barthes, L'ancienne rhétorique, in *L'aventure sémiologique,* Paris, Seuil, 1985, p. 85-164. Sur l'ironie socratique et l'ironie platonicienne, cf. Léo Strauss, *La cité et l'Homme,* trad. Olivier Berrichon-Sedeyn, Paris, Agora, 1987, p. 70-73.

2. Le thème du verbe intérieur remonte au moins à Platon, comme nous venons de le voir (sans doute même au *logos* d'Héraclite), et se retrouve chez les Pères de l'Eglise, en particulier saint Augustin. Sur sa place aujourd'hui, voir Jean Grondin, *L'universalité de l'herméneutique, op. cit.,* IX-XI. Pour une explication claire et nuancée voir saint Thomas d'Aquin, Q. D. *De Veritate,* q. 4, a. 1 ; *Super Evangelium S. Joannis Lectura,* lectio 1.

comme vient d'en témoigner Hilary Putnam en sa critique de certaines de ses propres vues antérieures[1].

L'intelligence est généralement perçue comme dépassant les apparences souvent trompeuses ; on est intelligent quand on ne s'arrête pas « bêtement » à la surface, sachant mieux évaluer ce qui trop souvent échappe. La sagesse inscrite dans la langue ordinaire le confirme. Le verbe français « penser » vient du latin *pensare,* signifiant proprement « peser, juger », et fréquentatif de *pendere,* « peser » — ce qui suggère d'emblée un rapport significatif à la réalité. Le poids appartient en effet aux choses, il aide à les jauger : « valoir son pesant d'or », dit-on ; ou « tout bien pesé », pour « après mûre réflexion » ; ou « peser le pour et le contre », la considération des opposés étant essentielle à un jugement « objectif ».

« Intellect » ou « intelligence » sont tout aussi instructifs, provenant du latin *intelligere* : soit « lire dedans, à l'intérieur » *(intus-legere),* soit « lire parmi » *(inter-legere),* selon les préférences des étymologistes[2]. On a beau scruter les caractères d'un texte qu'on a sous les yeux, on ne voit pas l'essentiel si on ne sait pas lire ; de même l'être dépourvu d'intelligence, face à la nature, les choses devant lui ou à sa portée, les autres, lui-même. Qui sait lire déchiffre, discerne, parmi la diversité des signes, l'unité donnant sens et la dégage, reconnaissant un ordre invisible mis là pour lui, mais inexistant aux yeux de l'analphabète. Analogiquement, l'être intelligent sait *lire.*

Le grec, pour finir, n'est pas moins éloquent. Parmi les tout premiers sens du mot *nous* (νοῦς : « intellect ») qu'on a pu relever, contentons-nous de ceux qu'a marqués Kurt von Fritz. Tout comme Schwyzer, il fait remonter *nous* à la racine originelle *snu* signifiant « flairer », « pressentir »[3]. Pour von Fritz, *nous* a dès Homère le sens fondamental

---

1. Hilary Putnam, *Words and Life, op. cit.,* p. 391-459.

2. Sur d'autres connotations importantes de *legere* (et du grec *legein*) — notamment, mais pas uniquement, « cueillir », « rassembler » —, voir Martin Heidegger, *Qu'appelle-t-on penser ?,* trad. A. Becker et G. Granel, Paris, PUF, coll. « Epiméthée », p. 192 ; cf. 184 sq., 190 et 256 sq. ; et *Essais et conférences,* trad. A. Préau, p. 251 sq. ; pour d'autres rapprochements suggestifs, mais avec la langue allemande cette fois, voir p. 237 et 149.

3. Cf. Kurt von Fritz, Nous and Noein in the Homeric Poems, in *Classical Philology,* 38 (1943), p. 79-93 ; E. Schwyzer, Beiträge zur griechischen Wortforschung, in *Festschrift Paul Kreischmer,* New York, 1926, p. 244-251 ; mais voir aussi Douglas G. Frame, *The Origins of Greek Nous,* thèse de doctorat, Harvard University, avril 1971.

d'une prise de conscience soudaine, à l'occasion d'une perception, d'une situation importante à grand impact émotif. Réaliser par exemple que cette personne apparaissant sous les traits d'une vieille femme est en réalité la déesse Aphrodite : il ne s'agit pas d'une constatation plus claire de sa figure externe mais bien d'une saisie de sa vraie nature au-delà de l'apparence. Ou encore voir soudain que cet homme qui avait l'air d'être mon ami est en réalité l'ennemi. « La prise de conscience de la vérité vient toujours comme une intuition soudaine : la vérité est soudainement "vue". »[1]

On aura compris que nous parlons de l'intelligence plutôt que de la raison. Les deux se confondent assurément souvent, mais on gomme à tort la différence qu'Aristote lui-même, tout fondateur qu'il ait été de la logique, ne perdait jamais de vue. Le mot *kenos*, « vide », est fréquemment associé par Aristote au mot « logique » ou à un de ses synonymes — les formules habituelles étant : « logique et vide », « dialectique et vide »[2]. Quel sens donner à ces connotations péjoratives du mot « logique », qui vient pourtant de *logos* ? C'est qu'il arrive qu'il y ait « raisonnement *(logos)* sur des mots, mais pensée de rien *(noein de mêden)* » ; on ressemble alors à un aveugle de naissance « raisonnant » (ou plus exactement, « syllogisant ») sur des couleurs[3]. Voici donc une opposition très nette, non équivoque, entre « raisonnement » ou « discours » *(logos)* et « pensée » ou « intelligence » *(nous)*. Le *nous* de ceux qui s'adonnent à ces prétendus « raisonnements » est « vide », ils ne pensent pas ; « présents ils sont absents », selon le mot d'Héraclite (DK 22 B 34).

La question se précise. Qu'est-ce alors que cette « intelligence », ou « pensée », en l'absence de laquelle il risque de n'y avoir plus que des discours creux et faux ? On le voit, pareille préférence pour l'intelligence n'implique nullement un mépris de la logique véritable ; il veut au contraire lui accorder tout son dû, qui dépend justement de l'acti-

---

1. Cf. Kurt von Fritz, Nous, Noein and their Derivatives in Presocratic Philosophy (Excluding Anaxagoras), in *Classical Philology,* 40 (1945), 223-242 ; 41 (1946), 12-34.

2. Cf., par exemple, *Éthique à Eudème,* I, 6, 1216 *b* 40 - 1217 *a* 4, et I, 8, 1217 *b* 21 ; *De Generatione Animalium,* II, 8, 748 *a* 8 ; *De Anima,* I, 1, 403 *a* 2, puis 24 sq. ; voir aussi *Métaphysique* A, 9, 991 *a* 20-22 ; 992 *a* 28 ; Z, 4, 1029 *b* 13 ; Λ, 1, 1069 *a* 26-28 ; M, 4, 1089 *b* 25 ; *Éthique à Nicomaque,* II, 7, 1107 *a* 30.

3. Aristote, *Physique,* II, 1, 193 *a* 8-10.

vité préalable de l'intelligence. « Si Kafka veut exprimer l'absurde, c'est de la cohérence qu'il se servira » (Camus). « Le fou n'est pas celui qui a perdu sa raison. Le fou est celui qui a tout perdu sauf sa raison » (Chesterton)[1].

On ne peut considérer cette question sans en poser une autre, préalable : qu'est-ce que connaître ? Edgar Morin a raison : « Nous avons un besoin vital de situer, réfléchir, réinterroger notre connaissance (...). »[2] L'intelligence humaine présuppose les autres formes de connaissance en nous ; mieux, dans les excellents termes de Hilary Putnam, « la question qui ne nous quitte pas, c'est *combien de ce que nous appelons intelligence présuppose le reste de la nature humaine* »[3]. Déjà le toucher, le plus humble, semble-t-il, de nos sens, connaît dans la mesure où il n'est pas possessif et ne s'approprie pas totalement les déterminations qu'il reçoit. Si infime que soit son détachement, il est alors « objectif ». Pour reprendre l'exemple effleuré au chapitre III, l'étonnant c'est le fait que par mon toucher je sois à la fois moi-même et le froid *de cette eau-ci* dans laquelle je plonge la main ; le bâton refroidi n'est toujours que lui-même, comme d'ailleurs ma main elle-même une fois engourdie par le froid : elle ne « se sent plus » parce qu'elle ne sent plus l'autre. La possessivité de la matière est facile à constater. Il est évident qu'une chose matérielle accapare les déterminations qu'elle reçoit, *une à une* comme *sienne*. Bref, même la chose matérielle la plus « subtile » est opaque, car elle ne peut être que soi, cependant que l'être connaissant s'avère, en tant que tel, à la fois soi-même et l'autre. L' « intentionnalité » de la connaissance — dont on dispute plus encore aujourd'hui que naguère ou jadis — ne veut rien dire si elle ne signifie pas au moins cela au départ.

Arrêtons-nous un moment à un exemple classique par excellence. Soit notre perception de ce bâton ou cette rame dans l'eau, qui paraissent invariablement courbés. Jamais notre œil ne pourra faire que la ligne de la rame dans l'eau lui apparaisse droite, quelque effort que

---

1. Albert Camus, *Le mythe de Sisyphe,* Paris, Gallimard, 1942, p. 179 ; G. K. Chesterton, *Orthodoxie,* trad. Anne Joba, Paris, Gallimard, coll. « Idées », 1984, p. 27.
2. Edgar Morin, *La connaissance de la connaissance, op. cit.,* p. 10.
3. Hilary Putnam, Artificial intelligence : Much ado about not very much, in *Words and Life, op. cit.,* p. 391-402 : « The question that won't go away is *how much of what we call intelligence presupposes the rest of human nature* » (p. 398 ; c'est l'auteur qui souligne).

nous fournissions. Non seulement savons-nous qu'elle *est* droite — notre main le confirmera — et que dès lors la courbe n'est qu'*apparente,* mais la relativité de la perception sensible, et l'opposition entre la rame apparente (en votre œil) et la rame réelle (avec laquelle vous ramez) sont saisies comme autant d'évidences. Notre intelligence paraît chercher d'emblée la vérité « objective », au-delà des apparences, tout en tenant compte de celles-ci. Le discernement entre courbe et droit implique une saisie simultanée de ces deux opposés. Mais le discernement de l'autre opposition de contrariété impliquée dans cet exemple est nettement plus vital, savoir : l'opposition entre « illusion » et « réalité », « fausseté » et « vérité ». C'est là sans doute une des manifestations les plus propres de notre intelligence. Cet or apparent est en réalité de l'or faux ; la vraie nature de cet ami apparent est celle d'un ennemi.

Dussé-je dès lors me demander quel est mon vrai moi, je serai obligé de concéder que ce n'est pas tant « l'homme empirique », qui perçoit des bâtons apparemment courbes dans l'eau, mais bien plus celui qui cherche à connaître la vraie nature non seulement du bâton mais de lui-même. La question de la vraie nature de l'homme — en tant que distinct de l'homme simplement empirique — n'est elle-même possible qu'en raison de l'intelligence. Prétendre le contraire — que l'homme, par exemple, n'*est* rien de plus que ce qu'il *paraît* être — est déjà prétendre à une vérité, ce qui trahit la présence d'un esprit, d'une intelligence.

On le voit, nous ne pouvons nous passer de vérité, nous empêcher de tenter constamment d'adapter nos intelligences à *ce que sont* les choses, ce qui inclut évidemment notre propre essence et notre être propre, la quête d'identité, d'authenticité, autant d'aspects s'opposant à « avoir ». La *persona* au sens originel de masque, d'homme extérieur, apparent, fait manifestement partie de notre être, pour qui jouer un rôle est essentiel à l'échange social. Mais l'autre visage, celui de la pensée critique sans cesse à la recherche de vérités de toutes sortes, et celui de ce qui en nous a tellement soif de liberté, en fait aussi partie.

Or que la pensée soit matérielle, avons-nous vu, est une impossibilité. Si elle l'était, un contraire s'y trouvant, l'autre serait aussitôt expulsé ; considérant la cécité, je deviendrais aveugle. Ou encore, considérant maladie, force me serait d'oublier santé ; autant dire que je ne pourrais non plus connaître la maladie, puisque, contraire négatif de santé, elle ne peut se définir sans cette dernière.

Il y a bien plus encore. Capable de tenir ensemble, pour ainsi dire, les extrêmes opposés, les contraires, la pensée connaît d'une certaine manière, de ce fait, tous les intermédiaires, et l'on s'aperçoit vite qu'elle est à même de contenir en quelque sorte *toutes choses* — πάντα ne cessent de dire les Présocratiques déjà, notamment Héraclite mais aussi Anaxagore. Sous l'aspect d'être et de non-être, si imparfaitement que ce soit, notre pensée embrasse tout. Le « je ne sais rien » de Socrate « désigne par ce *rien* précisément la totalité de l'être considéré en tant que vérité » (Sartre). « La pensée du "tout" ne nous lâche pas »..., car « c'est la destinée curieuse de notre humaine raison d'être troublée et accablée sans cesse par la pensée de la totalité de tout ce qui existe »[1].

Il n'est pas étonnant dès lors que la pensée soit insaisissable, comme nous l'avons constaté à plusieurs reprises et dès le début. Elle ne peut s'atteindre elle-même qu'en constatant son rapport aux choses et à leurs natures, à la totalité de ce qui est, à l'être en ce sens. C'est au reste ce rapport même que nous appelons vérité, fausseté.

De là ces énoncés extraordinaires d'Aristote dont on n'a pas encore su épuiser toute la portée, touchant l'intelligence elle-même, l'*epistêmê* ou « science », et enfin l'âme. Après avoir répété à deux reprises, « la science en acte est identique à la chose », Aristote affirme même : « D'une manière générale, l'intellect en acte est identique aux choses », au point que « l'âme est en quelque sorte tous les êtres ». Aussi l'âme, dira-t-il plus loin, se compare-t-elle à la main (comme nous le rappelions nous-même à la fin du chapitre précédent) : « Comme la main est un instrument d'instruments, l'intellect à son tour est forme des formes, tandis que le sens est forme des qualités sensibles. »[2] Le seul *autre* que chacun de nos sens reçoit, c'est son objet spécifique (l'œil ne reçoit point comme tel le son) : le visible, l'audible, etc. Ainsi, sous le rapport exact sous lequel il est apte à atteindre toutes choses au moins

---

1. Respectivement, Jean-Paul Sartre, *L'être et le néant,* Paris, Gallimard, 1943, p. 51 ; Henri Atlan, *A tort et à raison. Intercritique de la science et du mythe,* Paris, Seuil, coll. « Points », 1986, p. 335, citant Eugen Fink, *Le jeu comme symbole du monde.*
2. Respectivement, Aristote, *De Anima,* III, 5, 430 *a* 19-20 ; et 7, 431 *a* 1-2 ; III, 7, 431 *b* 17 ; III, 8, 431 *b* 21 ; 432 *a* 1-3 (trad. Barbotin pour la dernière citation).

sous formes de questions, l'intellect humain doit être obligatoirement dégagé des conditions de la matière. La moindre matérialité rendrait impossible son être même, obstruant, empêchant l'être de l'autre, comme nous l'avons constaté à propos des contraires ; or il n'est pas d'être matériel sans contrariété, avons-nous vu également.

C'est au reste ce que rendent si bien les sagesses orientales et occidentales, et la littérature mystique, en parlant de « vide », de « vacuité », de « rien », de « néant », et le reste, où il faut bien entendu comprendre autant de négations de la matérialité — et de toute autre forme d'obstacle, d'ordre affectif ou autre. Il y a ici un immense sujet auquel nous ne pouvons malheureusement que faire allusion, mais qui illustre à nouveau la puissance de la connaissance négative et le dépassement qu'elle rend possible : l'immatériel, l'incorporel, le spirituel sont, à parler strictement, « inimaginables »[1].

Qu'on adhère ou point à une perspective de type aristotélicien, la question de l'intentionnalité demeure inesquivable. Dans les termes imagés de Hilary Putnam, le « problème de l'intentionnalité », c'est « le problème de savoir comment ou bien l'esprit ou bien le langage s'accroche au monde ». La thèse d'Aristote mérite à ses yeux la plus grande considération, comme celle de Wittgenstein qui en est très proche et formulée aussi en termes de formes (cf. *Tractatus*, 2.18). Ils partagent une intuition commune, selon Putnam, savoir : « L'esprit ou le langage ne pourrraient pas s'accrocher au monde si ce à quoi on s'accroche n'avait pas une forme intrinsèque, ou inscrite en lui. » Rejeter ce qu'on appelle parfois le « réalisme métaphysique » en le qualifiant d'inintelligible suppose des critères d'intelligibilité autres que ceux des sens — car alors, il faudrait dire plutôt qu'on ne parvient pas à s'imaginer l'intelligible, ce qui va de soi — et de toute manière suppose, comme le relève Putnam contre Rorty, qu'on a compris ce qui est dit : un flagrant délit de contradiction. Il est clair que le problème de la connaissance doit être réexaminé en profondeur et que le dualisme moderne cherchant à réduire l'intentionnel au non intentionnel est voué à l'échec, car il s'évade dans un pôle et esquive donc tout à

---

1. Voir *Le vide, expérience spirituelle en Occident et en Orient*, in *Hermès*, 6, Paris, 1969 ; et parmi les grands textes classiques : Lao-tseu, *Tao-tö king*, XI.

fait la question qui ne s'en ira jamais de la relation entre le connaissant et le connu[1].

Ce que suggèrent les propos qui précèdent et qui est implicite depuis un bon moment, c'est l'accès de la pensée au réel — à la *res* ou la « Chose » *(die Sache)* insiste avec force cet « idéaliste » de Hegel en des pages remarquables. Un des énoncés fondateurs de la pensée occidentale est le suivant, de Parménide, *tauton d'esti noein kai houneken esti noêma* : « La pensée et ce à dessein de quoi il y a pensée est le même », ajoutant un accent téléologique à cet autre énoncé parallèle : *to gar auto noein estin te kai einai* : « Penser et être sont en effet le même. »[2]

Nous voilà reconduits à l'étonnement premier de nos vies, où l'enfant est maître : prodige des prodiges, que les choses *soient*! Pourquoi le monde et nous-mêmes sommes-nous ainsi plutôt qu'autrement, pourquoi existons-nous? Tout cela pourrait ne pas être, il pourrait n'y avoir que néant et ténèbres au lieu de l'herbe verte, la neige blanche et le soleil éblouissant. Egalement fondatrice est la question de Socrate : *ti esti* : qu'*est*-ce? De l'enfant humain aussi bien : « c'est quoi ça? » Elle vise la nature de chaque chose et suppose donc l'appréhension de leur unité, de l'un en ce sens. Elle vise de même l'utile et le juste : à quoi cela sert-il? Pourquoi ne pas prendre le bien de l'autre? Mais nous demandons aussi : *pourquoi y a-t-il de l'étant et non pas rien?,* à la manière des Présocratiques ou de Leibniz. Et, dans le sillage des Grecs, *ti to on*; « qu'est-ce que l'étant? », ou même : « qu'est-ce que l'être? ».

A vrai dire, l'être humain se définit sans doute le mieux comme un être questionnant. De nombreuses questions s'ajoutent à celles que nous venons de poser, certaines témoignant davantage encore, peut-être, de sa noblesse. Outre la question de l'être, il y a celle de l'amour, celle aussi de Dieu — voire celle du sens du sens qui les contient toutes d'une certaine manière et qui sera le thème de notre prochain chapitre.

---

1. Cf. Hilary Putnam, Aristotle after Wittgenstein, in *Words and Life, op. cit.,* p. 62-64; et l'introduction de James Conant, p. XI-LXXVI. Voir en outre les deux collectifs *Essais sur le sens et la réalité,* éd. Daniel Laurier, Montréal-Bellarmin, Paris-Vrin, 1991, et *Essais sur le langage et l'intentionalité,* éd. D. Laurier et F. Lepage, Montréal-Bellarmin, Paris-Vrin, 1992.
2. Cf. Hegel, la préface de la deuxième édition de l'*Encyclopédie des Sciences philosophiques*; et Parménide, DK 28 B 8, l. 34 et B 3, trad. J. Beaufret.

V

Le sens du sens

« Un solo pensamiento del hombre vale más que
todo el mundo ; por tanto sólo Dios es digno de él. »
(Saint Jean de la Croix.)

1 / LA QUESTION DE DIEU

Dieu est la *question* par excellence, englobant et dépassant à la fois
toutes les autres, présente aux esprits les plus modestes comme aux
plus raffinés — quelquefois à leur insu, ou de manière négative —,
urgente en tout temps et à toute époque. « Le principe des principes et
le pilier des sciences, c'est de connaître qu'il y a un Etre premier et que
c'est lui qui impartit l'existence à tout ce qui existe » (Maïmonide).
Dieu « est le point d'où tout part et où tout a sa fin ; tout a en lui son
origine et tout revient vers lui » (Hegel). Il est « ce qui concerne absolument l'homme » (Tillich). « Dieu » est « la parole la plus chargée des
paroles humaines » (Buber). Ce mot désigne « tout ce que nous atten-
dons », disait saint Augustin, en une sorte d'écho de la phrase qui
annonce et résume ses *Confessions* : « Tu nous as faits pour toi et notre
cœur est inquiet tant qu'il ne repose pas en toi. »[1] Rien de plus aisé, et

---

1. Cf. San Juan de la Crux, *Dichos de luz y amor*, 34 ; « Une seule pensée de l'homme est
plus précieuse que tout l'univers ; d'où vient que Dieu seul en est digne » (Moïse Maïmonide, *Le
livre de la connaissance*, chap. 1, trad. franç., Paris, PUF (1961), coll. « Quadrige », 1990, p. 29) ;
G. W. F. Hegel, *Leçons sur la philosophie de la religion*, 1re partie, *Notion de la religion*, trad. J. Gibelin, Paris, Vrin, 1959, p. 10 ; Paul Tillich, *Systematische Theologie I*, Stuttgart, 1956, p. 21 ;
cf. 251 sq. ; Martin Buber, *Begegnung. Autobiographische Fragmente*, Stuttgart, 1961, p. 43 ; Augustin, *In Primam Epistolam Ioannis*, tract. IV, 6 ; *Confessions, 1,* I, 1. Pour un parcours utile du thème,
voir Wilhelm Weischedel, *Der Gott der Philosophen. Grundlegung einer Philosophischen Theologie im
Zeitalter des Nihilismus*, Band 1 et 2, Darmstadt, DTV, 1971. Cf. aussi Walter Schulz, *Le Dieu de
la métaphysique moderne*, trad. J. Colette, Paris, CNRS, 1978 ; et P.-J. Labarrière, *Dieu aujourd'hui*,
Paris, Desclée, 1977.

pour cause, que d'allonger indéfiniment la liste de témoignages analogues, de différentes traditions, touchant la recherche de l'absolu.

Mais Dieu constitue donc aussi, du même coup, le plus complexe et le plus exigeant des défis posés à la pensée humaine — à la manière, dans un autre ordre, de cette « cime montagneuse ordinairement voilée par les nuages », à laquelle Karl Popper aime comparer la « vérité objective ou absolue », dont l'existence ne se trouve pas plus affectée par notre ignorance, dit-il, que ne l'est l'existence objective de la cime du fait qu'un alpiniste puisse être impuissant à l'atteindre ou à la distinguer d'un sommet secondaire[1]. Le mot *question* évoque d'emblée le vieux français *queste,* ou l'anglais *quest,* c'est-à-dire la *quête* — comme dans « la quête du Graal », par exemple, ou tout simplement du « sens de la vie ». Du verbe original latin *quaerere,* « chercher, rechercher », c'est l'espagnol qui semble rendre le mieux l'essence : *querer* y signifie « vouloir, aimer ». Toute question authentique imprime une direction précise au *désir* de découvrir, de « savoir », et implique la reconnaissance qu'on se trouve à distance, souvent encore très lointaine, du terme de la démarche. « Pour savoir questionner — écrit excellemment Gadamer, citant l'exemple de Socrate — il faut vouloir savoir. Or cela signifie : savoir qu'on ne sait pas. »[2] On entrevoit sans peine que ces deux traits essentiels du questionnement humain, le désir et le non-savoir, découvrent en *Dieu* leur apogée.

2 / ATHÉISME

Si l'indifférence affichée par certains trahit plutôt, comme nous le verrons, la difficulté de notre question, l'athéisme pur et dur en confirme éloquemment, en revanche, le caractère fondamental. Nietzsche a stigmatisé mieux que quiconque, autant la « mort de Dieu » que l'indifférence face aux questions premières. Les lignes que voici, pressentant les conséquences nihilistes de l'athéisme, sont tirées de son

---

1. Cf. Karl R. Popper, *Conjectures et réfutations. La croissance du savoir scientifique,* trad. Michelle-Irène et Marc B. de Launay, Paris, Payot, 1985, p. 335.
2. Hans-Georg Gadamer, *Vérité et méthode* (1960), trad. franç., Paris, Seuil, 1976, p. 209.

texte le plus célèbre touchant la « mort de Dieu »; elles n'ont rien perdu de leur verdeur :

« *L'Insensé*. — N'avez-vous pas entendu parler de ce fou qui allumait une lanterne en plein jour et se mettait à courir sur la place publique en criant sans cesse : "Je cherche Dieu! Je cherche Dieu!" (...) Où est allé Dieu? s'écria-t-il, je vais vous le dire. *Nous l'avons tué...*, vous et moi! C'est nous, nous tous, qui sommes ses assassins! Mais comment avons-nous fait cela? Comment avons-nous pu vider la mer? Qui nous a donné une éponge pour effacer tout l'horizon? Qu'avons-nous fait quand nous avons détaché la chaîne qui liait cette terre au soleil? Où va-t-elle maintenant? où allons-nous nous-mêmes? Loin de tous les soleils? Ne tombons-nous pas sans cesse? En avant, en arrière, de côté, de tous côtés? Est-il encore un en haut, un en-bas? N'allons-nous pas errant comme par un néant infini? Ne sentons-nous pas le souffle du vide sur notre face? Ne fait-il pas plus froid? Ne vient-il pas toujours des nuits, de plus en plus de nuits? Ne faut-il pas dès le matin allumer des lanternes? (...) Dieu est mort! Dieu reste mort! Et c'est nous qui l'avons tué! Comment nous consolerons-nous, nous meurtriers entre les meurtriers! Ce que le monde a possédé de plus sacré et de plus puissant jusqu'à ce jour a saigné sous notre couteau ; ... qui nous nettoiera de ce sang? (...) La grandeur de cet acte est trop grande pour nous. Ne faut-il pas devenir dieux nous-mêmes pour, simplement, avoir l'air digne d'elle? (...) »[1]

Dieu étant mort, en somme, il ne resterait plus à l'homme qu'à mourir également. Tout serait à refaire, à créer à neuf. De là la théorie nietzschéenne de l'avènement nécessaire d'un surhomme, nouvel être divin, à vrai dire, comme on l'a relevé à juste titre[2]. Ce qui est une autre façon de marquer à quel point Dieu, nié ou affirmé, est essentiel

---

1. Nietzsche, *Le Gai Savoir*, extraits du § 125, trad. A. Vialatte; cf. aussi § 343. Sur l'athéisme moderne, voir Cornelio Fabro, *God in Exile. Modern Atheism*, trad. A. Gibson, New York, Newman Press, 1968; Walter Kasper, *Le Dieu des chrétiens*, trad. Morand Kleiber, Paris, 1985, p. 32-108 ; Dominique Folscheid, *L'esprit de l'athéisme et son destin*, Paris, Editions Universitaires, 1991. Sur la « mort du sens », voir les excellentes réflexions de J.-F. Mattéi, Platon et la modernité, in *Les Grecs, les Romains et nous* (éd. R.-P. Droit), Paris, Le Monde Editions, 1991, p. 64-88. Sur la « mort de Dieu », Xavier Tillette, *Le Christ de la philosophie*, Paris, Cerf, 1990.

2. Cf. la finale désormais classique de Michel Foucault, *Les mots et les choses*, Paris, Gallimard, 1966 ; notamment p. 353 : « (...) Nietzsche a retrouvé le point où l'homme et Dieu s'appartiennent l'un l'autre, où la mort du second est synonyme de la disparition du premier (...) », et p. 396 sq. : « (...) la mort de Dieu et le dernier homme ont partie liée (...). Puisqu'il a tué Dieu, c'est lui-même [le dernier homme] qui doit répondre de sa propre finitude; mais puisque c'est dans la mort de Dieu qu'il parle, qu'il pense et existe, son meurtre lui-même est voué à mourir ; des dieux nouveaux, les mêmes, gonflent déjà l'Océan futur ; l'homme va disparaître. » Voir aussi Martin Heidegger, Le mot de Nietzsche « Dieu est mort », in *Chemins qui ne mènent nulle part*, trad. W. Brokmeier, Paris, Gallimard, 1962, p. 173-219 ; et Gabriel Marcel, *L'homme problématique*, Paris, Aubier, 1955; en particulier, p. 26 sq.

à toute l'expérience humaine. Heidegger l'énonce à sa manière lorsqu'il dit : « Toute philosophie est théologie en ce sens originel et essentiel que la saisie conceptuelle *(logos)* de l'étant en totalité pose la question du fondement de l'être, fondement qui a pour nom *theos*-Dieu. Même la philosophie de Nietzsche par exemple — où s'énonce cette thèse essentielle : "Dieu est mort" — est précisément, et en vertu de cette thèse, "théologique". »[1] Semblablement, pourrait-on ajouter, qualifier la notion de Dieu d'absurdité, ou d'incohérence, comme le font certains « athées » contemporains, c'est nécessairement, malgré qu'on en ait, faire de la théologie[2].

Le mot clé ici c'est le mot *tout,* ou *totalité.* Non pas qu'il faille toujours formuler explicitement la question de l' « étant en totalité », pour parler le langage de Heidegger. Mais chacun doit concéder que cette question est au moins implicite en toute philosophie — comme en toute vie d'ailleurs, même si ce peut être de façon négative. Aristote rappelait en son *Protreptique* que la négation de la philosophie est elle-même de la philosophie, car elle fait appel à des arguments et suppose un examen, ce qui est philosopher. Si la philosophie et la vie humaine ont les mêmes contraires, savoir la folie, le sommeil et la mort, c'est qu'ils ne font en réalité qu'un ; pour nous, vivre c'est essentiellement être éveillé, aux différents sens de ce terme[3]. Tout être humain a une philosophie consciente ou point, sans doute parfois quelque peu fragmentaire ou non critiquée. Ici et maintenant, par exemple, chacun d'entre nous a forcément une vision plus ou moins développée de sa propre vie, du sens ou du non-sens de ce qu'il y fait, et tente ou ne tente pas de prendre en charge, sur le plan

---

1. Heidegger, *Schelling* [1971], trad. Jean-François Courtine, Paris, Gallimard, 1977, p. 94-95. Voir par ailleurs le collectif *Heidegger et la question de Dieu* (éd. R. Kearney et J. S. O'Leary), Paris, Grasset, 1980.
2. Cf. *Does God Exist ? The Debate between Theists & Atheists,* by J. P. Moreland and Kai Nielsen, New York, Prometheus Books, 1993 ; en particulier, pour l'accusation d'incohérence, p. 55 sq., 57 sq., 61, 64 sq., 66, 71, 164 sq. et *passim*.
3. Sur la négation de la philosophie, cf. Aristote, *Protreptique,* fragment 2 (Ross) ; pour le reste, voir l'excellent exposé de Rémi Brague, *Aristote et la question du monde,* Paris, PUF, 1988, p. 57-110, qui reproduit en outre de longs extraits traduits du *Protreptique.* Voir par ailleurs G. K. Chesterton, The revival of philosophy — Why ?, in *The Common Man,* Londres et New York, Sheed & Ward, 1950, p. 173-180.

pratique, son propre devenir, la totalité qui lui est accessible, laquelle suppose aussi une certaine idée de l'*autre* — femme, homme, monde, et le reste. Souvent, à coup sûr, cette vision dépasse l'immédiatement pratique et comporte une idée de ce qu'est le réel — de ce qui *est,* voire de ce qui *compte* (autrement appelé le *bien*), du bonheur : argent, pouvoir, valeurs culturelles, amitié, que sais-je ? Mais dans l'hypothèse même où semblable vision se voudrait étroitement « pragmatique », il convient de rappeler que *pragma* signifie « chose » ; quelle est donc la *pragma* du « pragmatique », où est-elle au juste, et pourquoi celle-là plutôt qu'une autre ? Bref, de telles questions sont inéluctables. Et l'est tout autant dès lors celle du fondement ou non-fondement de tout ce qu'on entrevoit : « Dieu » ou son absence. Ces mots célèbres d'Albert Camus ne manquent donc pas de profondeur : « Il n'y a qu'un problème philosophique vraiment sérieux, c'est le suicide. Juger que la vie vaut ou ne vaut pas la peine d'être vécue, c'est répondre à la question fondamentale de la philosophie. »[1] Les records de suicides chez les jeunes qu'enregistre l'Amérique du Nord leur confèrent au reste une dimension prophétique.

Car c'est sous ce jour du sens ou du non-sens que la question du tout apparaît sans doute le plus concrètement aux humains d'abord. Un excellent petit livre récent, intitulé *La lumière du rien,* le redit pour notre temps mieux que nous ne saurions le faire : « A quoi cela peut-il bien servir, finalement, ou quel sens y a-t-il à ce que nous soyons là, dans ce monde et que nous nous activions à toutes sortes de choses ? (...) Ce n'est pas pour rien que la question du sens est tellement discutée de nos jours comme une question englobante et fondamentale. (...) Car la question du sens du tout questionne précisément au sujet du *tout.* Cette question déborde, dans sa visée comme dans son point de départ, tout l'univers de la science et de la technique et tout ce qui lui appartient. On ne peut donc pas la résoudre

---

1. *Le mythe de Sisyphe,* Paris, Gallimard, 1942, p. 15. L'absurdité apparente de la vie et l'angoisse posent excellemment la question du sens ; la première, parce qu'elle prétend au non-sens ; la seconde, parce qu'elle nous fait éprouver mieux que tout autre affect la question du « rien », ou néant, pour nous : voir J. Greisch, *Ontologie et temporalité,* Paris, PUF, « Epiméthée », 1994, p. 229-236. Sur le suicide, voir T. Anatrella, *Non à la société dépressive, op. cit.,* p. 245-289.

sur cette base. (...) Il semble bien qu'on ne puisse plus du tout y
répondre à l'intérieur de ce monde et qu'elle renvoie à un domaine
qui ressemble au rien. »[1]

3 / INDIFFÉRENCE

Non moins pénétrants que ceux que nous venons de citer sur la
« mort de Dieu » sont en leur sarcasme les propos de Nietzsche vilipen-
dant le « dernier homme », pour qui sont finies les grandes questions : à
l'instar de « l'homme du ressentiment », il est de part en part pusillanime,
rapetissant tout ; il offre une cible rêvée pour cette superbe parodie de
l'*indifférence* et de ses fruits : « Malheur ! Le temps viendra où l'homme
n'enfantera plus d'étoile. Malheur ! Le temps viendra du plus misérable
des hommes, de l'homme qui ne peut plus lui-même se mépriser. Voici !
Je vous montre *le dernier homme* ! Qu'est-ce que l'amour ? Qu'est-ce que
la création ? Désir ? Etoile ? demande le dernier homme en clignant des
yeux. Puis la terre est devenue petite et dessus sautille le dernier homme,
qui rapetisse tout. Sa race est indestructible comme celle du puceron ; le
dernier homme est celui qui vit le plus longtemps. (...) On a son petit
plaisir pour le jour et son petit plaisir pour la nuit : mais on respecte la
santé. Nous avons inventé le bonheur, disent les derniers hommes en clignant les yeux. »[2]

Qui fait profession d'indifférence fuit l'éveil à sa propre vie, se fuit

1. Bernhard Welte, *La Lumière du rien,* trad. Jean-Claude Petit, Montréal, Fides, 1989,
p. 41-42. L'auteur renvoie (p. 33 sq., cf. 62) à l'analyse, par Habermas, du rationalisme dominant, à prétention souvent totalitaire, de la science et de la technique. La phrase de Pascal : « Nous
brûlons du désir de trouver une assiette ferme et une dernière base constante pour y édifier une
tour qui s'élève à l'infini ; mais tout notre fondement craque, et la terre s'ouvre jusqu'aux
abîmes » (*Pensées,* B 72 ; L 199), lui semble « la phrase qui éclaire selon moi d'une vive lumière
toute la situation moderne » (p. 44). Ajoutons que ce thème du rien, comme ceux du néant ou
du vide, a souvent favorisé les réflexions les plus fécondes sur l'être, certes, mais aussi sur le spirituel. Cf. Leslie Armour, « *Infini Rien* ». *Pascal's Wager and the Human Paradox,* Southern Illinois
University Press, 1993 ; Maurice Zundel, *Croyez-vous en l'homme ?,* Paris, Cerf, 1992 ; René
Habachi, *Théophanie de la gratuité,* Québec, Ed. Anne Sigier, 1986.

2. *Ainsi parlait Zarathoustra, Le Prologue,* 5, trad. Marthe Robert.

soi-même. « On demandait à un voyageur qui avait vu beaucoup de pays et de nations et plusieurs continents, quelle était la qualité qu'il avait partout rencontrée chez les hommes ; il répondit : une certaine propension à la paresse. » C'est elle, la paresse, qui empêche les humains « de *sentir* leur vie, grâce à la dispersion constante de leurs pensées (...) qui éparpille l'individu à tous vents », si bien qu'elle donne un aspect insolite aux questions pourtant les plus indispensables à une vie adulte, libre : « Pourquoi est-ce que je vis ? Qu'ai-je à apprendre de la vie ? » « Penser à soi » en ce sens est à vrai dire le défi à la fois le plus grand et le plus ardu[1]. Selon la définition classique, la paresse est « tristesse devant la difficulté du bien » ; les analyses d'Emmanuel Lévinas vont dans le même sens : « Elle est fatigue de l'avenir », et la « lassitude de tout et de tous » est surtout « lassitude de soi. »[2] Le moins qu'on puisse dire, en un mot, c'est que l'attitude d'indifférence fait ressortir la difficulté des questions qui nous occupent à présent. *Sed omnia praeclara tam difficilia quam rara sunt :* « mais toutes les choses excellentes sont aussi difficiles que rares », pour citer cette fois Spinoza au lieu de Platon, comme nous l'avons fait au liminaire[3].

4 / FOI

Or c'est justement cette difficulté, et plus précisément la difficulté de la question de Dieu elle-même, qu'on évoque traditionnellement pour expliquer l'utilité, voire la nécessité, de la foi. A vrai dire, il nous arrive d'oublier quelle immense part de ce que nous considérons comme du savoir est en réalité objet plutôt de foi humaine. Nous changeons d'ordinaire nos notions de géographie élémentaire en fonction non pas de

1. Cf. Nietzsche, Schopenhauer éducateur, dans *Considérations intempestives,* trad. Geneviève Bianquis, Paris, Aubier, 1966, p. 17 sq., 79 sq., 87 sq.
2. Cf. Emmanuel Lévinas, *De l'existence à l'existant,* Paris, Vrin, 1981, p. 39 et 31.
3. Spinoza, *Ethique, in fine ;* cf. Platon : *chalepa ta kala,* « le beau est difficile », in *Hippias majeur,* la dernière ligne, 304 e ; *République* IV, 435 c, et VI, 497 d ; *Cratyle,* 384 b ; *Sophiste,* 259 c ; René Char, « L'inaccompli bourdonne d'essentiel », dans Aromates chasseurs, in *Œuvres complètes,* Paris, Gallimard, « La Pléiade », 1983, p. 519-520.

vérifications sur le terrain mais bien sur la foi de géographes ou de carto-
graphes jugés mieux renseignés que les précédents et que nous-mêmes.
Et ce que d'aucuns appellent « savoir scientifique », en matière de physique ou de biologie, par exemple, se réduit fréquemment à des données
et à des hypothèses provenant d'autrui — du reste généralement très vite
périmées, au rythme où va l'évolution des sciences — sans qu'il y ait eu
de vérification (ou falsification) personnelle.

Nos vies mêmes sont en réalité bâties principalement sur des
formes semblables de confiance, *a fortiori* lorsque nous avons affaire à
de l'invisible. L'exemple favori d'Augustin est celui de l'amitié qui,
comme toutes les réalités tirant à conséquence dans la vie ordinaire,
ainsi la pensée et l'amour et toutes les réalités morales, est de soi invisible. Or les relations humaines, l'existence même de la société, dépendent d'un minimum de confiance réciproque. S'en remettre uniquement aux yeux corporels confine à la sottise : « Tes vouloirs et tes
pensers du moment, tu les vois, parce qu'ils sont dans ta conscience,
avec cette conscience ; mais, dis-moi, je t'en prie : les sentiments de
ton ami à ton égard, avec quels yeux les vois-tu ? Nul sentiment n'est
perceptible aux yeux du corps. Verrais-tu donc encore avec ta conscience ce qui se passe dans la conscience d'un autre ? Et si tu ne le vois
pas, comment se fait-il que tu paies de retour la bienveillance de ton
ami, puisque tu ne crois pas ce que tu ne peux voir ? »[1]

5 / LA RAISON AU TRIBUNAL

La foi apparaît dès lors d'autant plus nécessaire s'agissant de Dieu,
ultime invisible s'il en est. Outre la sorte d'élitisme qu'entraîne la difficulté de son approche rationnelle — seuls de rares esprits, jouissant
de loisirs considérables, pouvant s'y livrer —, il y a la brièveté de la
vie, toutes les erreurs possibles en cours de route et autres motifs
analogues. « Mais connaître Dieu par la raison est affaire considé-

---

1. Cf. saint Augustin, *De fide rerum quae non videntur*, I : *In toto*. Notre citation est tirée de I,
2, trad. J. Pégon. Voir aussi *De utilitate credendi, passim*. Pour les textes cités ici, nous utilisons
chaque fois que possible l'édition et traduction de la Bibliothèque augustinienne.

rable : crois-tu que tous soient capables de suivre les démarches rationnelles qui mènent l'esprit humain à la connaissance de Dieu, ou bien
un bon nombre, ou bien quelques-uns ? »[1] On pourrait dire aussi :
« Dieu au tribunal de la raison », suggérant une double juridiction.
Celle de la pensée — il faut bien entendre ici le mot de *raison* dans
toute la plénitude de son sens, plutôt qu'aux acceptions restreintes de
« raison argumentative » ou de « raison instrumentale » — se pronon-
çant sur l'existence ou l'unité de ce que les humains dénomment *Dieu*.
Mais aussi par conséquent l'inverse : une mise à l'épreuve des capacités
réelles de la pensée humaine, comme lorsqu'on dénonce une juridiction particulière au nom d'une autre, plus haute ou mieux qualifiée.
Tous ceux qui, au cours de l'histoire, ont voulu interdire à la raison
tout accès à Dieu, au nom d'une forme ou l'autre de « fidéisme » ou
d'intuitions privilégiées, ont ainsi fait appel de son jugement pour se
confier à une autre instance, plus élevée. Nous avons affaire à rien de
moins que la tension traversant depuis ses débuts toute l'histoire de la
question de Dieu : entre les prétentions de la raison humaine au titre
de lumière supérieure, voire suprême, au droit d'être considérée en
tout cas comme la forme de connaissance la plus sûre dont nous,
humains, disposions, et la constatation, en revanche, de ses limites face
au caractère inconcevable pour elle de tant de réalités qui la dépassent,
à commencer, justement, par Dieu. On se souvient du mot de Pascal :
« Deux excès : exclure la raison, n'admettre que la raison. »[2]
    Un travail approfondi sur ces questions devrait prendre en compte
bien des débats, dont celui qui oppose Hegel à Kant. L'expression
« Dieu lui-même est mort », extraite d'un cantique, apparaît d'abord
chez Hegel, où elle a un tout autre sens que chez Nietzsche, un sens
polémique visant le retrait de la religion dans la subjectivité et, plus
radicalement, la critique par Kant des arguments traditionnels touchant l'existence de Dieu, qu'il perçoit comme la mise à mort tentée
par Kant du plus noble objet de la pensée. « La raison s'est interdit de
concevoir son plus noble objet (...) Le tragique de l'*Aufklärung* consiste

---

1. *De utilitate credendi*, X, 24, trad. J. Pégon. Cf. Thomas d'Aquin, *Summa Contra Gentiles*,
I, 4 ; Pascal, *Pensées*, B 543, L 190.
    2. *Pensées*, B 253, L 183. Cf. V. Carraud, *Pascal et la philosophie*, Paris, PUF, 1992, p. 347-
392.

en une raison qui connaît au-dessus de soi un plus élevé, dont elle s'exclut. »[1] Le fidéisme dans lequel elle est tombée fait fi de la raison commune des humains. Afin de s'adresser aux autres il faut la raison, seule capacité de l'universel. Pour citer cette fois Claude Bruaire, « quelque précaution qu'elle a raison de prendre, [la rationalité] est au plus haut point d'elle-même lorsqu'elle affirme Dieu »[2]. Dans ses *Leçons sur les preuves de l'existence de Dieu*, Hegel, insistant sur la pluralité et la validité de ces dernières, soumet à une démolition systématique et détaillée la thèse kantienne selon laquelle toutes les preuves de l'existence de Dieu commettent le paralogisme de l'argument ontologique (auquel nous reviendrons plus loin). L'étude de tels débats suppose, outre une rare puissance spéculative, beaucoup de préliminaires exigeant un travail de longue haleine, aussi impossible dans les limites du présent exposé que le serait la considération critique des différentes « preuves » classiques[3]. Il n'empêche que notre culture est restée profondément marquée, à un degré insoupçonné peut-être, par les différentes prises de position auxquelles ont donné lieu ces débats.

Où en est cependant aujourd'hui la question de l'accès rationnel à

---

1. Emilio Brito, La mort de Dieu selon Hegel. L'interprétation d'Eberhard Jüngel, in *Revue théologique de Louvain*, 17, 1986, p. 296 ; pour des références détaillées lire tout l'article, p. 293-308 ; cf. d'autre part Walter Kasper, *op. cit.*, p. 22-24 et 36-37.

2. Lire ici les fortes pages de Francis Kaplan (*Revue de la France et de l'Etranger*, t. CLXXX, n° 1, janvier-mars 1990, p. 35 sq.) résumant la position de Claude Bruaire là-dessus, très proche de celle de Hegel. Cette phrase de Bruaire, citée par F. Kaplan, p. 38, se trouve dans *La force de l'esprit*, Paris, Desclée de Brouwer, 1986, p. 97-98.

3. Des travaux de qualité existent, pour certaines d'entre ces « preuves » en tout cas. Ainsi, pour l'argument de la contingence, le livre récent du philosophe australien Barry Miller : *From Existence to God. A Contemporary Philosophical Argument*, Londres et New York, Routledge & Kegan Paul, 1992. Pour des résumés accessibles des voies classiques et de quelques voies modernes ou contemporaines, voir le collectif *L'existence de Dieu*, Paris, Castermann, 1961. Aussi, *Argumente für Gott. Gott-Denker von der Antike bis zur Gegenwart*, éd. K.-H. Weger et K. Bossong, Freiburg-im-Breisgau, Herderbücherei, 1987 ; et sa contrepartie : *Religionskritik von der Aufklärung bis zur Gegenwart*, éd. K.-H. Weger, Freiburg, Herder, 1979. Parmi les sources classiques, on néglige à tort Thomas d'Aquin, *Super Evangelium S. Joannis Lectura*, Prologus, 3-6 (Marietti), où sont suggérées des voies distinctes de celles qu'on trouve dans ses deux Sommes et ailleurs, par exemple l'incompréhensibilité. Pour Hegel *contra* Kant, voir surtout *Les preuves de l'existence de Dieu*, trad. H. Niel, Paris, Aubier, 1947, p. 191-248. En revanche, les meilleurs textes de Kant relatifs à notre thème se trouvent à notre avis dans la *Critique de la faculté de juger*, où ils sont nombreux. Outre les autres textes bien connus de la *Critique de la raison pure* (« Dialectique transcendantale », liv. II, chap. 3), et de la *Critique de la raison pratique* (première partie, liv. II, chap. 2, Kv), lire aussi *L'unique fondement possible d'une démonstration de l'existence de Dieu*, in *Œuvres philosophiques* I, « La Pléiade », *op. cit.*, p. 317-435.

Dieu ? On parle depuis quelque temps, comme s'il s'agissait de Sherlock Holmes ou de quelque extraterrestre, du « retour » ou de la « revanche » de Dieu — tantôt triomphalement, tantôt s'inquiétant à juste titre de la déformation et de l'exploitation politique, par des fanatiques, du sentiment religieux. L'intérêt accru des jeunes des années 90 pour la question religieuse apparaît en outre indéniable[1]. Toutefois un fait culturel des plus marquants pour notre thème, c'est ce qu'on a appelé « la relance du dialogue Science-Métaphysique » à l'aube du troisième millénaire. La découverte croissante à la fois des limites des diverses sciences et de leurs confins ou zones-frontières, en même temps que les développements, rapides et parfois considérables, de certaines d'entre elles — la cosmologie et la mécanique quantique, d'une part, les neurosciences et l'embryologie, de l'autre — suscitent à nouveau des interrogations de fond, au premier rang desquelles l'interrogation expresse sur Dieu. Cela donne lieu à pléthore de publications, en anglais surtout, n'évitant pas toujours, il est vrai, les pièges de l'amalgame rapide, du concordisme et du simplisme[2]. Un autre fait capital est celui de l'interrogation renouvelée à partir de l'expérience esthétique, des « arts du sens » comme le dit bien le sous-titre du grand livre de George Steiner, *Réelles présences,* dont la thèse est que « l'expérience du sens, en particulier dans le domaine esthétique, en littérature, en musique et dans les arts plastiques, implique la possibilité de cette "présence réelle" », celle de Dieu. Le pari sur le sens du sens « porte de fait sur la transcendance »[3]. Steiner fait un plaidoyer particulièrement éloquent en ce qui concerne la musique, rappelant à diverses reprises la

---

1. Cf. Gilles Kepel, *La revanche de Dieu. Chrétiens, juifs et musulmans à la reconquête du monde,* Paris, Editions du Seuil, 1991 ; et Henri Tincq dans *Le Monde* du 1ᵉʳ juin 1993. Par ailleurs : Ari L. Goldman, *The Search for God at Harvard,* New York, Random House, 1991.
2. Pour un résumé succinct et une réflexion critique de qualité, cf. Thierry Magnin, *Quel Dieu pour un monde scientifique ?,* Paris, Nouvelle Cité, 1993. Pour une étude historique fouillée, voir Stanley L. Jaki, *The Road of Science and the Ways to God,* University of Chicago Press, 1978. Pour « un livre d'humeur, teinté d'humour » (Jean-Robert Armogathe dans sa préface), Jacques Vauthier, *Lettre aux savants qui se prennent pour Dieu,* Paris, Critérion, 1991. Pour la question renouvelée de la finalité, voir Robert Spaemann et Reinhard Löw, *Die Frage Wozu ? Geschichte und Wiederentdeckung des teleologischen Denkens,* Munich, Piper, 1985.
3. George Steiner, *Réelles présences. Les arts du sens,* Paris, Gallimard, 1991, p. 22. Voir d'autre part Jean Richard, *Les voies de l'expérience de Dieu aujourd'hui,* in *Nouveau Dialogue,* janvier-février 1993, n° 93, p. 7-11, en particulier 9-10.

remarque de Claude Lévi-Strauss : « L'invention de la mélodie est le mystère suprême des sciences de l'homme. » Non moins capitale est l'espérance d'une justice ultime que tous éprouvent, pour eux-mêmes, et pour autrui, sur laquelle nous aurons à revenir, comme pour le reste.

Ce qui milite d'emblée en faveur de la méthode « rationnelle », c'est le trait que relève Louis Leprince-Ringuet : elle est « un élément de fraternité entre les hommes ». D'autant qu'elle permet de « répondre en faisant abstraction de toute conviction particulière, ne prenant à témoin que la faculté de jugement de son interlocuteur — ce qu'on appelle sa raison », proposant une explication qui ne soit pas « simplement à prendre ou à laisser » (Marcel Conche). Le dialogue sauve de la violence, il est relation vraie : quiconque accepte, pour soi-même comme pour l'autre, l'épreuve du *logos,* c'est-à-dire de la parole, du discours et de la pensée, respecte en profondeur l'humanité de l'autre et, partant, la sienne propre[1].

A quoi s'ajoute l'exigence critique. Or celle-ci passe d'abord par les mots. Viennent ensuite les arguments, indices ou preuves avancés pour démontrer, par exemple, l'existence de Dieu, le fait qu'il ne peut être qu'un, éternel, et le reste. Dans ce qui suit, nous tenterons d'évaluer brièvement si vraiment l'on peut parler de Dieu et, dans ce cas, comment ; puis d'explorer sommairement quelques-unes des voies autres que la foi dont l'intelligence humaine disposerait pour y parvenir.

6 / DE QUELS DIEUX SOMMES-NOUS LES ATHÉES ?

Dans un passage magnifique, un des premiers Pères chrétiens, saint Justin, déclarait : « On nous appelle athées. Oui, certes, nous l'avouons, nous sommes les athées de ces prétendus dieux, mais nous

---

1. Cf. Louis Leprince-Ringuet, préface à Thierry Magnin, *op. cit.,* p. 8 ; Marcel Conche, *in* Anaximandre, *Fragments et témoignages,* Paris, PUF, 1991, avant-propos, p. 7-8. Nul ne semble avoir mieux thématisé l'alternative *logos*/violence que François Châtelet, notamment en son *Platon,* Paris, Gallimard, 1965.

croyons au Dieu très vrai... », en une sorte d'écho de l'*Apologie* platonicienne de Socrate, qu'on avait accusé d'impiété envers les dieux de
la cité : « Croyant moi-même à des dieux, je ne suis en aucune façon
un athée, et à cet égard je suis hors de cause. »[1] Parce qu'il est chrétien
croyant, Justin doit se déclarer athée de certains dieux. Analogiquement, tout être humain peut aisément se déclarer athée, mais de quel
ou quels dieux, au juste ? On ne saurait mieux le dire aujourd'hui que
Jean-Luc Marion, après avoir cité un propos de Nietzsche : « Texte
décisif qui manifeste consciemment que l'athéisme d'un concept de
Dieu (ici le "Dieu moral"), du fait de sa régionalité intrinsèque, loin
de clore la question du Dieu, ouvre la question des autres concepts
possibles pour Dieu (ici, au bénéfice du "Dieu 'par-delà bien et mal' ",
panthéiste). La "mort de Dieu" implique directement la mort de la
"mort de Dieu" puisque à chaque fois, en disqualifiant *un* concept
défini de Dieu, elle ouvre de nouveau le lexique indéfini d'autres
concepts possibles pour nommer un Dieu toujours autrement pensable, autrement dit. »[2]

De même, lorsque le croyant adhère aux paroles des Saintes Ecri-
tures comme venant de Dieu, où puise-t-il le sens de ce mot *Dieu* ? Se
contenterait-il d'une tautologie ? Quant au philosophe, dans les termes
de Jean-Luc Marion, il introduit entre le divin et une dénomination
« un signe d'équivalence, simple, banal — redoutable, il parlera, par
exemple comme Kant, de "l'existence d'un fondateur moral du
monde, *c'est-à-dire* de Dieu" ». Or sur quoi s'appuie-t-il pour le faire ?
« Qui énonce l'équivalence entre le terme ultime où aboutit la
démonstration et donc le discours rationnel, et le Dieu que "tous" y
reconnaissent ? "Tous", sans doute, mais de quel droit ? »[3] Aussi bien,
Kai Nielsen a-t-il parfaitement raison d'insister, dans une de ses
défenses de l'athéisme : « Une preuve nécessite prémisses et conclusions. Or si le concept de Dieu est incohérent, il ne saurait être utilisé

---

1. Justin, *Première Apologie*, c. 46 ; Platon, *Apologie de Socrate*, 26 c.
2. « De la "mort de Dieu" aux noms divins : l'itinéraire théologique de la métaphysique »,
in *Laval théologique et philosophique*, 41/1, février 1985 ; repris avec une remarque additionnelle
dans *L'Etre et Dieu*, éd. Dominique Bourg, Paris, Cerf, 1986, p. 103-130 ; le passage cité est à la
page 106.
3. Cf. Jean-Luc Marion, *L'idole et la distance*, Paris, Grasset, 1977, p. 27 ; p. 28 ; voir p. 27-
31. La citation de Kant est tirée de la *Critique de la faculté de juger*, art. 87.

en une prémisse tentant de prouver que Dieu existe » ; de même, si je dis « Dieu fit le ciel et la terre », que signifie « Dieu » dans cette phrase, demande Nielsen, « et comment identifier le référent de ce terme ? »[1]

Ces questions remontent à la plus haute antiquité. Des anciens Grecs — auxquels, en vérité, nous devons à peu près tout sur le plan intellectuel — nous avons hérité, en Occident, l'exigence rationnelle en même temps que la confiance en la raison et ses potentialités diverses. Ces qualités se sont manifestées dès les débuts de l'histoire de la pensée où, Karl Popper l'a montré, épistémologie et théologie naquirent ensemble, en particulier chez Xénophane de Colophon, un « philosophe considérable » (Jonathan Barnes) du VIe siècle avant Jésus-Christ. Rappelons d'abord sa critique mordante de la représentation anthropomorphique de Dieu : « Peau noire et nez camus : ainsi les Ethiopiens / Représentent leurs dieux ; cependant que les Thraces / Leur donnent des yeux pers et des cheveux de feu » ; et encore : « Cependant si les bœufs, [les chevaux] et les lions / Avaient aussi des mains, et si avec ces mains / Ils savaient dessiner, et savaient modeler / Les œuvres qu'[avec art, seuls] les hommes façonnent, / Les chevaux forgeraient des dieux chevalins, / Et les bœufs donneraient aux dieux forme bovine : / Chacun dessinerait pour son dieu l'apparence / Imitant la démarche et le corps de chacun. »[2]

Mais Xénophane fit bien plus que dénoncer l'anthropomorphisme. Le fragment 23 déclare : « Un seul Dieu, le plus grand chez les dieux et les hommes / Et qui en aucun cas n'est semblable aux mortels / Autant par sa démarche, autant par ce qu'il pense. » Le fragment 24 décrit ce Dieu unique comme tout entier connaissant ; le fragment 25 comme source de tout devenir ; le fragment 26 comme immuable. Il n'est pas exagéré d'y voir une anticipation des déterminations fulgurantes du splendide fragment 12 d'Anaxagore (Ve siècle) sur le *Nous,* l'Intellect pur et sans mélange, parfaitement autonome, qui connaît et gouverne toutes choses, voire de l'idée de

---

1. Cf. *Does God Exist ?, op. cit.,* p. 55 et p. 50.
2. D. K. 21 B 16 et B 15 ; trad. J.-P. Dumont, in *Les présocratiques,* Paris, Gallimard, « La Pléiade », 1988, p. 118. Sur l'importance de Xénophane dans l'histoire du problème de la connaissance, voir Karl Popper, *op. cit.,* p. 29, 36, 38, 50, 124 note, 175 et note, 220, 227-228, 231-232, 249, 334-336, 339-340, 349-350, 351, 578-579, 583-584, 588, 593 ; aussi J. Barnes, *The Presocratic Philosophers,* I, p. 137-143, Londres, Routledge & Kegan Paul, 1979. Sur les Grecs, voir *Nos Grecs et leurs modernes,* éd. B. Cassin, Paris, Seuil, 1992.

Dieu comme acte absolu de pensée, Etre pensant par excellence, *noê-seôs noêsis* (« Pensée de la Pensée »), que nous trouvons au livre Lambda de la *Métaphysique* d'Aristote (IVᵉ siècle), dont le théologien allemand Eberhard Jüngel a marqué à nouveau l'importance[1].

7 / THÉOLOGIE « NÉGATIVE »

Chez Xénophane déjà, on le voit, s'articule cette préférence pour le *logos* plutôt que le *mythos,* pour une parole en tout cas qui s'explique, argumente et dit les choses telles qu'elles sont, ou ne sont pas, que l'on retrouve au deuxième livre de la *République* de Platon, où nous lisons, par exemple, que même les fables des poètes devraient toujours représenter Dieu tel qu'il est, c'est-à-dire essentiellement bon, la cause des biens et non des maux (*République* II, 379 *a-b* ; dans le passage où apparaît pour la première fois le mot grec « théologie » [379 *a* 5-6] ; sur la bonté de Dieu, voir en outre la belle page du *Timée,* 29 *e - 30 a*). Comme l'ont montré Werner Jaeger, Jonathan Barnes, Jaap Mansfeld et d'autres, le principe du discours théologique se précise dès Xénophane en des expressions telles que « il ne convient pas » (*oude... epiprepei* : fr. 26) que Dieu soit soumis au mouvement ; plus qu'une question de convenance, ajoute Barnes, c'est une question de « logique » : il est contradictoire de prétendre que l'être parfait soit en même temps susceptible de changement ; et Mansfeld montre que Xénophane anticipe aussi bien la théologie « négative » (en niant, à propos de Dieu, la représentation humaine) que la *via eminentiae* : il entend, voit, conçoit de manière suréminente et radicalement différente de nos modes de connaissance[2].

Même accent, à vrai dire, chez les premiers Pères chrétiens : « Tous

---

1. Cf. Xénophane, DK 21 B 23, 24, 25, 26 ; trad. La Pléiade, p. 120-121 ; Anaxagore, DK 59 B 12 ; La Pléiade, p. 675-676 ; Aristote, *Métaphysique,* XII, 7 et 9 ; Eberhard Jüngel, *Dieu Mystère du monde* [1977], trad. franç., Paris, Cerf, 1983, t. I, p. 162.
2. Voir Werner Jaeger, *A la naissance de la théologie. Essai sur les présocratiques,* trad. de l'allemand, Paris, Cerf, 1966, p. 44-62 ; en particulier 57 sq. ; Jonathan Barnes, *op. cit.,* I, p. 82-99 ; Jaap Mansfeld, *Die Vorsokratiker,* I (1983) et II (1986), Reclam, Stuttgart ; spécialement I, p. 209 sq. Sur le mot « théologie », voir A.-J. Festugière, *La révélation d'Hermès Trismégiste,* vol. II, *Le Dieu cosmique,* Paris, Gabalda, 1949, p. 598-605.

ceux, écrit saint Justin, qui ont vécu selon le Logos, auquel tous les hommes ont part, sont chrétiens, eussent-ils passé pour athées, comme chez les Grecs, Socrate, Héraclite et leurs semblables... » (*Première Apologie,* c. 46). Ce qui est rejeté par ces premiers chrétiens, ce sont les idoles des cultes païens, les dieux des religions, auxquels ils préfèrent le Dieu, l'Etre suprême dont parlent les philosophes. Il n'est que de lire Clément d'Alexandrie, Origène, Tertullien, Augustin, Irénée, etc., pour le constater chaque fois. Là où les Pères se séparent de certains philosophes, c'est dans leur appel à ce qu'on pourrait qualifier — en utilisant, avant la lettre et en la transposant, la formule polémique de Nietzsche contre le christianisme — de « platonisme pour le peuple ». Ainsi l'Origène du *Contra Celsum* (VII, 44) : « Dieu, je pense, voyant combien ceux qui se vantaient de connaître par la philosophie Dieu et les choses divines, couraient cependant vers les idoles et leurs temples, a choisi, pour les humilier, les plus simples parmi les chrétiens (...). » Bref, là où pour Celse, se réclamant du Platon de la *Septième Lettre,* la vision de Dieu reste le privilège de quelques-uns, pour Origène, Dieu devient dans le Christ accessible à l'humanité tout entière[1].

Et pourtant, on sait à quel point ce même platonisme, tel que pratiqué par la même tradition des Pères, a aidé nombre d'entre eux à marquer l'inadéquation du *logos* humain aux réalités divines, comme en ces sommets de la théologie mystique que sont les œuvres de Denys le Pseudo-Aréopagite ou de Maxime le Confesseur. La doctrine mystique depuis Philon d'Alexandrie se résume bien dans cette formule d'Evagre : « Dieu est insaisissable à l'esprit humain. S'il était saisi, ce ne serait sûrement pas Dieu. » Pour Maxime, « Quiconque a vu Dieu et a compris ce qu'il a vu n'a pas vu ». Dans le traité des *Noms divins* de Denys, on retrouve l'image platonicienne du soleil figure du bien et cause universelle de vie et de lumière que nos yeux ne peuvent cependant fixer. Tous accorderaient à coup sûr à Aristote que face à ce qui est en soi le plus évident, les yeux de notre intelligence se comparent à ceux des oiseaux de nuit en plein jour[2].

---

1. Cf. *Contra Celsum,* VI, 6 (outre VII, 44).
2. Pour Evagre, cf. *PG,* 40, 1275 C ; Maxime, *Ep. Dionys.* [Commentaire sur les lettres de Denys], 529 A ; Denys, *De Divinis Nominibus,* c. IV, 693 B ; 696 B ; 699 B - 700 A ; V, 824 B-C ; Platon, *République,* VI, 508 *d* sq. ; VII, 515 *e* sq. ; Aristote, *Métaphysique,* a 1, 993 *b* 9-11.

8 / PLURIVOCITÉ DES SILENCES ET DES SIGNES

Aujourd'hui encore, la toute première question qui s'impose relativement à cette question des questions que traduit le mot *Dieu*, c'est : peut-on vraiment parler de *Dieu* ? « Ce dont on ne peut pas parler, il faut le taire », déclare la phrase célèbre qui clôt le *Tractatus* de Wittgenstein[1]. Or Dieu ne serait-il pas par excellence, justement, « ce dont on ne peut pas parler » ?

Ce qui, en réalité, saute vite aux yeux à ce propos, c'est que même le silence sur Dieu est plurivoque. Comme dit Jean Greisch : « Mais du silence, il faut dire ce que disait Aristote de l'être : *pollachos legetai*, il se dit de multiples façons. Nous sommes donc confrontés à la tâche étrange de réfléchir sur la plurivocité des silences. » Le théologien Eberhard Jüngel, déjà cité, propose une typologie des « silences qualifiés », qui se résume comme suit : « *a* /taire Dieu parce qu'il est l'indicible et l'impensable, et donc l'énoncer par le silence même (voie mystique) ; *b* /parler de Dieu comme d'un indicible et d'un impensable, autrement dit "ne rien dire" (l'athéisme comme négation de Dieu) ; *c* /cesser de parler de Dieu, faire silence sur lui. Pour Jüngel, cette possibilité d'une "a-théologie" radicale est le véritable dépassement de la mystique, du théisme et de l'athéisme, et, partant, la seule véritable alternative à la foi chrétienne ; *d* /les "compromis historiques" regroupés sous la maxime : *"Non ut illud diceretur, sed ut non taceretur omnino* [non pas pour le dire, mais pour ne pas le taire tout à fait]" (théisme, déisme, tradition métaphysique). »[2]

On le voit, quiconque veut parler de Dieu est confronté à l'inadé-

---

1. Et l'ouvre également, puisqu'elle apparaît une première fois dans la préface — avec le mot *reden* au lieu de *sprechen* : *Wovon man nicht sprechen kann, darüber muss man schweigen* (Ludwig Wittgenstein, *Tractatus logico-philosophicus* (1922), Londres, Routledge & Kegan Paul, 1962, 7, p. 188 ; cf. p. 26). Wittgenstein explique dans une lettre à son ami Ficker : « Ce que je voulais écrire c'est que mon travail consiste en deux parties : celle qui paraît ici, et tout ce que je n'ai pas écrit. Et c'est précisément cette seconde partie qui est l'importante (...) Je crois qu'en étant silencieux à son propos j'ai réussi à dire quelque chose de déterminé là où beaucoup radotent » (cité par Mostapha Faghfoury et Leslie Armour, dans Wittgenstein's Philosophy and Religious Insight, in *The Southern Journal of Philosophy*, vol. XXII, n° 1, 1983, p. 33 sq.).

2. Jean Greisch, *L'âge herméneutique de la raison*, Paris, Cerf, 1985, p. 234 sq. ; cf. 251.

quation perpétuelle entre le discours humain et ce qu'il tente de dire quand il dit *Dieu*. C'est elle qu'invoquent avec raison depuis toujours ceux qui défendent la théologie « négative » comme la plus parfaite. Mais de même que la négation a besoin de l'affirmation, le silence s'alimente en réalité à la parole, et c'est, Kierkegaard l'a fait observer, le même pouvoir que celui de parler et de taire[1].

Notre pensée passe par les signes et symboles les plus divers. Tous ont cependant un trait nécessaire en commun : celui de s'effacer pour faire transparaître. Les œuvres d'art en offrent un bel exemple : comédies, tragédies, mimes, films, romans, peintures, sculptures, tout cela n'est *vrai* qu'à la condition d'être *« faux »*. Gérard Depardieu, l'acteur, est un faux Cyrano et réussira d'autant mieux son art qu'il parviendra à créer l'illusion qu'il *est* Cyrano et non pas lui-même. De là l'accusation plaisante que les artistes, les poètes, excellent à « mentir ». *The truest poetry is the most feigning,* lit-on dans Shakespeare. On attribue à Picasso ce mot : « L'art est un mensonge qui nous révèle la vérité. » La définition classique du mythe se lit : « Discours faux figurant la vérité. »[2] L'acteur sait, c'est son métier, à quel point la réalité sensible peut être médiatrice d'une intention, il vit la réalité du symbole, du signe, dont tout l'être consiste à faire venir autre chose que lui-même à l'esprit.

Cependant, les « symboles les plus subtils que nous possédions »[3], ce sont les mots. Le langage animal, s'il en est, est stéréotypé ; il ne connaît pas l'étymologie, encore moins la métaphore. Il n'est que de constater ce qui se passe quand nous opérons ce que Ricœur appelle

1. Cf. S. Kierkegaard, *The Present Age,* trad. A. Dru, New York, Harper Torchbooks, 1962, p. 69-70. Sur l'inadéquation, cf. la position de Tillich, comparée par Xavier Tillette à celle de Jaspers : « La conception du symbole chez Tillich est de part en part dialectique : elle accuse la tension polaire entre l'autarcie et l'inadéquation des symboles. C'est en somme la reprise de l'interférence *via eminentiae-via negationis* (...) », in *L'existence de Dieu, op. cit.,* p. 87. Sur la signification en art, voir N. Goodman et Catherine Z. Elgin, *Reconceptions en philosophie,* trad. J.-P. Cometti et R. Pouivet, Paris, PUF, 1994.

2. Cf. Shakespeare, *As you like it,* III, III ; Théon d'Alexandrie, in *Progymnasmata,* Spengel, 72 : *mythos esti logos pseudês eikonizôn alêtheian.* Sur l'acteur, Augustin, *Soliloques,* II, X, 18 ; aussi, Diderot, *Paradoxe sur le comédien,* et Louis Jouvet, *Le comédien désincarné.* Voir en outre le brillant essai d'Oscar Wilde, *Le déclin du mensonge.*

3. Iris Murdoch, *The Sovereignty of Good,* Londres, Routledge & Kegan Paul, 1970, p. 34. Voir aussi son *The Fire and the Sun,* Oxford, 1977, p. 88 : « Metaphor is basic ; how basic is the most basic philosophical question. »

une « torsion métaphorique », que les poètes effectuent ce transport de sens qu'est la métaphore : ils font eux aussi *comme si*. Si je dis de Pierre qu'il est un aigle, il y a au moins un sens du mot qui est faux, le sens littéral ; je dis ce qui n'est pas pour signifier ce qui est : sa hauteur de vue, sa vision pénétrante : duplicité qui n'en est pas une, comme chez l'acteur. La clé de tout le dynamisme sémantique est en ce pouvoir.

Remarquons aussi comme nous abolissons ainsi des distances au-delà de ce que nous aurions imaginé auparavant. Si la lettre tue, c'est précisément que la vie de l'esprit se manifeste dans le dépassement de l'immédiat sensible, du singulier, de l'actuel en ce sens, vers un autre ordre de réalité, le vrai en l'occurrence, mais qui devra être perpétuellement dépassé lui-même, dans la mesure où il est encore symbolique. D'où du reste le caractère infini, jamais achevé de l'art. De là la question ultérieure du *sens du sens*. Au lieu d'Achille, je dis, avec Homère, le lion, joignant l'étrange au familier, mettant sous les yeux, dans un raccourci soudain, deux réalités très éloignées l'une de l'autre, sans rapport apparent ; je franchis d'emblée le sens littéral. Northrop Frye dit excellemment : « Le mythe fait au temps ce que la métaphore fait à l'espace » ; en un présent qui rassemble, en quelque sorte, passé et futur, il nous dit que « ce que vous allez voir, ou venez de voir, *est* ce qui est arrivé il y a longtemps »[1]. De même dans une parabole, une réalité familière, banale en apparence, peut en faire surgir une autre, infiniment distante et apparemment inaccessible. Quand on indique la lune du doigt, dit le proverbe chinois, l'imbécile regarde le doigt. Le langage humain est essentiellement dynamique, il implique constamment un mouvement transcendant, il vit de l'anticipation d'autres sens. Il renvoie au-delà de lui-même, le plus parfaitement sans doute dans l'analogie (la « proportion », comme quand je dis, par exemple, « la lumière de l'intelligence »), forme découverte par Parménide, Héraclite, et ensuite Platon[2]. Le renvoi au-delà du sens immédiat fait sens et sens positif, qu'il s'agisse de métaphores, de paraboles, d'analogies ou de négations. Pourvu donc qu'on reconnaisse au langage cette ouverture vers le haut, ce perpétuel dépassement de soi, qu'on ne le

---

1. Northrop Frye, *Myth and Metaphor*, University Press of Virginia, 1990, p. 7.
2. Cf. E. Jüngel, Zum Ursprung der Analogie bei Parmenides und Heraklit, in *Entsprechungen : Gott-Wahrheit-Mensch. Theologische Erörterungen*, Munich, 1980, p. 52-102.

referme pas sur lui-même en des formules closes ou devenues telles, sortes d'idoles, ou de miroirs, qui risquent de faire au contraire écran[1] — il peut servir à parler même de Dieu[2].

9 / « VOIES RATIONNELLES »

Dans l'approche dite rationnelle de la question de Dieu, deux axes sont aisément discernables et ont été maintes fois identifiés au cours de l'histoire — deux puits, ou zones d'expérience si on préfère : l'expérience interne et externe. Ainsi rapporte-t-on que, selon Aristote, « le concept du divin est né chez les hommes de deux causes originelles : des phénomènes qui concernent l'âme et des phénomènes célestes ». On peut citer aussi Kant en sa célèbre conclusion de la *Critique de la raison pratique* : « Deux choses remplissent le cœur d'une admiration et d'une vénération toujours nouvelles et toujours croissantes, à mesure que la réflexion s'y attache et s'y applique : *le ciel étoilé au-dessus de moi et la loi morale en moi.* Ces deux choses, je n'ai pas à les chercher ni à en faire la simple conjecture au-delà de mon horizon, comme si elles étaient enveloppées de ténèbres ou placées dans une région transcen-

---

1. Y inclus « l'être » même, assurément ; voir Jean-Luc Marion, *Dieu sans l'être* (1982), Paris, PUF, « Quadrige », 1991 ; et De la « mort de Dieu » aux noms divins : l'itinéraire théologique de la métaphysique, in *L'être et Dieu* (collectif), Paris, Cerf, 1986, p. 103-130. Sur l'adoration possible de son propre concept de Dieu comme une idole, voir saint Grégoire de Nysse, *Contra Eunomium* 12 ; II, 944 C, auquel renvoie Hans Urs von Balthasar, dans *Présence et pensée. Essai sur la philosophie religieuse de Grégoire de Nysse*, Paris, Beauchesne, 1942, p. 64.

2. Afin de rendre justice à ce grand thème, il faudrait faire ressortir en outre tout ce qu'y apporte chacune des différentes philosophies du langage contemporaines : pas seulement les *Speech Acts,* le langage « performatif », etc., d'Austin et Searle, mais aussi les lumières sur la communauté de communication que projettent les travaux de Apel et Habermas (voir surtout J. Simon, *Wahrheit als Freiheit. Zur Entwicklung der Wahrheitsfrage in der neueren Philosophie,* Berlin-New York, 1978, I, 1 sq. ; 11 sq. ; 27 sq. : la théorie consensuelle de la vérité supposerait malgré elle une théorie de la correspondance), pour ne rien dire des développements sur les « disclosure situations » dus à I. T. Ramsay (cf. son *Religious Language. An Empirical Placing of Theological Phrases,* Londres, 1969), très proches, à notre sens, des révélations soudaines *(exaiphnês)* dont parle Platon à quelques reprises ; et ajouter les remarquables analyses de Jean Ladrière, dans *L'articulation du sens,* Paris, Cerf, 1984, 2 vol. ; cf. Jean-François Malherbe, *Le langage théologique à l'âge de la science. Lecture de Jean Ladrière,* Paris, Cerf, 1985.

dante ; je les vois devant moi, et je les rattache immédiatement à la conscience de mon existence. »[1] Ces deux domaines d'expérience sont en fait reconnus comme distincts par tous et permettent de regrouper utilement sous deux chefs diverses voies offertes à la recherche et à la réflexion. Le domaine « externe » exploré par la science est celui du monde où nous vivons, au sujet duquel Karl Popper n'a pas tort de déclarer : « Il existe en effet au moins un problème philosophique auquel s'intéressent tous ceux qui réfléchissent : comprendre le monde où nous vivons et, partant, nous-mêmes (qui en faisons partie), ainsi que la connaissance que nous avons de ce monde. »[2] Or ce monde et la connaissance que nous en avons appellent entre autres les remarques et les interrogations suivantes.

10 / LA QUESTION DE L'ORIGINE

Il n'est pas sûr que la théorie du Big Bang et ses implications apparentes ne soient en passe d'entrer dans le moderne *Dictionnaire des idées reçues* dont parle Kundera, si elles n'y sont déjà. Stephen Hawking fait une observation judicieuse lorsqu'il écrit : « On peut encore imaginer que Dieu a créé l'Univers à l'instant du Big Bang, ou même après, de

1. Cf. Aristote, *Peri philosophias*, 12 *a* et 12 *b* (Ross) ; trad. Festugière, dont voir les excellents développements, in *La révélation d'Hermès Trismégiste*, vol. II, *Le Dieu cosmique*, Paris, Gabalda, 1949, p. 219-259 ; surtout 229-232. Kant, *Critique de la raison pratique*, conclusion, trad. Pléiade (1985), II, p. 801 sq. En rapprochant de la sorte Aristote et Kant, de même que d'autres auteurs, nous ne prétendons évidemment pas que chacun entende la même chose exactement ; les phénomènes concernant l'âme mentionnés par Aristote auraient été les « inspirations divines que l'âme reçoit en songe et les oracles ». Pour des vues plus récentes sur « les "deux miroirs" de la divinité pour l'âme », cf. Guy-Marie Bertrand, *La révélation cosmique dans la pensée occidentale*, Montréal, Bellarmin ; Paris, Cerf, 1993, p. 322 sq. L'ouvrage cité du P. Festugière contient des mines d'informations encore inexploitées sur d'autres voies d'accès à Dieu que celles qu'on mentionne d'ordinaire à propos d'Aristote ou d'autres auteurs de l'Antiquité, notamment l'extraordinaire beauté du cosmos ; voir aussi, pour Platon surtout, le volume IV du même ouvrage, *Dieu et la gnose*. Voir par ailleurs l'article tout à fait remarquable de Jacques Brunschwig, *Le Dieu d'Aristote au tribunal de la logique*, in *L'Age de la science*, 3-4 (1974), p. 323-343.
2. Karl R. Popper, *op. cit.*, p. 207. Dans ce qui suit, nous entendons par « monde » le cosmos, comme Popper ; mais voir J. Greisch, *Onthologie et temporalité, op. cit.*, p. 121-154, pour d'autres acceptions de « monde ».

façon qu'il ressemble à ce qu'il aurait dû être s'il y en avait eu un ; mais ce serait un non-sens de supposer qu'il l'ait créé *avant*. »[1] Moins judicieuse est l'ambition déclarée, certes compréhensible, de sa « théorie complète » : « Savoir pourquoi l'univers et nous existons. Si nous trouvons la réponse à cette question, ce sera le triomphe ultime de la raison humaine — à ce moment, nous connaîtrons la pensée de Dieu *(the mind of God)*. »[2]

Il saute aux yeux en effet qu'il ne peut y avoir un « avant » *temporel* au temps lui-même. Saint Augustin ne dit pas autre chose, tout en allant plus loin que Hawking : « Car le temps lui-même, c'est toi qui l'avais fait, et les temps n'ont pu passer avant que tu fisses les temps... Ce n'est pas selon le temps que tu précèdes le temps ; autrement tu ne précéderais pas tous les temps. Mais tu précèdes tous les temps passés selon la hauteur de ton éternité toujours présente » *(Confessions,* XI, XII, 15-16). La théorie de l'univers en expansion oblige, de manière intéressante, à tenter de penser le commencement dans le temps ; mais il faut manifestement voir alors ce point initial plutôt comme une limite que comme un point de l'espace-temps. On est dès lors au-delà de toute représentation, puisqu'il est impossible de se représenter ce qui n'était pas. Une création dans le temps est évidemment contradictoire, puisqu'elle ne serait plus origine absolue : le contenant temps préexisterait à sa propre création. Il faut donc transcender ici toute temporalité[3].

---

1. *Une brève histoire du temps, op. cit.,* p. 27. Voir son *Commencement du temps et fin de la physique ?,* Paris, Flammarion, 1992. Dans une entrevue télévisée, Claude Lévi-Strauss donnait le big bang comme un bon exemple de « mythe ». Cf. les réserves de Prigogine et Stengers, *Entre le temps et l'éternité,* Paris, Flammarion, « Champs », 1992, p. 149 sq., 154, 163 sq., 189 sq.

2. On a envie de dire : rien que ça ! Cf. *op. cit.,* p. 220 ; et l'introduction de Carl Sagan, *ibid.,* p. 15 : « C'est aussi un livre sur Dieu... Ou peut-être sur l'absence de Dieu. Le mot Dieu emplit ces pages. »

3. Cf. le numéro *Cosmos et création,* de la revue *Communio* XIII, 3, mai-juin 1988, en particulier les articles d'Olivier Boulnois et de Pierre Julg ; et le débat *Theism, Atheism, and Big Bang Cosmology,* entre William Lane Craig et Quentin Smith, Oxford, Clarendon Press, 1993 ; la discussion, par Craig, de l'infini de Cantor, et sa preuve de l'impossibilité d'une existence réelle de l'infini « actuel » sont particulièrement réussies (cf. p. 3-76). Voir aussi Paul Davies, *God and the New Physics,* New York, Simon & Schuster, 1983 ; *The Cosmic Blueprint,* New York, Simon & Schuster, 1988 ; *The Mind of God,* New York, Simon & Schuster, 1992 ; David Bohm, *Wholeness and the Implicate Order* (1980), Londres, Ark Paperbacks, 1983 ; F. J. Tipler, *The Physics of Immortality,* New York, Doubleday, 1994.

Hubert Reeves voit juste : « Le seul vrai "problème", c'est celui de l'existence même de l'univers. "Pourquoi y a-t-il quelque chose plutôt que rien ?" Sur le plan scientifique, nous sommes incapables d'y répondre. Après plusieurs millénaires, nous en sommes ici au même point que le premier chasseur préhistorique venu : au zéro absolu. Notre ignorance, une fois reconnue, est le vrai point de départ de la cosmologie. "Il y a quelque chose." Il y a la réalité. Comment elle apparaît, quel est son âge, telles sont les questions qui tombent dans le champ de la recherche scientifique. »[1]

Le mot « origine », à l'instar du mot grec *archê,* « principe » (« début » mais aussi « commandement »), a le double sens de « commencement » et de « source » ou « cause » d'être, comme l'avaient déjà bien entrevu les présocratiques. C'est manifestement le second sens qui importe. La question centrale est : « Comment peut-il jamais se faire que l'Univers existe en fait ? »; telle est la formulation de départ proposée récemment par Barry Miller pour l'argument de la contingence, afin de répondre aux difficultés soulevées par Hume, Kant et d'autres et suscitées par les formulations de Leibniz et Clarke. De soi le néant n'explique rien et n'est qu'un *asylum ignorantiae,* un « refuge à l'ignorance », pour reprendre une expression célèbre de Spinoza à un tout autre propos; l'être ne peut admettre d'explication ultime que proportionnelle. Nous sommes reconduits à l'expérience de l'être dans son étrangeté, à son « miracle » au sens décrit plus haut.

Si Dieu existe, il *est* nécessairement toujours au présent, c'est-à-dire éternel. Comme l'avait fort bien saisi Parménide déjà, l'éternel doit être conçu à l'instar d'un maintenant *(nun)* et pas du tout d'un temps infini : « Jamais il n'était ni ne sera, puisqu'il est maintenant, tout entier à la fois, un, d'un seul tenant », c'est-à-dire indivisible. La tradition l'a suivi en définissant l'éternité comme un *nunc stans,* un « maintenant debout ». De sorte que l'instant présent est vraiment « cette équivoque où le temps et l'éternité se touchent » (Kierkegaard). Si on veut parler de création, les mots suivants de Thierry Magnin sont appropriés : « Tout est cependant différent si chaque instant de l'univers est relié à l'éternel présent de Dieu. *Dieu crée au présent.* Je suis,

---

1. *Patience dans l'azur,* Paris, Seuil, 1981, p. 152.

nous sommes créés dans le présent de Dieu. Mon instant présent n'est
plus si fugitif. »[1]

Telle est bien plutôt, nous semble-t-il, la véritable question de
l' « origine ».

11 / BIOLOGIE, HASARD ET FINALITÉ

Le mot « finalité » est à ce point craint par certains hommes de
science qu'on lui préfère « téléologie », « téléonomie », etc. (oubliant
peut-être en certains cas que c'est tout un, puisque le grec *telos* signifie
« fin » !) ; ces réserves s'expliquent fort bien face aux vues simplistes de
la finalité qui ont eu souvent cours[2]. Mais en même temps, le vocabulaire biologique fondamental, notamment en théorie de l'évolution,
trahirait selon d'autres un recours implicite constant à la finalité ; ainsi,
pour l'éminent biologiste français Pierre-Paul Grassé, « le finalisme
interne du darwinisme est éclatant » ; par exemple, « la variation muta-
tive aléatoire, du fait de sa sélection, se trouve prise dans un système

1. Cf. Barry Miller, *From Existence to God. A Contemporary Philosophical Argument,* Londres
et New York, Routledge & Kegan Paul, 1992, p. IX-X, et 1-13 ; *Le poème de Parménide,* trad.
Jean Beaufret, Paris, PUF, « Epiméthée », 1955, fr. 8, p. 82 sq. ; Kierkegaard, *Le concept d'angoisse,*
trad. Knud Ferlov et Jean-J. Gateau, Paris, Gallimard, « Idées », 1969, p. 92 ; cf. 88-93 et la longue
note sur Platon p. 176-177 ; Thierry Magnin, *Quel Dieu pour un monde scientifique ?,* Paris, Nouvelle Cité, 1993, p. 70. Sur le thème du *nunc stans* à travers l'histoire jusqu'à nos jours, voir l'article du *Historisches Wörterbuch der Philosophie* (J. Ritter *et al.*), vol. 6, *s.v.,* Darmstadt, 1984. On
sait que pour Thomas d'Aquin, la proposition que le monde a eu un commencement n'est pas
démontrable mais uniquement objet de foi (cf. *Summa theologiae,* Ia Pars, q. 46, a. 2). On dit
moins souvent que la preuve aristotélicienne de l'existence nécessaire d'un premier moteur
immobile paraissait à Thomas d'autant plus efficace qu'Aristote croyait à l'éternité du monde ; à
ses yeux, d'autre part, Aristote voyait bien en Dieu une *causa essendi* et pas seulement une *causa
motus.* Les textes principaux sont : *In VIII Phys.,* lect. 1, n. 970 (Marietti), et *Contra Gentiles* I, 13,
n. 110 (Marietti). Cf. notre La « Pensée de la Pensée » chez Aristote, in *La question de Dieu selon
Aristote et Hegel* (collectif), Paris, PUF, 1991, p. 96 sq.

2. Niels Bohr voyait toutefois dans la finalité une application du principe de complémentarité : « L'interprétation finaliste se situe dans une relation typique de complémentarité vis-à-vis de
la description basée sur les lois physico-chimiques connues ou celles de la physique atomique (...)
La description finaliste est elle aussi entièrement correcte. Je crois que l'évolution de la physique
atomique nous a tout simplement appris que nous devons penser plus subtilement que par le
passé » (d'après Heisenberg, *La partie et le tout,* p. 130-131).

qui a une indéniable finalité : le maintien de l'espèce et son adaptation, sans cesse améliorée aux conditions de milieu. Si cela n'est pas une finalité, c'est que les mots n'ont plus de sens »[1].

Nous ne saurions nous engager ici dans ce débat difficile et complexe, sinon pour relever un point central, qui est le *fait* de la réussite du vivant — voire de l'œil ou de la main, par exemple, lequel fait nécessite une explication. Le hasard suffit-il à lui seul à la fournir ?

On s'aperçoit vite que le mot « hasard » et ses synonymes ont plusieurs sens ; bien des fâcheux malentendus seraient évités pour peu qu'on sache distinguer quelques-uns de ces sens au préalable. Au sens premier, ordinaire du terme, nous n'attribuons pas au hasard ce qui arrive régulièrement. Vous n'appelleriez guère la rencontre quotidienne avec votre ami ou amie un « accident » en ce sens ; c'est la rencontre fortuite, rare, qu'on attribuera alors au hasard. Ou cette « malformation » de six doigts ; parler de « malformation » n'a de sens qu'en raison du contraire, la formation réussie. C'est cette dernière, la plus fréquente, qu'il faut expliquer.

L'aspect statistique met toutefois en relief un nouveau sens du mot « hasard ». L'accident de voiture dont vous avez été victime fait partie des cinquante qu'on avait annoncé comme un nombre probable pour ce week-end ; il n'en est pas moins un accident pour vous et un fait de hasard ; par quoi l'on entend que si un des deux chauffeurs était parti quelques secondes plus tôt ou plus tard, ou n'avait été retardé par ce piéton (et ainsi de suite à l'infini), cet accident-ci n'aurait pas eu lieu. Les raisons semblables étant illimitées (il suffit de commencer à les énumérer pour vite s'en rendre compte), les accidents existent et sont en tant que tels imprévisibles. L'existence très réelle d'événements fortuits de cet ordre rend possibles des lois statistiques à leur sujet : mais nous sommes dès lors passés à un niveau de fréquence, où des régularités statistiques deviennent désormais observables, et donc à un autre ordre de réalité ; la preuve que cet ordre est radicalement distinct du précédent, c'est le fait que les accidents continuent en dépit de leur prévisibilité au niveau statistique ; loin de s'évanouir en entité mathé-

1. Pierre-Paul Grassé, *L'homme en accusation*, Paris, Albin Michel, 1980, p. 23.

matique, le hasard garde toute sa dure réalité[1]. Le hasard n'existe au
sens statistique que parce que le hasard tout court existe.

On rapporte que selon le biologiste japonais Motoo Kimura,
« c'est le hasard qui gouverne l'évolution et ce sont les espèces les plus
chanceuses *(sic)* qui survivent »[2]. On ne saurait mieux dire ! Qu'est-ce
que la « chance » ? ou la « malchance » ? Ces termes impliquent un bien
ou un mal, et sont donc de part en part « finalistes » ; tout l'être du
bien est d'être *désiré*. Le « manque » manifeste inéluctablement son
opposé et le présuppose, comme la cécité la vue, ou la maladie la
santé ; c'est ce qu'Héraclite déjà a fait voir de manière exemplaire en
parlant d' « unité » des contraires. Plus on insistera sur la présence
d'entités « négatives », vide quantique, trous noirs, antiparticules,
chaos, hasard et le reste, mieux on marquera du coup la présence
simultanée de leurs opposés.

Cela dit, l'omniprésence de hasard et de nécessité, d'ordre et de
désordre, dans la nature comme dans les choses humaines, est une évidence pour tout le monde, comme elle l'a été en philosophie dès ses
débuts. Il est très salutaire qu'elle soit enfin reconnue à nouveau en
science. Jacques Monod citait Démocrite en exergue de son livre à
succès, *Le hasard et la nécessité* ; il aurait mieux fait de citer Empédocle
qui l'avait précédé et dont la théorie de l'évolution des espèces accor-
dait une place centrale au hasard et à la nécessité au sens repris par
Monod. (Le premier théoricien de l'évolution fut Anaximandre.) Le
concept de hasard est allé se raffinant d'Empédocle à Démocrite, puis
à Aristote, chez qui il est fondamental et sert à mieux démontrer la
finalité, dont il est un témoin, pour des raisons analogues à celles que
nous venons de mentionner. Le hasard quantique, le hasard darwinien
ou néo-darwinien, la théorie du chaos (Prigogine et d'autres), la théorie des catastrophes (René Thom), tout cela met en relief l'omniprésence de la contingence et de l'indéterminisme, en même temps que de
la nécessité et du déterminisme, qu'avaient un moment occultée le

---

1. Tout ceci a été fort bien perçu par le physicien David Bohm dans *Causality and Chance
in Modern Physics,* New York, Harper Torchbooks, 1957. Voir également Jacques Bouveresse,
L'homme probable, Paris, Ed. de l'Eclat, 1993.

2. D'après Guy Sorman, *Les vrais penseurs de notre temps,* Paris, Le Livre de Poche, 1991,
p. 103 sq. Comment le dire en japonais, nous n'en savons rien ; mais c'est trop révélateur de ce
que beaucoup pensent pour ne pas être relevé.

déterminisme laplacien et certaines interprétations du principe leibnizien de raison suffisante. La résistance du réel, sa complexité, la marge immense d'indétermination dans la nature sont ainsi davantage respectées et prises en compte, corrigeant les excès de la modélisation, depuis l'horloge ou une forme ou l'autre de machine, jusqu'à l'intelligence artificielle et autres artefacts favorisant un anthropomorphisme excessif[1].

Les contributions récentes de Michel Delsol au débat nous semblent tout à fait remarquables. Si nous le comprenons bien, il aura su faire ressortir de plus en plus nettement que le hasard au second sens indiqué plus haut témoigne de la finalité, mais d'un point de vue qu'il qualifie de « métaphysique ». Selon la théorie synthétique de l'évolution, écrit-il, « l'ensemble de l'immense phénomène qui a construit le monde vivant, du procaryote primitif et de l'amibe jusqu'à l'homme, correspond à un immense jeu de mutations dues au hasard et triées par la sélection ». « L'évolution s'est réalisée par petites étapes où le hasard des mutations a joué le rôle de découvreur, et la sélection le rôle de triage des bonnes découvertes et d'élimination des mauvaises. »[2]

Michel Delsol rappelle la définition du hasard par Cournot comme une « rencontre de séries causales indépendantes », citant à titre d'exemple la rencontre d'une voiture et d'un train à un passage à niveau, où « il est évident que la série des causes qui a conduit la voiture à cet endroit et à une certaine heure précise à la seconde près est

---

1. Cf. la discussion autour du hasard et du déterminisme, dans *Le débat*, n° 3, 1980, entre René Thom, Edgar Morin, Ilya Prigogine, Henri Atlan et Jean Largeault. Les pages d'Edgar Morin rendent bien l'omniprésence du hasard. Sur Empédocle, Jean Bollack, *Empédocle*, 4 vol., Paris, Minuit, 1965-1969; et cf. Aristote, *Physique*, II, chap. 5-9. Cf. d'autre part les références *supra* relativement à la mécanique quantique. Pour la théorie du chaos, cf. les collectifs *Chaos et déterminisme*, Paris, Seuil, « Points », 1992, et *Exploring Chaos*, New York-Londres, Norton, 1993; et la présentation qu'en fait James Gleick dans *La théorie du chaos*, Paris, Flammarion, « Champs », 1991. Voir aussi J. Cohen et I. Stewart, *The Collapse of Chaos*, New York, Viking Penguin, 1994. Sur Anaximandre et l'évolution, voir Anaximandre, *Fragments et témoignages, op. cit.*, p. 219-232; Werner Heisenberg voit dans l'indéterminisme qu'il lit dans l'*apeiron* (infini) d'Anaximandre une anticipation du sien : « Ce dernier point de vue correspond naturellement à la doctrine d'Anaximandre et je suis convaincu qu'en physique moderne, c'est ce point de vue qui est le bon » (*Physique et philosophie, op. cit.*, p. 56).
2. Michel Delsol et collaborateurs, *Darwin, le hasard et Dieu* (à paraître prochainement), manuscrit, p. 20 et p. 51.

totalement indépendante de la série des causes qui a conduit le train à
la même heure précise ». Cet exemple est en fait à peu près identique
à celui que nous venons d'évoquer à la suite de David Bohm. Un
autre exemple, meilleur encore, est celui que fournit le jeu de la roulette, où il y a 36 numéros, et où il est facile de voir que l'arrêt de la
boule sur tel numéro plutôt que tel autre est dû à plusieurs causes
indépendantes outre l'impulsion initiale : le poids de la boule, la pres-
sion de l'air, la température peut-être, et ainsi de suite. Toutefois,
ajoute Delsol avec raison, « seulement le possible arrive ». Quand
même des milliards d'individus joueraient à la roulette pendant des
milliards d'années, jamais la boule ne tombera sur le 40, parce que
le 40 n'existe pas dans ce jeu. Bref, le hasard ne peut provoquer que ce
qui était possible dans le cosmos.

Il s'agit bien, précise-t-il, du possible s'opposant au nécessaire, et pas
du simple possible logique s'opposant à l'impossible[1]. « Si, dans l'histoire
de la vie, il s'est créé des appareils dénommés yeux capables de rendre
des cellules cérébrales sensibles à des rayons d'une certaine longueur
d'onde, cela veut dire que la matière cosmique était capable de fabriquer
ces yeux. » Il est curieux de constater que Monod, par exemple, n'ait pas
vu que « le hasard, qui fait apparaître les mutations, ne peut pas être
considéré comme créateur de nouveautés ». De même, « si, dans la
nature, grâce à des mutations dues au hasard et à la sélection, il s'est cons-
titué un cerveau pensant, c'est parce que ce cerveau était dans les possibilités du système de la nature. Le hasard n'aurait jamais pu réaliser ce cerveau pensant s'il n'avait pas existé dans les possibilités des propriétés de la
matière, de même qu'à la roulette la boule ne se posera jamais sur le 40
car dans ce jeu le 40 n'existe pas ». Le hasard désigne donc ainsi « un certain mode de causalité que les philosophes ont désigné souvent par l'ad-
jectif contingent ». « C'est cette contingence omniprésente dans l'évolution que nous désignons sommairement par le mot hasard. » Il y a ici
dans la position de Delsol un parallèle patent avec celle d'Aristote pour

---

1. Cette distinction fondamentale a été expressément formulée d'abord par Aristote : *De
Interpretatione,* c. 13, 22 *b* 29 - 23 *a* 20 ; voir aussi 22 *b* 11-14 ; *Analytica Priora* I, 3, 25 *a* 37 *b* 25 ; I, 13,
32 *a* 16 sq. Cf. la discussion fouillée de cette distinction par Denis O'Brien, dans *Etudes sur Parmé-
nide* (sous la direction de Pierre Aubenque), Paris, Vrin, 1987, t. I, p. 290 sq. O'Brien renvoie à
Robert Blanché, *La logique et son histoire d'Aristote à Russell,* Paris, 1970, 67-68 ; et à Gilles-Gaston
Granger, *La théorie aristotélicienne de la science* Paris, 1976, 179-184.

qui la causalité accidentelle est capitale pour comprendre la nature, et qui reproche à ses prédécesseurs d'avoir sous-estimé la signification de la contingence dans la nature[1].

Ce qui rend la position de Michel Delsol et de ses collaborateurs particulièrement pénétrante à notre avis, c'est la place qu'elle reconnaît et assigne au *possible naturel*[2]. La seule approche valide en ce qui concerne la finalité naturelle est l'approche empirique qui part du résultat, par exemple l'œil, la main, l'adulte pensant, pour remonter à ses conditions de possibilité *réelle*. La seule nécessité admissible, s'agissant de finalité, est en effet, comme l'a bien marqué Aristote, hypothétique, puisque sa réalisation peut toujours être empêchée[3]. Cette nécessité n'exclut aucunement le concours du hasard ; elle le suppose au contraire : pour rappeler des exemples classiques, telle espèce dans la nature ne parviendrait pas à se reproduire, n'étaient certains « gaspillages » — celui des spores pour les champignons ; ou celui de millions de spermatozoïdes dans le cas des humains. Pour n'être qu'un facteur entre bien d'autres causes, le hasard n'est pas moins indispensable à la réalisation d'effets essentiels. Reste à rendre compte de l'ensemble des causes, déterminées et indéterminées, qui concourent à la réalisation des prodiges de la nature, de manière constante et continue. La théorie synthétique de l'évolution, si elle est vraie, ne peut qu'accroître l'émerveillement devant ces résultats, le déterminisme laplacien et ses semblables étant décidément bien naïfs. L'extraordinaire beauté de l'univers et du monde de la vie, l'équilibre prodigieux qu'ils impliquent sont d'autant plus étonnants quand on a pris acte de l'immense marge d'indéterminisme et de « désordre » sans lesquels ils ne seraient pas *possibles*. Ils laissent pressentir qu'en dernière analyse seul un ordre de causalité transcendant à la fois l'indéterminisme et le déterminisme fasse sens.

---

1. Cf. Michel Delsol, *ibid.,* p. 56-61. Les textes relatifs à la contingence sont divers et nombreux chez Aristote ; mais la discussion la plus systématique se trouve dans la *Physique,* débutant avec les différents modes de causalité — à ne pas confondre, comme on le fait trop souvent, avec les quatre espèces de cause —, au livre II, 3, 195 *a* 27 - 195 *b* 30, et se poursuivant dans les trois chapitres relatifs au hasard (4 à 6, 195 *b* 30 - 198 *a* 13), puis dans les deux chapitres consacrés à la finalité (8 et 9, 198 *b* 10 - 200 *b* 8). Sur la sélection naturelle, voir Jean Gayon, *Darwin et l'après-Darwin,* Paris, Kimé, 1992.

2. Cf. Henri-Paul Cunningham, Hegel et la finalité naturelle chez Aristote, in *Laval théologique et philosophique,* vol. XXXVII, 3, octobre 1981, p. 283-294.

3. Cf. Aristote, *Physique* II, 8-9, 198 *b* 10 - 200 *b* 8.

12 / LE « PRINCIPE ANTHROPIQUE »

Par-delà son caractère fort incertain et les discussions abondantes qu'il suscite, le principe anthropique met en relief le fait sans doute le plus étonnant du point de vue cosmologique, à savoir l'apparition d'observateurs intelligents[1]. Voici des êtres où l'univers lui-même apparaît — à la fois présents à eux-mêmes et qui le « comprennent » au sens qu'admirait déjà Pascal : « Par l'espace, l'univers me comprend et m'engloutit comme un point ; par la pensée, je le comprends. »[2] Sa complexité mais aussi son unité se découvrent en une conscience capable d'amour, de joie et de souffrance, de parole aussi, à la mesure de cette pensée. La conscience en question dépasse infiniment l'univers puisqu'elle sait là où l'univers ne sait rien ; infinité pourtant rendue possible par la nature, dont nous sommes au moins partiellement des produits. Or les propriétés du cosmos sont des conditions nécessaires de l'émergence de nos vies humaines. (Il n'est pas possible d'entrer ici dans le détail, d'une précision inouïe, de ces conditionnements, qui ont été abondamment décrits dans les ouvrages indiqués.) F. Dyson l'exprime en termes sans doute trop simples : « Lorsque nous regardons l'univers et identifions les multiples accidents de la physique et de l'astronomie qui ont travaillé de concert à notre profit, tout semble s'être passé comme si l'univers devait, en quelque sorte, savoir que nous avions à apparaître. » La genèse des êtres vivants présupposait des molécules organiques dont les éléments supposent à leur tour une évolution stellaire avancée. Les constantes physiques fondamentales font apparaître des grands nombres curieusement identiques ou propor-

---

1. On trouve les deux articles fondateurs — de R. Dicke (1961) et de B. Carter (1974) —, ainsi que beaucoup d'autres, dans l'excellent collectif *Physical Cosmology and Philosophy* (éd. John Leslie), New York, Macmillan, 1990 ; voir aussi F. Dyson, *Energy in the Universe*, in *Scientific American*, 1971, vol. 225, 51-59 ; John D. Barrow et Frank J. Tipler, *The Anthropic Cosmological Principle*, Oxford University Press, 1986 ; Reinhard Breuer, *The Anthropic Principle. Man as the Focal Point of Nature*, trad. de l'allemand, Boston-Basel-Berlin, Birkhäuser, 1991 ; Errol E. Harris, *Cosmos and Anthropos* (1991) et *Cosmos and Theos* (1992), New Jersey et Londres, Humanities Press.
2. *Pensées*, B 348, L 113. « Who can measure the orbit of his soul ? » (Oscar Wilde).

tionnés (observés déjà par Eddington et Dirac) sans lesquels l'espèce humaine n'aurait pu émerger. Comme l'écrit Jean Ladrière : « Il est frappant par exemple de constater que l'existence humaine ne serait pas possible si l'univers n'avait pas des dimensions spatiales de l'ordre d'au moins 10 milliards d'années-lumière. Ceci ne transforme pas radicalement la question classique de la signification des corps, mais lui donne une profondeur spatiale et temporelle qui en renforce la difficulté. Par son corps, chaque être humain est directement relié non seulement à son environnement immédiat mais à la structure tout entière du cosmos et à toute l'évolution cosmique. Or pourquoi cette dérive extraordinaire qui conduit de la formation du carbone à la constitution du cerveau de l'*homo sapiens*? (...) Pourquoi cette étrange condition? Pourquoi cet immense détour, le "big bang", les innombrables galaxies, les populations d'étoiles, et toute la genèse évolutive, pour qu'en un endroit perdu du cosmos vienne émerger la vie du sens? »[1]

Comment en déduit-on l'existence de Dieu? L'argument de Richard Swinburne à partir du « réglage minutieux » *(fine-tuning)* de l'univers mérite toute l'attention qu'il a reçue[2]. Son point fort est que l'apparition de la vie intelligente n'est nullement probable sans Dieu, car seul un Dieu tout-puissant a le pouvoir de susciter un univers aussi minutieusement réglé, rendant possible de surcroît la vie intelligente. Pour apprécier à sa pleine valeur ce point, il est clair qu'il faut toutefois s'être fait une idée précise de la grandeur de la pensée et de son irréductibilité à la matière. C'est assez dire aussi, dans le double contexte des neurosciences et de l'embryologie moderne dont nous parlions plus haut, tout le travail qui attend ceux et celles qui voudront approfondir cette question.

Une autre réponse à cette question est celle que fournit l'argument d'Errol Harris, qui reformule à neuf la « preuve téléologique »[3]. L'univers physique se révèle maintenant comme un tout unique, indivi-

---

1. Jean Ladrière, Le principe anthropique. L'homme comme être cosmique, in *Cahiers de l'école des sciences philosophiques et religieuses*, n° 2, 1987, p. 27 et 30.
2. Cf. Richard Swinburne, Argument from the fine-tuning of the universe, *in* Leslie (éd.), *op. cit.*, p. 154-173 ; et *The Existence of God*, Oxford, 1979.
3. Cf. Errol Harris, *Cosmos and Anthropos, op. cit.*, c. 12, p. 161-174, chap. 12, p. 161-174 ; *Cosmos and Theos, op. cit.*, c. 10, p. 131-159. Mais ces deux livres tout à fait remarquables méritent une lecture complète.

sible, insécable, un système gouverné par un principe dynamique uni-
taire. Il s'auto-organise en quelque sorte. Or la téléologie n'est autre,
nous l'avons vu, que le principe d'ordre dans les parties d'un tout
structuré — la genèse du tout lui-même. Harris renvoie à la phrase
d'Aristote : « Ce n'est pas toute espèce de terme *(eschaton)* qui prétend
être une fin *(telos)*, c'est le meilleur *(to beltiston)* » (*Physique*, II, 2,
194 *a* 32-33). Le tout n'est toutefois qu'implicite aussi longtemps qu'il
n'a pas été saisi dans une expérience consciente : le principe d'ordre
n'est donc pleinement actualisé que lorsqu'il s'explicite en une conscience. L'ordre naturel engendre ainsi une compréhension intelligente
de lui-même, pour ainsi parler. Pourtant, cette compréhension, par un
être soumis au temps et dont la connaissance est toujours incomplète,
n'est que partielle ; réelle, certes (à preuve la réussite de la technique :
fusées interplanétaires et le reste), mais tout de même très imparfaite.
La compréhension ne peut être parfaite qu'en une intelligence omnis-
ciente, et le tout de l'univers ne peut être achevé qu'en et par une
intelligence dirigeant et ordonnant tous les êtres, c'est-à-dire Dieu.

De même, on le voit, que l'argumentation de Swinburne nécessite,
afin d'être appréciée, une bonne intelligence de l'intelligence elle-
même en sa dignité singulière (ce qu'il ne nous est pas loisible de déve-
lopper ici), de même celle de Harris oblige à reconsidérer à fond la
« preuve téléologique » ; Thomas d'Aquin jugeait cette dernière « la
plus efficace », et Kant — malgré ses réserves bien connues quant à
toutes les « preuves » — l'estimait par-dessus toutes ; Hegel davantage
encore si c'est possible. C'est à y réfléchir que la science contemporaine nous convie, et ne cessera, à l'évidence, de nous convier de plus
en plus. A l'expression « principe anthropique », certains, tels Reeves,
Prigogine et Morin, préféreraient « principe de complexité »[1]. Prodigieux défi pour la pensée humaine, voici que cette complexité doit
prendre en compte cette dernière, que la pensée doit se penser comme
le lieu de dévoilement de cette complexité même à laquelle elle appartient pourtant et dont elle est solidaire ; et s'interroger non seulement

---

1. Cf. Edgar Morin, *La méthode* (5 vol. parus), et *Introduction à la pensée complexe*, Paris,
ESF éditeur, 1990. Nous recommandons tout particulièrement la thèse de doctorat de Robin For-
tin, *Introduction à la méthode d'Edgar Morin*, Université Laval, 1991. Voir d'autre part J.-J. Wunenburger, *La raison contradictoire*, Paris, Albin Michel, 1990.

sur le rôle qu'elle y joue, mais sur sa propre raison d'y être. Comment ces infinis pourraient-ils l'habiter si aisément si elle n'était qu'amas « organisé » de cellules nerveuses ? Pourquoi semble-t-elle appelée à tenter de comprendre de mieux en mieux cette complexité et éprouve-t-elle une telle passion à le faire ?

13 / LA SOI-DISANT « PREUVE ONTOLOGIQUE »

Une remarque au moins s'impose à la suite de ces trop brèves considérations relatives à l'intelligence. Nous avons laissé de côté, jusqu'à présent, l'argument dit « ontologique », auquel on reproche d'ordinaire la faute de conclure à l'existence de l'être le plus parfait à partir de la présence de l'idée de cette perfection en nous.

Il n'est pas possible ici de juger des mérites ou démérites de cette soi-disant preuve, ni même de voir si elle a vraiment été originellement conçue comme une « preuve », « ontologique » de surcroît. Nous nous contenterons d'une remarque seulement. Selon saint Anselme, auteur de l'argument, « Dieu » signifie pour nous « quelque chose dont on ne peut rien concevoir de plus grand »[1]. Mais il dit plus encore : « Tu n'es pas seulement celui dont on ne peut rien concevoir de plus grand, *mais tu es encore plus grand que l'on ne peut concevoir.* »[2] En d'autres termes, « la pensée ne perçoit donc pas l'existence de Dieu dans un concept, mais dans un concept limite, qui exprime un mouvement dynamique de la pensée au-delà d'elle-même ». « (...) L'argument ne suppose jamais aucun concept, parce qu'il s'appuie précisément sur

1. *Proslogion*, c. II (trad. A. Koyré) : « Nous croyons [dit-il bien] que tu es quelque chose dont on ne peut rien concevoir de plus grand » : *credimus te esse aliquid quo nihil majus cogitari possit.*

2. *Proslogion*, chap. XV : « Non solum es quo majus cogitari nequit, sed es quiddam majus quam cogitari possit. » Cf. Hans Küng, *Does God Exist ?* (transl. by Edward Quinn, New York, Vintage Books, 1981) : « Does not the idea of a being than which nothing greater can be conceived, which is the absolutely necessary in all contingency, make clear that what is involved here is the knowledge of one that is wholly other ? » (p. 535). Cet ouvrage est aussi traduit en français aux Editions du Seuil : *Dieu existe-t-il ?*

l'impossibilité reconnue de tout concept de Dieu (...) Dieu n'admet pour quasi-concept que sa transcendance à l'encontre de tout concept pensable (...) Dieu commence quand cesse le concept. »[1]

Dieu ne peut dès lors être connu que par lui-même : jamais la pensée humaine ne peut en tout cas le faire sienne. Il semble habiter, pour toute intelligence autre que lui-même, une « lumière inaccessible » (*I Timothée*, 6, 16). Le concept de Dieu est, comme dit Kant, « le véritable abîme de la raison humaine » (*KRV,* B 641 ; Pléiade I, 1225). Cette incompréhensibilité, dès longtemps reconnue, nous met à nouveau en présence de notre finitude : nos concepts sont finis, ce qui n'a cependant de signification qu'en regard d'un infini, vu que toute imperfection implique son opposé, la perfection. Encore une fois, cet infini, pour nous incompréhensible, ne serait-il pas, justement, Dieu ? Car incompréhensibilité et perfection ne font ici qu'un.

14 / L'EXPÉRIENCE INTERNE

Cette expérience n'est évidemment pas moins importante que la précédente, mais nos considérations du début ont partiellement anticipé, sans toutefois les expliciter, plusieurs des points qui suivront, de sorte que nous pourrons faire plus court. Nous ne pouvons évidemment rendre compte en quelques lignes de l'expérience intérieure de Dieu. Au centre de celle-ci, il y a l'expérience mystique, dont témoignent tant de chefs-d'œuvre — de Thérèse d'Avila, par exemple, ou de Jean de la Croix. Puis celle du sacré, au sens du « numineux », expérience d'effroi et de fascination à la fois, décrite par Rudolf Otto dans *Das Heilige (Le sacré)*. Notre ambition est nettement plus modeste et s'en tient au niveau du « rationnel », même si la dimension esthétique, l'obligation morale et le désir de Dieu dépassent le rationnel au sens court du terme.

1. La première citation est de Walter Kasper, *op. cit.,* p. 172 sq. ; la seconde de Jean-Luc Marion, *Questions cartésiennes,* Paris, PUF, 1991, p. 233 sq. ; lire tout le chapitre VII : « L'argument relève-t-il de l'ontologie ? », p. 221-258, le meilleur texte à notre connaissance — parmi d'innombrables — touchant l'argument dit ontologique.

15 / L'OBLIGATION

Telle qu'évoquée par Lévinas, la pauvreté essentielle du visage humain qui cependant oblige rend bien, pensons-nous, le sens du mot d'obligation ici ; il ne s'agit nullement d'une contrainte, mais d'un appel à notre liberté. Ici comme ailleurs, cette liberté est tendue entre le fini et l'infini. Selon Marcel Proust : « Toutes ces obligations, qui n'ont pas leur sanction dans la vie présente, semblent appartenir à un monde différent, fondé sur la bonté, le scrupule, le sacrifice, un monde entièrement différent de celui-ci, et dont nous sortons pour naître à cette terre, avant peut-être d'y retourner vivre sous l'empire de ces lois inconnues auxquelles nous avons obéi parce que nous en portions l'enseignement en nous, sans savoir qui les y avait tracées — ces lois dont tout travail profond de l'intelligence nous rapproche et qui sont invisibles seulement — et encore ! — pour les sots. »[1]

Telle est, aussi bien, la loi morale éprouvée dans la conscience. D'où nous vient cette indignation que nous éprouvons tous devant au moins certaines injustices à l'endroit de gens pourtant inconnus, en de lointains pays ? « D'où savons-nous [demande Augustin] ce qu'est un juste ? (...) Si seul le juste aime le juste, comment quelqu'un voudra-t-il être juste qui ne l'est pas encore ? Car nul ne veut être ce qu'il n'aime pas. (...) Or, il ne peut aimer le juste, celui qui ignore ce qu'est le juste. C'est donc qu'il sait ce qu'est le juste, celui-là même qui ne l'est pas encore (...) Mais comment savons-nous ce qu'est le juste, alors même que nous ne le sommes pas ? (...) Lorsque je cherche à en parler, je n'en trouve pas l'idée ailleurs qu'en moi-même, et si je demande à un autre ce qu'est le juste, c'est en lui-même qu'il cherche quoi répondre. (...) Ce n'est pas là chose que j'ai vue de mes yeux (...) je vois une réalité présente, je la vois en moi, encore que je ne sois pas ce que je vois. »[2]

---

1. *La prisonnière*, in *A la recherche du temps perdu*, Paris, Gallimard, 1954, III, p. 188. Voir d'autre part les deux très bons livres de Paul Valadier, *Inévitable morale*, Paris, Seuil, 1990, et *Eloge de la conscience*, Paris, Seuil, 1994.
2. Saint Augustin, *De Trinitate*, VIII, VI, 9, trad. P. Agaësse (*Œuvres*, in Bibliothèque augustinienne, vol. 16, p. 50-55).

Quelle est, en somme, l'origine de cette idée et de ce désir si fort
de justice en chacun de nous ? D'où vient l'espérance de justice que
tous éprouvent, pour eux-mêmes, et pour autrui ? On ne peut être
délivré du cercle infernal de la violence que par un commencement
radicalement nouveau. Une justice totale ne peut provenir d'un être
fini, mais seulement d'un esprit englobant et déterminant toutes
choses, ce que nous appelons Dieu. Elle suppose un sens, une raison
du tout qui nous échappe et que tentent en vain depuis longtemps
d'établir les philosophies de l'histoire. L'hypothèse d'un non-sens
absolu est constamment infirmée par les expériences de sens partiel
qu'il nous arrive d'avoir, dans l'amour entre humains, par exemple.
Ce sens partiel éveille la question du sens du tout, et permet d'espérer, mais d'une espérance qui ne se satisfera que d'une justice
absolue[1].

16 / LE DÉSIR DE DIEU

Nos désirs ne sont jamais satisfaits et semblent rechercher autre
chose qui les satisfasse et qui soit, comme eux, infini. Chaque désir
renvoie à son tour à un autre, lequel sera lui aussi relatif et ne sera
pas non plus pleinement satisfait. L'infinité du désir humain ne peut
être comblée que par un absolu. On reconnaît la ligne précitée de la
première page des *Confessions* d'Augustin : « Notre cœur est inquiet
tant qu'il ne repose pas en toi. » Ou Pascal : « Le gouffre infini ne
peut être rempli que par un objet infini et immuable, c'est-à-dire
que par Dieu même. » Pour Aristote déjà, Dieu meut tous les êtres
hos erômenon, en étant l'ultime désiré, ou aimé. C'est aussi un thème
fondamental chez Hegel, bien résumé à cet égard par J. Moussé :
« (...) le désir qui déborde ces réalités [finies] et demeure incapable

---

1. Cf. W. Kasper, *op. cit.,* p. 168 sq. ; J. Richard, *loc. cit.,* p. 10-11. Sur les apports de Kant
et Newman à ce thème, voir J.-H. Walgrave, in *L'existence de Dieu, op. cit.,* p. 109-132. Sur le
témoignage essentiel de Simone Weil, voir G. P. Di Nicola et A. Danese, *Simone Weil. Abitare
la contraddizione,* Roma, Ed. Dehoniane, 1991.

de s'en satisfaire est lui-même intérieur à l'expérience. Ce n'est pas un concept abstrait, c'est la réalité même de l'existence » (...) Hegel avait compris que l'infini du désir reste indissociable des entreprises finies des hommes. « En ce sens, ne peut-on pas dire que l'expérience de l'homme est en même temps expérience de Dieu ? » Il doit être clair qu'on est à présent dans l'ordre du bien, qui est toujours l' « au-delà de l'essence », *epekeina tês ousias,* selon l'expression profonde de Platon. Dieu apparaît ici « comme souverain bien, souverain en tant que le bien, non en tant qu'être » (Marion). « Et c'est là réellement voir Dieu que de ne jamais trouver de satiété à ce désir », ose dire Grégoire de Nysse[1].

L'argument du désir ne doit pas être sous-estimé, comme il risque de l'être si on glisse à sa surface. Les raisons du cœur dont parlait Pascal ne sont pas à l'eau de rose : elles visent notre intimité la plus profonde, notre être tout entier. Cet argument est en réalité très fort — autant que la faim et la soif dans leur démonstration irréfutable de la *réalité* de l'aliment. N'allez pas dire à ceux que la faim tenaille, qui *meurent* littéralement de faim, qu'elle est une illusion et l'aliment lui aussi d'ailleurs. Ils en meurent, parce que l'aliment leur est nécessaire ; s'il est nécessaire, c'est qu'il existe. Le manque d'aliment immédiat en témoigne assez. Camus parlait magnifiquement de « ce désir éperdu de clarté dont l'appel résonne au plus profond de l'homme »; et encore : « Cette nostalgie d'unité, cet appétit d'absolu illustre le mouvement essentiel du drame humain. »[2] Pourquoi refuserait-on à cet absolu qui tenaille ainsi le cœur humain la réalité qu'on reconnaît à l'aliment ordinaire ? Qui osera dire à une amante ou à un amant véritables que l'être qu'ils aiment n'est pas dans leur cœur et n'a pas de réalité parce qu'il est absent — ou semble l'être ?

---

1. Pascal, *Pensées,* B 425, L 148 ; Aristote, *Métaphysique,* livre *Lambda* (XII), 7, 1072 *b* 1-13 ; J. Moussé, Que signifie le mot « Dieu »?, in *Mélanges de science religieuse,* t. 45, n° 3-4, 1988, p. 156 ; Platon, *République,* VI, 509 *b* ; Jean-Luc Marion, *Questions cartésiennes, loc. cit.,* p. 146 ; Grégoire de Nysse, *Vie de Moïse,* 401 A - 405 A (cf. Plotin, *Ennéades,* V, 6, 5). La plus belle, et originale, présentation contemporaine de l'argument du désir est à notre avis celle de C. S. Lewis dans The Weight of Glory, in *They Asked for a Paper,* Londres, Geoffrey Bles, 1962, p. 197-211 ; repris dans *Screwtape Proposes a Toast.*

2. *Le Mythe de Sisyphe, op. cit.,* p. 37 et 32-33.

17 / LE SENS DU SENS

Un des thèmes les plus remarquables chez Kant concerne le sublime, ou plus exactement ce qu'il révèle de notre propre nature. S'appuyant sur la *Critique de la faculté de juger* et sur les célèbres *Leçons sur l'Ethique*, Paul Guyer a montré que l'expérience du sublime doit, selon Kant, engendrer en nous un sentiment de « respect pour notre propre vocation » d'humains. « En tant que représentants de l'humanité nous devrions nous tenir en haute estime. » Dans l'expérience du sublime, nous reconnaissons en effet notre propre liberté, laquelle seule peut nous donner une image de la sublimité de Dieu[1].

« Si le monde était clair, écrivait Camus, l'art n'existerait pas. »[2] Il n'est pas d'œuvre littéraire qui ait fait l'objet d'autant de traductions et de commentaires au XXe siècle que celle de Franz Kafka. On peut s'en surprendre puisqu'il dépeint un univers effrayant et anonyme, dominé par la même logique absurde que l'univers bureaucratique. L'être humain s'y trouve dans un labyrinthe où tout a une explication claire mais immédiate seulement, comme dans la nouvelle *Les armes de la ville,* où le but de la construction de la Tour de Babel a été oublié ; on s'est arrêté en chemin à des buts secondaires et provisoires, pour s'égarer ensuite dans le labyrinthe du monde. On y voit en même temps un monde étroitement positiviste auquel échappe complètement la réalité du symbole. Or le symbole est pourtant doublement réel, comme il est patent dans le cas du mot : écoutant sans la comprendre une langue étrangère, nous perdons l'essentiel. Le monde kafkaien est ainsi dénué de sens selon la double acception de ce mot : désacralisé et coupé de toute transcendance, il n'a pas plus de *signification* que de *direction*. Le « caractère profondément religieux de tout Kafka » (Ionesco) est manifeste[3].

---

1. Cf. Paul Guyer, Nature, art and autonomy : A copernican revolution in Kant's aesthetics, in *Theorie der Subjektivität, op. cit.,* p. 299-343. Voir d'autre part Andrew Bowie, *Aesthetics and Subjectivity : From Kant to Nietzsche,* Manchester University Press, 1990.
2. Albert Camus, *Le mythe de Sisyphe, op. cit.,* p. 135.
3. Nous nous inspirons ici des lectures d'Albert Camus, *op. cit.,* p. 173-189 ; Eugène Ionesco, in *Les critiques de notre temps et Kafka* (collectif), Paris, Garnier Frères, 1973, p. 93-95 ; Erich Heller, *The Disinherited Mind,* New York, 1975, p. 199 sq. ; Hannah Arendt, *La tradition cachée,* trad. Sylvie Courtine-Denamy, Paris, Bourgois, 1987, p. 96 sq.

« La grandeur de l'art véritable, nous dit Proust, est de retrouver, de ressaisir, de nous faire connaître cette réalité loin de laquelle nous vivons (...) et qui est tout simplement notre vie. »[1] Son mode privilégié pour le faire est celui de la beauté qui peut, comme certains chefs-d'œuvre de Shakespeare, par exemple, faire voir aussi le laid et l'absurde.

Beauté et sens ne font qu'un, l'essentiel de leur être étant la lumière, allant jusqu'à la splendeur. De là les mots du poète : « Beauty is truth, truth Beauty — that is all Ye know on earth and all ye need to know. »[2] Tous ceux qui, en Occident, ont tenté de penser la beauté, sont redevables avant tout au *Banquet* et au *Phèdre* de Platon, où l'on voit qu'elle est à la fois sensible et « visiblement transcendante » selon la formule si juste d'Iris Murdoch, éveillant à la fois la nostalgie et l'enthousiasme. Mais Baudelaire a tout dit en ces lignes qu'il a aimé répéter : « C'est cet admirable, cet immortel instinct du Beau qui nous fait considérer la Terre et ses spectacles comme un aperçu, comme une *correspondance* du Ciel. La soif insatiable de tout ce qui est au-delà et que révèle la vie, est la preuve la plus vivante de notre immortalité. C'est à la fois par la poésie et *à travers* la poésie, par et *à travers* la musique, que l'âme entrevoit les splendeurs situées derrière le tombeau ; et quand un poème exquis amène les larmes au bord des yeux, ces larmes ne sont pas la preuve d'un excès de jouissance, elles sont bien plutôt le témoignage d'une mélancolie irritée, d'une postulation des nerfs, d'une nature exilée dans l'imparfait et qui voudrait s'emparer immédiatement, en cette terre même, d'un paradis révélé. Ainsi le principe de la poésie est, strictement et simplement, l'aspiration humaine vers une Beauté supérieure, et la manifestation de ce principe est dans un enthousiasme, un enlèvement de l'âme... »[3]

Cette nostalgie d'absolu qu'éprouve notre « nature exilée dans l'imparfait » rappelle le thème de la *Sehnsucht,* et de l'exil de l'artiste de la réa-

---

1. Marcel Proust, *Le temps retrouvé,* in *op. cit.,* p. 895. Cf. John Berger, *Keeping a Rendez-vous,* New York, Pantheon Books, 1991 (sur le cinéma notamment), et H. G. Gadamer, *L'actualité du beau,* éd. et trad. Elfie Poulain, Aix-en-Provence, Alinea, 1992.
2. John Keats, *Ode on a Grecian Urn.*
3. Charles Baudelaire, in *Œuvres,* La Pléiade, 1951, p. 1023 ; et préface aux *Nouvelles Histoires extraordinaires* d'Edgar Poe. Cf. J. L. Borges : « esta inminencia de una revelación, que no se produce, es, guizá, el hecho estético » (*Otras inquisiciones,* Madrid, 1985, p. 12).

lité dans la littérature allemande. Il nous reporte ainsi à l'argument précédent, du désir de Dieu. Ce que les beaux-arts ont en propre, cependant, c'est qu'ils nous permettent d'exprimer l'inexprimable. Ce qui fait la grandeur de la musique, par exemple, c'est qu'elle rend merveilleusement l'indicible des sentiments de langueur ou de tristesse, assurément, mais avant tout l'amour, la joie et la jubilation qui dépassent le verbe. *Cantare amantis est* (Augustin). L'amour chante. La facilité avec laquelle la musique émeut révèle son affinité profonde avec l'intériorité et avec le dynamisme de l'âme. L'impression produite par le son s'intériorise aussitôt pour être portée ensuite par notre seule intériorité subjective. Notre être est soumis au temps où tout s'évanouit, comme le son lui-même. Le temps est en quelque sorte la matière privilégiée de la musique, puisque l'expérience musicale est constituée au départ de mémoire, d'attention et d'attente, les trois actes de l'âme qui fondent simultanément le temps en notre conscience. La musique porte ainsi au jour les dimensions les plus mystérieuses, inexprimables autrement, de notre être et de sa condition, et fournit un excellent exemple du caractère indispensable de l'art pour donner sens à la vie. Comme tous les beaux-arts, elle prouve à quel point nous avons besoin du *mythos* autant que du *logos,* en vue de déchiffrer le sens de nos vies. Et n'est-elle pas pourtant fondée sur des proportions mathématiques, par conséquent sur la raison en même temps[1] ?

---

1. Cf. Platon, *République* III, 401 *d* : « Elle pénètre à l'intérieur de l'âme et s'empare d'elle de la façon la plus énergique » ; voir aussi livre IV ; Aristote, *Politique,* VIII, chap. 5-7 ; V. Jankélévitch, *La musique et l'ineffable,* Paris, Seuil, 1983, p. 7 : « Par une irruption massive la musique s'installe dans notre intimité et semble y élire domicile. » Pour Schopenhauer, elle est « l'expression directe de la volonté elle-même » ; de là son action immédiate sur « la volonté, c'est-à-dire sur les sentiments, les passions et les émotions de l'auditeur » ; elle est « le plus puissant même de tous les arts » (cf. *Le monde comme volonté et représentation,* Suppléments, chap. XXXIX, trad. Burdeau et Roos, Paris, PUF, 1966, p. 1189 ; voir aussi livre III, 32, p. 327 sq., en particulier 332). D'une exceptionnelle profondeur, et étrangement méconnues, sont les pages de l'*Esthétique* de Hegel sur la musique ; voir trad. S. Jankélévitch, Paris, Aubier Montaigne, 1944, t. III, 3ᵉ partie, chap. II, p. 294-365. Pour Paul Ricœur, le « joyau du trésor » du livre XI des *Confessions* concernant le temps, c'est l'exemple du chant qu'y apporte Augustin pour illustrer la *distentio animi,* la « distension de l'âme » (la triple tension vers le passé, le présent et l'avenir constituant un triple présent), qu'est le temps : voir *Temps et récit,* t. I, Paris, Seuil, 1983, p. 19-53, surtout 39. L'ouvrage classique de Boèce a été enfin traduit à Yale (1989), sous le titre *Fundamentals of Music.* Sur la musique *mysterium tremendum* où se situerait « l'essentiel dans toute analyse de l'expérience humaine de la forme comme sens », voir George Steiner, *op. cit.,* principalement p. 15-16, 39, 48, 210, 258. Deux nouvelles études remarquables sont aujourd'hui Anthony Storr, *Music and the Mind,* Macmillan, The Free Press, 1992 ; et Gábor Csepregi, L'actualité de la philosophie de l'éducation de Kodály, in *Science et esprit,* vol. XLV, janvier-avril 1993, p. 93-105.

D'où vient cette passion de connaître dont il a été question dans ce qui précède, c'est-à-dire d'explorer, de découvrir, de rechercher, cette exigence de la pensée désirant comprendre toujours plus précisément, plus sûrement, qui définit l'activité des savants ou des penseurs authentiques quels qu'ils soient ? De même, cette soif, ce besoin sans limites, qu'a l'artiste de créer œuvres après œuvres : pour le peintre, de célébrer, comme dit Merleau-Ponty, l'énigme de la visibilité. « Durerait-il des millions d'années encore, le monde, pour les peintres, s'il en reste, sera encore à peindre, il finira sans avoir été achevé. »[1] Dans le passage cité, Proust écrit encore : « Il n'y a aucune raison dans nos conditions de vie sur cette terre pour que nous nous croyions obligés à faire le bien, à être délicats, même à être polis, ni pour l'artiste athée de recommencer vingt fois un morceau dont l'admiration qu'il excitera importera peu à son corps mangé par les vers, comme le pan de mur jaune que peignit avec tant de science et de raffinement un artiste à jamais inconnu, à peine identifié sous le nom de Ver Meer. » Dans les deux cas, celui du savant et celui de l'artiste, nous assistons à la quête de sens, au désir de trouver ou de donner sens. Elle n'a pas de cesse, parce qu'elle n'atteint jamais que du fini, de l'inachevé, de l'imparfait, qui appelle, requiert un autre, *son* autre, et ainsi de suite jusqu'au dernier autre possible intégré dans l'absolu, qui ne pourrait avoir, lui, d'opposé. Cette quête de sens se confond bien entendu avec celle du bonheur.

Comme d'une source intarissable, avec une profusion inouïe, proprement infinie, le génie, la création artistique font sens et nous débordent de toute part. L'art étonne, fait ressurgir incessamment du sens — ou une absence de sens, ce qui revient au même, puisque c'est poser la question. Mais ici encore, faut-il se demander, d'où vient ce sens, cette perpétuelle quête de sens ? D'où vient cette question inéluctable du *sens du sens* ?

---

1. Maurice Merleau-Ponty, *L'œil et l'esprit*, Paris, Gallimard, 1964, p. 90 ; sur l'énigme de la visibilité, cf. p. 26. Cf. d'autre part Michel Henry, *Voir l'invisible, op. cit.*, et V. L. Marion, *La croisée du visible*, Paris, éd. de la Différence, 1991. Sur la quête scientifique, voir C. Chandrasekhar, *Truth and Beauty. Aesthetics and Motivation in Science*, University of Chicago Press, 1987.

18 / CONCLUSION

En tentant de penser Dieu, ce qu'elle ne peut faire que de la manière dynamique esquissée, comme quelque chose de toujours infiniment plus grand qu'elle, la pensée humaine entrevoit du coup, si confusément et imparfaitement que ce soit, tout le reste de ce qui est et n'est pas — et s'entrevoit elle-même : ses limites, certes, mais aussi sa grandeur. Jean de la Croix, que nous avons cité en exergue, a donc raison : une seule pensée humaine vaut plus que tout l'univers, à tel point que Dieu seul en est digne. La pensée dépasse infiniment l'univers jusqu'à Dieu, qu'elle pressent comme la surpassant infiniment, indiciblement, mais comme *donnant* sens à tout ce qu'elle connaît et à tout ce qu'elle désire du plus profond de son être. Plus que toute autre question, par conséquent, la question de Dieu manifeste la grandeur de l'être humain[1].

---

1. Voir, dans le même sens, François Chenet, *Que prouvent les preuves indiennes de l'existence de Dieu ? Sur la théologie rationnelle d'Udayana,* in *Les Cahiers de Philosophie,* n° 14, 1992, « L'Orient de la pensée », *Philosophies en Inde* (sous la direction de J.-L. Solère), p. 65-94. L'idée de Dieu définit « l'une des intentions maîtresses de la pensée humaine — intention à la fois inévitable et irréalisable en raison de cette irréductible absence-présence qui est celle de Dieu pour elle » (p. 94). Nos préjugés occidentaux souffrent d'une ignorance inqualifiable : « J'entends l'ignorance de la grande, de la merveilleuse aventure de la philosophie indienne. A preuve l'importance cardinale que cette pensée a attachée aux exigences de la pensée rationnelle » (p. 66). Cf. *supra,* p. 11.

VI

L'amitié

« Let me not to the marriage of true minds
Admit impediments ; love is not love
Which alters when it alteration finds
Or bends with the remover to remove.
O no, it is an ever-fixed mark
That looks on tempests and is never shaken (...)
If this be error, and upon me proved,
Then I never writ, nor no man ever loved. »

(Shakespeare, *Sonnet* 116.)

« ... The more I give to thee,
The more I have... »

(*Romeo and Juliet*, II, II, 134-135.)[1]

Le thème de la reconnaissance *(Anerkennung),* dû initialement à Fichte, est quasi omniprésent en l'œuvre de Hegel[2]. Nous en avons indiqué toute la pertinence actuelle dans notre premier chapitre. La célèbre analyse de Hegel débute, dans la *Phénoménologie de l'esprit,* en IV A, par

---

1. Les deux derniers vers du sonnet 116 de Shakespeare sont ainsi traduits dans l'édition de la Pléiade (Shakespeare, *Poèmes,* trad. Jean Fuzier, Paris, Gallimard, 1959, p. 145) : « Si l'on peut me prouver que je me suis trompé, /Je n'ai jamais écrit, nul n'a jamais aimé. » Mais la traduction des premiers vers n'a à peu près rien à voir avec l'original. Les grands poètes étant intraduisibles, nous ne saurions en tenir rigueur aux traducteurs, et encore moins faire mieux qu'eux. Mais le sens est : l'amour n'est pas de l'amour s'il change quand il découvre des changements, ou qui, délaissé, délaisse à son tour. Quant aux paroles de Juliette dans *Roméo et Juliette,* II, II, 134-135, la tâche est plus facile : « Plus je te donne, plus je possède. »
2. Cf. Robert R. Williams, *Recognition. Fichte and Hegel on the Other,* State University of New York, 1992, dont nous nous inspirons ; l'auteur veut montrer que l'idéalisme allemand a bel et bien discuté de l'autre, de l'intersubjectivité et de l'interhumain sous la rubrique d'*Anerkennen,* et prend la défense de Fichte et de Hegel contre l'accusation d'avoir réduit l'autre au même. Jacques Derrida a tout à fait raison, selon Williams, de juger Lévinas plus proche de Hegel qu'il ne le croit. D'après H. S. Harris, « L'importance du concept de "reconnaissance" dans la *Phénoménologie de l'esprit* ne saurait guère être surestimée puisqu'il est l'élément racine du concept même d'esprit. Le grand arc de l'apparition de l'esprit va de la reconnaissance mutuelle de l'inimitié absolue à celle de la charité absolue » (H. S. Harris, The concept of recognition in Hegel's Iena manuscripts, in *Hegel-Studien,* Beiheft 20 [1979], p. 229).

« le pur reconnaître »[1]. On voit au § 4 que, contrairement au désir, la reconnaissance ne réduit pas l'autre au même. Il y a dans la reconnaissance une coïncidence avec soi et une satisfaction qui ne s'obtient pas par l'élimination de l'autre, mais par solidarité avec lui. Le désir *(Begierde)* coïncide avec soi en s'emparant de l'objet et le niant ou supprimant (quand je mange cette pomme, par exemple). La reconnaissance, au contraire, laisse l'autre être lui-même et libre. Ce qui permettra à cet autre de reconnaître, ou au contraire de refuser la reconnaissance. Or cette reconnaissance non forcée, libre, est cruciale pour le moi. La reconnaissance qui compte vient d'un autre n'étant pas à ma disposition.

Pareille solidarité, loin d'être une identité de type abstrait, excluant la différence, en est bien plutôt une de type social, fondée sur une médiation intersubjective réciproque, d'où résulte le « nous », universel concret, exhibant à la fois ce que sont les deux individus et leur reconnaissance mutuelle. Aux § 5 et 6 on voit que le mouvement de reconnaissance est celui des deux consciences de soi : chacun voit l'autre faire comme lui. La reconnaissance est essentiellement une action bilatérale, où l'action de l'un ne se sépare pas de l'action de l'autre. D'où l'affirmation, en conclusion, au § 7, que la reconnaissance est essentiellement les deux relations dans la réciprocité : à soi et à l'autre ; témoin la dernière ligne : « Sie *anerkennen* sich, als *gegenseitig sich anerkennend* : "Ils se *reconnaissent* comme *se reconnaissant mutuellement*" » (trad. Jarczyk et Labarrière, p. 49).

Suit la fameuse dialectique du maître et de l'esclave :

a / Hegel part de l'extrême de l'exclusion réciproque : « das eine nur Anerkanntes, der andre nur Anerkennendes ist » (Hoffmeister) : « l'un est seulement reconnu, l'autre seulement reconnaissant » (dernières lignes du § 8). C'est le résultat de la lutte pour la vie ou la mort, où chacun risque sa propre vie et où, en raison de sa crainte de la mort, l'esclave accepte de devenir une chose, une commodité, afin de survivre — en vue donc du simple exister. Mais quel est le sens de s'exposer à la mort ? Car c'est après tout affronter la destruction de toutes ses possibilités en tant que vivant. En fait, ce qui permet de mettre sa vie en jeu est mani-

---

1. Cf. Gwendoline Jarczyk et Pierre-Jean Labarrière, *Les premiers combats de la reconnaissance. Maîtrise et servitude dans la* Phénoménologie de l'esprit *de Hegel*, texte et commentaire, Paris, Aubier, 1987, p. 92.

festement quelque chose de plus que la vie : être reconnu par l'autre comme porteur d'une qualité dépassant la vie même : la dignité humaine ; que l'*autre* me *reconnaisse* cette *qualité*. La preuve que cette dignité vaut plus que la vie, plus que le simple exister, est que j'expose pour elle ma vie, ce qui donne son sens au combat.

b / L'autre point va de soi. Comme l'esclave n'est plus une auto-conscience indépendante, la reconnaissance qu'il accorde au maître n'est plus authentique : il n'est plus véritablement « autre », puisqu'il est maintenant la chose du maître. De sorte que la maîtrise se meut en échec : la reconnaissance forcée n'a aucune valeur. Suivront les renversements qu'on sait — par l'effet du travail qui manifestera la dépendance du maître — puis l'inclusion réciproque. Hegel aura dégagé ainsi de l'expérience une loi sociale inéluctable, respectant en même temps l'exigence « logique » inscrite plus haut : le désir de reconnaissance impose la liberté de l'autre, son rapport autonome à soi, et cette reconnaissance doit être mutuelle.

Or l'accomplissement de la reconnaissance mutuelle, son *telos*, n'est donné que dans l'amour[1], qui renonce à la servitude et à la maîtrise parce qu'il découvre la valeur intrinsèque de l'autre. Le jeune Hegel déclare : *Begreifen ist beherrschen... nur in der Liebe allein ist man eins mit dem Objekt, es beherrscht nicht und wird nicht beherrscht*[2] : « Concevoir, c'est dominer... ce n'est que dans l'amour seul qu'on est un avec l'objet, sans dominer ni être dominé. » Et dans ses écrits théologiques : « L'être aimé n'est pas opposé à nous. Il ne fait qu'un avec notre être *(Wesen)* propre ; nous nous voyons nous-mêmes en lui, et cependant il n'est pas nous — un miracle que nous ne pouvons pas comprendre *[fassen]*. »[3]

Il y a en ce dernier texte surtout des formules très voisines de celles

---

1. Il n'est pas sûr qu'il faille chercher d'autres mots grecs que *philia* à titre d'équivalent du mot « amour » ou *Liebe* ici, puisque *philein* a aussi ce sens, comme nous l'indiquons *infra,* et que *philia* sera souvent l'équivalent, en outre, d'*agapè.* Quant à l'*erôs,* il est intéressant de noter qu'Aristote le décrit dans l'*EN* comme un excès *(huperbolê)* d'amitié, ne pouvant par suite être partagé qu'avec un seul individu : *EN* IX, 10, 1171 *a* 11-12 ; cf. VIII, 7, 1158 *a* 11-13.

2. *Entwürfe über die Religion und Liebe* (1797/1798), in *Werke in zwanzig Bänden. Theorie Werkausgabe,* Frankfurt, Suhrkamp Verlag, 1971, 1, 242 ; le texte continue : « Diese Liebe, von der Einbildungskraft zum Wesen gemacht, ist die Gottheit (...). »

3. *Hegels Theologische Jungendschriften,* hrsg. H. Nohl, Tübingen, J. C. B. Mohr (Paul Siebeck), 1907 (réimpression, 1966), p. 377. Cf. E. Levinas, *Le temps et l'autre,* Paris, PUF, « Quadrige », 1983, p. 81-82.

d'Aristote à propos de l'ami *heteros autos,* « autre soi », dont il sera question bientôt. En voici d'autres. Dans *Système de la vie éthique* : « Chacun s'intuitionne dans l'autre, comme étant en même temps un étranger, et ceci est l'*amour*. L'incompréhensibilité de cet être soi-même dans un étranger appartient par conséquent à la nature, non à la vie éthique ; car celle-ci est, eu égard aux termes différents, l'absolue égalité des deux » (Lasson, 425-426 ; trad. Taminiaux, p. 121). On voit très clairement en cette phrase à quel point la reconnaissance marque la transition de nature à esprit[1].

Dans l'amour, il y a risque, mais pas de perte de soi ; il entraîne au contraire une découverte de soi dans la reconnaissance accordée par l'autre. Chacun a son être par l'autre, mais il y a bien plutôt gain, enrichissement. Rappelons au moins cet extrait de la célèbre addition au § 158 de la *Philosophie du droit* : « Dans l'amour (...), je me conquiers dans une autre personne, je vaux en elle et, réciproquement, cette personne se conquiert et vaut en moi. C'est pourquoi l'amour est la contradiction la plus prodigieuse que l'entendement ne parvient pas à résoudre. Il n'y a rien de plus difficile à saisir que cette ponctualité de la conscience de soi, qui est niée et que je dois cependant tenir pour affirmative » (trad. Derathé légèrement modifiée, p. 199). La soi-disant contradiction vient de ce que l'autre et moi soyons unis sans qu'il y ait élimination de nos individualités et de nos différences. Un beau passage des leçons sur l'*Esthétique* précise que la reconnaissance qui constitue l'amour « ne devient véritable et totale que lorsque le respect ne s'adresse pas à ma personnalité *in abstracto*, ou telle qu'elle se manifeste dans un cas concret isolé et, par conséquent, limité, mais à toute ma subjectivité, avec tout ce qu'elle contient, tel que je suis, que j'ai été et que je serai, dans la conscience d'un autre, pour imprégner son savoir, ses tendances et ses aspirations. Alors cet autre ne vit qu'en moi, et moi en lui ; nous vivons, moi et cet autre, dans cet état d'unité et de plénitude et nous mettons dans cette identité toute notre âme, nous en faisons tout un monde » (trad. Jankélévitch, II, p. 291).

---

1. Dans un autre texte, cité par Harris, on voit que le développement le plus élevé du désir *(Begierde)* est l'amour *(Liebe)*, et que le point crucial est atteint lorsque « la femme devient pour l'homme un être existant pour elle-même *(für sich)* ; cesse d'être un objet de son désir sexuel » ; H. S. Harris, *loc. cit.*, p. 240.

Le thème spécifique de l'amitié *(philia)*[1] occupe chez Aristote une prééminence visible déjà à l'œil nu, pour ainsi dire, de par le nombre de pages et le détail des analyses qu'y consacrent — au total, plus qu'à aucun autre propos dans son œuvre — les trois éthiques aristotéliciennes, en particulier deux livres entiers (VIII et IX) de l'*Ethique à Nicomaque* et un livre complet de l'*Ethique à Eudème*, sans parler de la *Politique* et de la *Rhétorique*[2].

Concernant l'importance de l'amitié aux yeux d'Aristote, il y a évidemment bien plus que l'argument de surface que nous venons d'évoquer. Aristote prend soin d'ouvrir ses discussions de l'amitié par la constatation que l'amitié est « ce qu'il y a de plus nécessaire pour vivre (ἀναγκαιότατον εἰς τὸν βίον). Car sans amis personne ne choisirait de vivre, eût-il tous les autres biens » *(EN, VIII, 1, 1155 a 4-6)*[3] ; et

---

1. Quatre mots grecs sont constants pour désigner différentes formes d'amour : *storgê*, « affection », *erôs*, « amour passion », *philia*, « amitié », *agapan*, « aimer » au sens d'estimer ou d'admirer (le mot *agapê*, « charité », ne semble pas se trouver avant la version biblique des Septante et le Nouveau Testament). Mais chacun a d'autres significations (*agapan* s'emploie également pour « chérir » ses enfants, etc.) qu'il est impossible de résumer ici. Retenons surtout que *philein* (et par suite *philia*) signifie « aimer » en son sens le plus large, recoupant fréquemment les différentes formes d'amour désignées par les autres termes. Pour un exposé nuancé et d'abondantes références aux sources classiques, notamment à l'*Ethique à Nicomaque*, voir avant tout, encore aujourd'hui, le résumé très bien fait de E. M. Cope, *The Rhetoric of Aristotle with a Commentary* (éd. J. E. Sandys), Cambridge University Press, 1877, vol. I, Appendix A, p. 292-296.

2. Pour des études de portée générale, voir André-Jean Voelke, *Les rapports avec autrui dans la philosophie grecque, d'Aristote à Panétius*, Paris, Vrin, 1961 ; Jean-Claude Fraisse, *Philia. La notion d'amitié dans la philosophie antique*, Paris, Vrin, 1974 ; A. W. Price, *Love and Friendship in Plato and Aristotle*, Oxford, 1989. On trouve, d'autre part, quantité de notes et de remarques utiles dans la monumentale traduction commentée de l'*EN*, par R. A. Gauthier et J. Y. Jolif, en 4 vol. (voir surtout le t. II, 2ᵉ partie, Louvain, 1959, p. 655-770) ; de même que dans les traductions allemandes commentées de F. Dirlmeier, des trois éthiques aristotéliciennes. Sur la relation entre l'*EE* et l'*EN*, voir Anthony Kenny, *The Aristotelian Ethics*, Oxford, 1978. John M. Cooper s'est étonné, à juste titre, de ce que les deux livres de l'*EN* en particulier n'aient pas retenu davantage l'attention des philosophes et des spécialistes. Non seulement, en effet, Aristote manifeste-t-il, à propos de l'amitié, une « psychological subtlety and analytical ingenuity of an unusually high order », mais, ajoute Cooper avec raison, les vues d'Aristote sur la *philia* sont indispensables à la compréhension de nombreux thèmes centraux de sa philosophie morale : cf. Aristotle on friendship, in *Essays on Aristotle's Ethics*, éd. A. O. Rorty, University of California Press, 1980, p. 301-340.

3. Nous citons la plupart du temps (mais non exclusivement), pour l'*Ethique à Nicomaque (EN)*, la traduction de J. Tricot, Paris, Vrin, 1959, moyennant quelquefois de légères modifications ; pour l'*Ethique à Eudème (EE)*, celle de Vianney Décarie avec la collaboration de Renée Houde-Sauvé, Paris, Vrin et Montréal, Les Presses de l'Université de Montréal, 1978 ; pour la *Grande Morale*, Catherine Dalimier : Aristote, *Les Grands Livres d'Ethique*, Paris, Arléa, 1992 ; pour la *Politique*, Pierre Pellegrin : Aristote, *Les Politiques*, Paris, GF-Flammarion, 1990.

que « l'absence d'amitié et la solitude sont vraiment ce qu'il y a de plus terrible parce que la vie tout entière et l'association volontaire ont lieu avec des amis » (*EE,* VII, 1, 1234 *b* 33-34). Elle est naturelle entre parents et enfants, déjà chez la plupart des animaux (cf. *EN,* VIII, 1, 1155 *a* 16-19). L'amitié mutuelle est naturelle « principalement chez les humains » (*a* 20) ; « même au cours de nos voyages au loin, nous pouvons constater à quel point l'homme ressent toujours de l'affinité et de l'amitié pour l'homme » (*a* 21-22). On en ressentira pour l'esclave « en tant qu'il est homme » (cf. *EN,* VIII, 13, 1161 *b* 5-10)[1].

A quoi s'ajoute chez lui l'insistance que « l'œuvre du politique consiste surtout, de l'avis général, à engendrer l'amitié » (*EE,* VII, 1, 1234 *b* 22-23) ; « nous pensons que l'amitié est le plus grand des biens pour les cités car elle évite au maximum la discorde » (*Politique,* II, 4, 1262 *b* 7-8). Le communisme platonicien ruinerait, selon lui, cette amitié si vitale pour l'Etat : « L'homme a deux mobiles essentiels d'intérêt et d'amitié : la propriété et l'affection (τὸ ἀγαπητόν) ; or ni l'un ni l'autre n'ont place chez les citoyens d'un tel Etat » (*ibid.,* 1262 *b* 22-23). L'amitié seule rend la convivialité, ou vie en commun, la communauté en ce sens, possible — en langue de bois, un « programme de société ». « En effet la communauté [politique suppose] l'amitié, car on ne veut pas faire de chemin en commun avec ses ennemis » (*Pol.,* IV, 11, 1295 *b* 21-24). « Aimer (τὸ φιλεῖν), lit-on dans la *Rhétorique,* c'est vouloir pour quelqu'un ce que l'on croit des biens, pour lui (ἐκείνου ἕνεκα) et non pour nous, et aussi être, dans la mesure de son pouvoir, enclin à ces bienfaits » (II, 4, 1380 *b* 35 sq.). John Cooper voit juste : cette vision de l'amitié doit être considérée comme « un élément cardinal » de toute la théorie éthique d'Aristote : car c'est là qu'Aristote fait valoir le caractère indispensable, pour une vie épanouie, du souci actif de l'autre pour l'autre, et réciproquement ; cette réciprocité fonde à son

---

1. Voir aussi *Politique,* I, 6, 1255 *b* 12 ; et VII, 10, 1330 *a* 25-33. L'amitié exigeant une certaine égalité, d'après l'analyse d'Aristote, le sens de cette remarque doit être que même si l'institution de l'esclavage crée une inégalité sociale, l'esclave reste un égal en tant qu'être humain et donc digne d'amitié. Voir notre discussion de l'esclavage antique au chapitre IV.

tour « l'amitié civile », laquelle apparaît comme un bien humain essentiel[1].

Aussi, parallèlement, l'amitié semble-t-elle « constituer le lien des cités, et les législateurs paraissent y attacher un plus grand prix qu'à la justice même : en effet, la concorde, qui paraît bien être un sentiment voisin de l'amitié, est ce que recherchent avant tout les législateurs, alors que l'esprit de faction, qui est son ennemi, est ce qu'ils pourchassent avec le plus d'énergie » (*EN*, VIII, 1, 1155 *a* 22 sq.). Eric Weil plaidait, on le sait, pour que le « mot d'*amitié* » puisse « reprendre ce sens moral et politique qu'il a perdu dans le monde moderne au profit d'une signification privée et sentimentale »[2].

L'amitié ressortit plus que la justice même à l'éthique, selon Aristote. « Quand les hommes sont amis il n'y a plus besoin de justice, écrit-il, tandis que s'ils se contentent d'être justes ils ont en outre besoin d'amitié, et la plus haute expression de la justice est, dans l'opinion générale, de la nature de l'amitié » (*a* 26-28). Bien plus que nécessaire, l'amitié est donc en outre avant tout quelque chose de noble et de beau (καλόν), à tel point que pour certains « un homme bon et un véritable ami » ne font qu'un (cf. *a* 28-31).

Les deux thèmes ayant à juste titre retenu le plus l'attention, s'agissant de la *philia* chez Aristote, semblent être ceux de l'ami comme *allos*, ou *heteros, autos*, « autre soi-même », et de la *philautia*, « amour de soi », origine réelle de toute amitié véritable. Or l'un et l'autre posent à l'évidence la question du soi, ou, si on préfère, du « soi-même ».

1 / LA HAINE DE SOI

Commençons par l'amour de soi, et plus immédiatement par son contraire, la « haine de soi ». Aristote observe qu'on critique « ceux qui

---

1. *Loc. cit.*, p. 302-303 ; cf. aussi John M. Cooper, *Aristotle on the Forms of Friendship*, dans *The Review of Metaphysics* 30 (1977), p. 645-648. Jacqueline de Romilly résume excellemment l'apport toujours durable d'Aristote à cet égard, dans *Problèmes de la démocratie grecque*, Paris, Hermann, 1975 ; Agora, 1986, p. 253 sq.

2. Eric Weil, *Philosophie politique*, 3ᵉ éd., Paris, Vrin, 1971, p. 245 ; cf. 251.

s'aiment eux-mêmes par-dessus tout, et on leur donne le nom d'égoïstes, en un sens péjoratif » (*EN*, IX, 8, 1168 *a* 29-30). On pense à la fois « que l'homme pervers (ὁ φαῦλος : « le méchant ») a pour caractère de faire tout ce qu'il fait en vue de son propre intérêt, et qu'il est d'autant plus enfoncé dans sa perversité qu'il agit davantage en égoïste » (*a* 30-32), et qu'au contraire la valeur morale de l'homme de bien « est d'autant plus grande qu'il agit davantage pour de nobles motifs et dans l'intérêt même de son ami, laissant de côté tout avantage personnel » (*a* 33-35). Le lecteur d'aujourd'hui peut difficilement éviter de songer ici aux discussions encore récentes autour de l'altruisme[1].

Or ce que l'expérience révèle en réalité, rappelle Aristote, c'est que les « pervers » sont « en désaccord avec eux-mêmes, leur concupiscence les poussant à telles choses, et leurs désirs rationnels à telles autres » (*EN*, IX, 4, 1166 *b* 6-8) »[2] ; ainsi, ceux qui souffrent d'*akrasia*, de manque de maîtrise de soi, « au lieu de ce qui, à leurs propres yeux, est bon, choisissent ce qui est agréable mais nuisible » (*b* 8-10). D'autres, « par lâcheté et par fainéantise », renoncent à faire ce qu'ils estiment pourtant le meilleur pour eux-mêmes (cf. *b* 10-11). Pour leur part, ceux qui ont commis des crimes nombreux et terribles, et qui sont détestés pour leur méchanceté, en viennent à fuir la vie même et à se détruire eux-mêmes. Les méchants fuient la solitude, car ils se fuient eux-mêmes, craignant autant les souvenirs que les anticipations, et recherchent la société d'autrui dans l'espoir d'oublier. « N'ayant en eux rien d'aimable, ils n'éprouvent aucun sentiment d'affection pour eux-mêmes » (*b* 17-18 ; cf. 25-26).

Le méchant « passe sa vie à se combattre et à s'opposer à lui-même » (*Grande Morale*, II, 11, 1211 *b* 3). Il « n'est pas un mais mul-

---

1. Cf. Thomas Nagel, *The Possibility of Altruism,* Oxford, 1970, Charles H. Kahn, Aristotle and altruism, in *Mind* (1981), XC, 20-40, Julia Annas, Plato and Aristotle on friendship and altruism, dans *Mind* (1977), LXXXVI, 532-554. Mais pour une discussion approfondie, voir surtout maintenant Charles Taylor, *Sources of the Self, op. cit.,* p. 22 et *passim.* Voir en outre Jacques Derrida, *Politiques de l'amitié,* Paris, Galilée, 1994 (paru trop tard pour que nous puissions en tenir compte ici), qui s'inspire beaucoup d'Aristote et dont les remarques font ressortir l'actualité de nombreux développements de l'*EE* comme de l'*EN*.

2. Le texte oppose *epithumousin* (ce qu'ils « convoitent ») et *boulontai* (ce qu'ils « veulent »).

tiple, et, durant une même journée, il est autre que lui-même et
inconstant » (*EE*, VII, 6, 1240 *b* 16-17). De tels hommes, précise
l'*Ethique à Nicomaque*, « demeurent étrangers à leurs propres joies et à
leurs propres peines » (1166 *b* 18-19), tant justement leur âme est en
lutte (στασιάζει)[1] contre elle-même : « l'une de ses parties, en raison de
sa dépravation, souffre quand l'individu s'abstient de certains actes,
tandis que l'autre partie s'en réjouit ; l'une tire dans un sens et l'autre
dans un autre, mettant ces malheureux pour ainsi dire en pièces (ὥσπερ
διασπῶντα) » (*b* 19-22). Il leur faut « peu de temps pour s'affliger
d'avoir cédé au plaisir et pour souhaiter que ces jouissances ne leur
eussent jamais été agréables : car les hommes vicieux sont chargés de
regrets » (*b* 23-25).

En un portrait digne de Tacite, de Suétone, ou mieux encore de
Shakespeare, le superbe début du livre VII de la *Politique,* récapitulant
à la fois l'éthique et la politique, décrit celui qui n'a pas la moindre
parcelle de vertu comme quelqu'un « qui prend peur des mouches qui
volètent autour, qui n'évite aucun des excès pour peu qu'il ait le désir
de manger ou de boire, qui pour un quart d'obole fait périr ses meilleurs amis ; et aussi qui, dans le domaine intellectuel, déraisonne et se
trompe comme le premier bambin ou le premier fou venu » (*Politique,*
VII, 1, 1323 *a* 27-34). Mais en matière de portraits de monstres éthiques, Aristote avait évidemment un maître, Platon, dont les descriptions de l' « homme tyrannique » au livre IX de la *République,* ou les
pages sur la nécessité de postuler des « parties » distinctes de l'âme (afin
de rendre compte, justement, d'actions contraires), au livre IV et ailleurs, demeurent inégalées. Nous en avons parlé dans notre chapitre
sur les contraires, de même que de leur impact sur Freud. Malgré les
désaccords qu'on sait, la dette d'Aristote à l'égard de Platon en pareils
sujets est trop évidente pour qu'il soit nécessaire d'y insister[2].

---

1. Cf. Platon, *République,* 444 B : *stasis :* guerre civile ; une partie de l'âme contre le tout.
2. Cf. à nouveau Taylor, *op. cit.,* chap. 6, *Plato's Self-Mastery,* p. 115-126. Taylor fait état
du désaccord d'Aristote illustré dans sa doctrine de la *phronêsis,* où l'on voit que la connaissance
théorique de l'ordre, du cosmos, ne suffit pas en vue d'ordonner sa vie. L'auteur relève par ailleurs, en note (p. 535), la célèbre expression « another self » en l'*EN,* 1169 *b* 7 : « but this doesn't
have the same force as our present description of human agents as "selves" ». Sur l'éthique et le
politique, cf. Derrida, *loc. cit.,* p. 40-42, 123 sq., 222-233, 238 sq. ; sur l'amitié et la vertu,
p. 39 sq., 209 sq.

Enfin, pour citer à nouveau l'*Ethique à Eudème,* aux accents parfois étonnamment modernes : « l'homme bon ne s'adresse pas, en même temps qu'il agit, des reproches à lui-même — comme celui qui n'est pas maître de soi —, et le nouvel homme d'aujourd'hui ne fait pas de reproches à celui d'hier — comme celui qui a des remords, ni l'homme du passé à celui de demain — comme le menteur et, globalement, s'il faut faire des distinctions comme en font les Sophistes, comme le couple « Coriscos » et « vertueux Coriscos » : car il est évident que c'est le même être, vertueux d'une certaine manière, qui se fait des reproches à lui-même, puisque, lorsqu'on s'accuse, on se tue » (*EE*, VII, 6, 1240 *b* 21-27).

Ainsi donc, l'égoïsme qu'on réprouve à juste titre n'est autre que celui de « ceux qui s'attribuent à eux-mêmes une part trop large dans les richesses, les honneurs ou les plaisirs du corps » (*EN*, IX, 8, 1168 *b* 15-17 ; cf. *Pol.,* II, V, 9, 1263 *b* 4 : « l'avare »), s'abandonnant à leurs désirs *(epithumiai)* « et en général à leurs passions et à la partie irrationnelle de l'âme » (*b* 20-21). Si l'épithète « égoïste » *(philautos)* a été prise au sens où elle l'est, c'est parce que ce type de comportement est le plus répandu (cf. *b* 21-25). Or, nous venons de le constater, il est le fait de celui qui ne s'aime pas soi-même.

On le voit, ce qui donne sens à ces descriptions du mal moral, c'est le renvoi constant à un soi contre lequel agit, justement, la forme d'égoïsme dénoncée. Si on veut bien nous permettre un nouvel anachronisme shakespearien, Aristote aurait pu citer *Othello,* quand Iago déclare : « I am not what I am », « je ne suis pas ce que je suis » (I, I, 65). Mais ce moi, ou ce soi, quel est-il ? Comment le définir ? Comme l'écrit avec raison Rémi Brague, en de longues et brillantes pages consacrées à ce problème du soi chez Aristote, la question est « pourtant inévitable si les textes doivent pouvoir être compréhensibles : Qu'est-ce que signifie "être soi-même" ? » Ou encore : « Que signifie "soi" dans "amour de soi" ? »[1] A notre avis, Aristote s'est on ne peut

---

1. Rémi Brague, *Aristote et la question du monde,* Paris, PUF, 1988, p. 142, et p. 172. C'est une des questions centrales du livre. Voir surtout les chapitres III et IV, p. 111 à 222, où le thème de l'amitié trouve sa juste place par rapport à la question du soi, sans que l'auteur en tire toutefois les conclusions que nous présentons ici. Sauf erreur de notre part, le mal moral selon Aristote n'y est pas considéré.

plus nettement posé la question, à laquelle il répond d'ailleurs admirablement en ses propos sur l'amitié justement[1].

Il s'agit bien, en outre, de l'ipséité (par référence à l'identité-*ipse,*
excellemment redéfinie par Paul Ricœur), et non simplement la
mêmeté (c'est-à-dire l'identité-*idem,* manifestée, par exemple, en la
seule permanence dans le temps)[2]. L'ipséité selon Aristote nous paraît
à l'évidence d'essence affective et relever par conséquent de l'ordre du
bien. C'est du moins ce que nous tenterons maintenant d'esquisser.

(Si nous avons raison, une occasion nouvelle nous est ainsi four-
nie, du même coup, de réfléchir à cette primauté du bien, et à la
nécessité de l'articuler, qui a fait l'objet d'un si vigoureux plaidoyer
de la part d'Iris Murdoch dans *The Sovereignty of Good* et, à sa suite,
de manière beaucoup plus développée, de Charles Taylor dans
Sources of the Self. Rappelant en quelque sorte l'héritage socratique
et platonicien, ce dernier dénonce ce qu'il dénomme « *the Ethics of
Inarticulacy* », où une part trop grande est accordée au procédural de
préférence au substantiel, comme nous le disions au tout début[3]. On
peut se demander avec Taylor si l'idée de se soucier de biens qualita-
tivement plus élevés, du bien lui-même comme source morale, n'aurait pas été en effet « deeply suppressed » (« supprimée en profondeur »), au profit d'une morale de l'obligation, où l'accent est sur ce
qu'on devrait faire plutôt que sur ce qui a valeur propre et mérite
d'être admiré ou aimé. On se souviendra que pour Taylor, le rejet
— chez, par exemple, les utilitaristes ou les naturalistes — du bien

---

1. Pour Rémi Brague, Aristote « ne semble pas » l'avoir posée ; cf. *ibid.,* p. 141 et *passim* ;
Brague se montre en même temps parfaitement conscient des textes souvent les meilleurs, qu'on
trouve excellemment présentés et cités tout au long de sa discussion. Nous devons beaucoup à ce
travail tout à fait remarquable, malgré notre léger désaccord autour de l'ipséité.

2. Cf. Paul Ricœur, *Soi-même comme un autre,* Paris, Seuil, 1990, p. 12-14. Pour Rémi
Brague, « la doctrine aristotélicienne de la *phronêsis* » contient « la place en creux d'une doctrine
du souci comme constitutif de l'ipséité » (*op. cit.,* p. 163) ; mais « une doctrine de l'ipséité ne se
trouve chez Aristote (...) qu'à l'état de possibilité non réalisée » (p. 171). Il y aurait chez Aristote
« absence d'une réflexion thématique sur l'ipséité » (p. 171). Nous croyons plutôt que les propos
d'Aristote sur l'amitié constituent justement une telle réflexion, comme le montrent d'ailleurs à
l'envi quantité de textes admirablement mis en relief par Rémi Brague lui-même sur le désir de
soi, l'amour de soi, et l'ami comme autre soi.

3. Cf. Taylor, *op. cit.,* p. 85 sq., 91 sq. et *passim* ; et Philippe Béneton, in *Démocraties, l'identité incertaine,* éd. C. Millon-Delsol et J. Roy, Bourg-en-Bresse, Musnier-Gilbert Ed., 1994,
p. 131-137.

qu'il appelle « constitutif » et de l'amour du bien comme motif fondamental de l'action bonne, procède d'une curieuse cécité, étant lui-même fondé sur l'adhésion à certains biens vitaux tels la liberté ou la justice universelle. Même dans les formes les plus extrêmes d'humanisme immanentiste ou de théories néo-nietzschéennes, quelque chose fonctionne de façon analogue au bien[1].)

2 / L'AMOUR DE SOI

Très conscient de ce que les différentes amitiés ont des sens différents, selon qu'elles sont fondées sur le bien, sur l'agréable, ou simplement sur l'utile, Aristote ne se montre pas moins sensible, chaque fois qu'il aborde le thème de « l'amitié envers soi » ou de « l'amour de soi », aux difficultés de langage que posent de pareilles expressions[2]. « Quant à la question de savoir s'il existe ou non une amitié envers soi-même, laissons la question de côté pour le moment ; on admettra cependant qu'il peut y avoir amitié en tant que chacun de nous est un être composé de deux parties ou davantage (...) et aussi parce que l'excès dans l'amitié ressemble à celle qu'on se porte à soi-même » (*EN,* IX, 4, 1166 *a* 33 - 1166 *b* 2)[3]. L'*Ethique à Eudème* est d'emblée la plus explicite à ce sujet : « Car c'est d'une certaine manière analogique (κατ' ἀναλογίαν) qu'existe cette amitié mais non d'une manière absolue (ἁπλῶς δ' οὔ), puisqu'être aimé et aimer exigent deux éléments distincts » (*EE,* VII, 6, 1240 *a* 13-15).

Le texte continue par un rapprochement entre l'amitié envers soi et la maîtrise ou l'absence de maîtrise de soi, de même qu'avec la question de savoir si on peut être injuste envers soi-même, expressions qui

---

1. Cf. p. 81 sq., 92 sq. et *passim*. Le texte fondateur sur le bien est le *Philèbe* de Platon.
2. Cf., par exemple, *EN,* VIII, 5, 1157 *a* 29-33 ; la discussion la plus satisfaisante de ce point de langage, concernant les diverses formes d'amitié, se trouve, à nos yeux, dans la *Grande Morale,* II, XI, 15-17, 1209 *a* 20 sq., où l'analogie avec les différents sens de « médical » est particulièrement éclairante.
3. Cf. la *Grande Morale* : « Existe-t-il ou non un lien d'amitié avec soi-même ? Pour le moment, écartons la question, nous y répondrons plus tard » (*MM,* II, 11, 1210 *b* 32-34).

posent après tout un problème sémantique analogue[1]. Mais on verra de toute manière que les textes explicatifs abondent et ne laissent aucun doute quant au caractère fondamental et originaire aux yeux d'Aristote de la réalité visée par ces expressions.

Comme pour montrer que le sens usuel du mot *philautos*, « égoïste », a bien la nuance péjorative qu'il vient de constater, Aristote fait observer que « si un homme mettait toujours son zèle à n'accomplir lui-même et avant toutes choses que les actions conformes à la justice, à la tempérance, ou à n'importe quelle autre vertu, et, en général, s'appliquait toujours à revendiquer pour lui-même ce qui est honnête, nul assurément ne qualifierait un tel homme d'égoïste, ni ne songerait à le blâmer » (*EN*, IX, 8, 1168 *b* 25-28). Or, à bien y regarder, ce dernier est bien plus « égoïste » que l'autre dans les faits, puisqu'il recherche pour lui-même les biens les plus nobles et les meilleurs, et qu'il « met ses complaisances dans la partie de lui-même qui a l'autorité suprême et à laquelle tout le reste obéit » (cf. *b* 28-31), à savoir, bien entendu, le *nous*, l'intellect.

Dans une description évocatrice de sa définition de l'homme libre en *Métaphysique* A, 2 (982 *b* 26), Aristote expliquait en effet au chapitre IV que, travaillant activement pour le bien, le *spoudaios* agit ἑαυτοῦ ἕνεκα, « en vue de lui-même », car « il agit en vue de la partie intellective qui est en lui et qui paraît constituer l'intime réalité de chacun de nous » (*EN*, IX, 4, 1166 *a* 16-17). Charles Kahn souligne opportunément que ce qu'il appelle « this to us somewhat uncongenial identification of the intellect as the core of one's personality » apparaît expressément à trois reprises au moins en ce même chapitre IV : outre le passage que nous venons de citer, on lit dès la ligne suivante que, souhaitant lui-même vivre et se conserver dans l'être, le *spoudaios* souhaite cela surtout à la partie pensante (ou « sage », selon la traduction qu'on privilégie de *ho phroneî*) de son être (cf. 1166 *a* 17-19) ; puis, quelques lignes plus loin : « et on aurait raison de penser que ce qui pense (τὸ νοοῦν) est chacun de nous

---

1. Cf. *EE*, VII, 6, 1240 *a* 15 sq. Le rapprochement avec le cas de l'injustice envers soi-même est très clairement développé dans la *Grande Morale*, II, 11, 47 sq., 1211 *a* 25 sq. On se souvient que l'*EN*, V, 11, 1138 *b* 5 sq. admet l'expression « juste envers soi-même » par métaphore et similitude de sens : κατὰ μεταφορὰν δὲ καὶ ὁμοιότητα.

(ἕκαστος) (soit purement et simplement), soit au plus haut point »
(*a* 22-23)[1].

Il en va pour l'homme comme pour une cité ou quelque autre
forme d'organisation : c'est ce qu'il y a de plus souverain qui passe
pour être la chose même, explique Aristote en *EN*, IX, 8 : « Par suite,
c'est celui qui s'attache (ἀγαπῶν) à cet élément (souverain) et qui en
cherche l'agrément qui est au plus haut point ami de soi-même. De
plus, on parle de quelqu'un qui se contrôle ou ne se contrôle pas
(ἐγκρατής/ἀκρατής) suivant que son esprit *(noûs)* le contrôle ou non,
comme si celui-ci était chacun. De plus, les gens passent pour avoir
fait eux-mêmes (αὐτοι) et de leur plein gré avant tout (ce qu'ils font)
de propos délibéré (μετὰ λόγου). Ainsi donc, que cet élément est chacun (ὅτι (...) τοῦθ᾽ ἕκαστός ἐστιν) (exclusivement) ou avant toute autre
chose, on n'a pas de mal à le voir, et (de même on n'a pas de mal à
voir) que l'homme de bien s'attache *(agapan)* avant tout à cet élément. »[2]

Le critère, ou la mesure (*metron* : 1166 *a* 12), on le voit, c'est encore
ici l'*aretê,* la « vertu », et le *spoudaios,* « homme vertueux », comme le
répète d'ailleurs Aristote en ce même chapitre IV (cf. *a* 12-13), en
application évidente de la loi essentielle selon laquelle la mesure en
chaque ordre de réalités est invariablement le parfait, ou ce qui s'en
approche le plus[3]. Or le *spoudaios* « aspire aux mêmes choses avec toute
son âme » (τῶν αὐτῶν ὀρέγεται κατὰ πᾶσαν τῆν ψυχήν : *a* 13-14).
L'*Ethique à Eudème* dit plus nettement encore : « en tant qu'il est un et
indivisible, il se désire lui-même » (*EE,* VII, 6, 1240 *b* 14-15). Brague
commente excellemment : « Il en est ainsi parce que le désir porte sur

---

1. Cf. Charles H. Kahn, *loc. cit.,* p. 29 ; pour le dernier texte, 1166 *a* 22-23, nous citons la
traduction proposée par Brague, *op. cit.,* p. 183, qui commente ensuite : « Ce que nous sommes,
c'est notre esprit. Nous rencontrons ainsi une idée qui, non seulement figure ailleurs chez Aristote, mais court tout au long de l'histoire de la pensée grecque. »
2. Cf. *EN,* IX, 8, 1168 *b* 30 - 1169 *a* 3 ; trad. Brague, *op. cit.,* p. 186-187, qui renvoie en outre
au *Protreptique* 62 D (Düring) : « Car c'est là, je pense, une thèse qu'on pourrait poser, à savoir
que nous-mêmes nous sommes (ἡμεῖς ἐσμεν) soit exclusivement, soit au plus haut point, cette par-
tie-là » (*ibid.,* p. 185).
3. Cf., au surplus, *Métaphysique,* Δ, 6, 1016 *b* 18 sq. : « (...) la première mesure *(metron)* de
chaque genre est la première chose par laquelle nous en prenons connaissance ; donc l'un est le
principe du connaissable pour chaque genre. Mais l'un n'est pas le même dans tous les genres »
(trad. Marie-Paule Duminil).

le bien, et que chacun est à soi-même bon, chacun est à soi-même un bien » ; précisant plus loin : « Retenons que le désir de soi se trouve au fond de tout désir (...) C'est pour nous-mêmes que nous voulons le bien. »[1]

Deux notions clés entrent ici en jeu. La première est celle de l'unité de l'homme de bien. Sans doute une étude plus approfondie pourrait-elle tirer profit, en l'occurrence, de textes tel *Métaphysique, Δ*, 6, sur les multiples sens de l'un[2]. (Le français courant utilise l'expression intéressante d' « homme intègre » pour désigner un être d'une probité absolue.) La seconde notion clé est celle du désir du bien. Chacun veut avant tout le bien pour soi-même, Aristote revient inlassablement sur ce point[3]. Mais le désir du bien qui définit le *spoudaios* diffère *toto caelo* de l'égoisme banal. Or c'est justement ce désir du *spoudaios* qui constitue son unité propre et qui donne sens dès lors à l'expression « amour de soi ».

Arrêtons-nous donc un bref instant, pour commencer, à ce désir. Les exemples de biens d'abord saisis comme tels par l'intellect du sage (de « sagesse pratique »), c'est-à-dire par la partie souveraine en lui, et qu'il désirera par-dessus tout, parlent d'eux-mêmes. Ainsi, le *spoudaios* « sacrifiera argent, honneurs et généralement tous les biens que les hommes se disputent, conservant pour lui la beauté morale de l'action ; il ne saurait, en effet, que préférer un bref moment d'intense joie à de nombreuses années d'existence terre à terre, une seule action, mais grande et belle, à une multitude d'actions mesquines. Ceux qui font le sacrifice de leur vie atteignent probablement ce résultat ; et par là ils choisissent pour leur part un bien de grand prix » (*EN*, IX, 8, 1169 *a* 20-26). En qualifiant l'homme de bien de « suprêmement égoïste » (1169 *a* 4), Aristote ne retient plus son acception vulgaire !

---

1. *Op. cit.,* p. 140, renvoyant à 1240 *b* 27 sq. ; et *ibid.,* p. 141, renvoyant à *EN*, IX, 4, 1166 *a* 19-21.

2. Cf. 1016 *b* 3 sq. : « (...) Universellement, tout ce qui ne comporte pas de division est appelé un en tant qu'il n'en comporte pas, par exemple si cela ne comporte pas de division en tant qu'il est homme, c'est un homme un, si c'est en tant qu'animal, c'est un animal un, si c'est en tant que grandeur, c'est une grandeur une » *(trad. cit.).*

3. Voir VIII, 2, 1155 *b* 23 ; 5, 1157 *b* 33-35 ; 7, 1159 *a* 11-12 ; 12, 1161 *b* 18 sq., et 27-29, etc. ; IX, 4, 1166 *a* 19-21. Cf. Paul Ricœur sur le *conatus* de Spinoza, *op. cit.,* p. 365-367, et, sur Freud, V. Lear, *Love and its Place in nature*, New York, 1990, p. 195-196.

« (...) Dans toute la sphère d'une activité digne d'éloges, l'homme vertueux, on le voit, s'attribue à lui-même la plus forte part de noblesse
morale. En ce sens, donc, on a le devoir de s'aimer soi-même (...) »
(1169 *a* 34 - 1169 *b* 1). On comprend qu'Aristote en vienne à souhaiter
que tous les humains puissent être égoïstes en ce sens : « En même
temps que la communauté trouverait tous ses biens satisfaits, dans sa
vie privée chacun s'assurerait les plus grands des biens. »[1]

Non moins frappant, à une lecture attentive des propos d'Aristote
autour de l'amour de soi, est cependant « le rapport de chaque individu, considéré comme unique, à soi-même » (Brague), ce qui nous
ramène à ce que nous avons appelé, il y a un instant, une première
notion clé : l'unité de l'homme de bien selon Aristote, que nous n'hé-
sitons pas, pour notre part, à qualifier d'identité-*ipse,* d'ipséité. « Il est
bon pour le *spoudaios* d'exister, et chacun veut pour soi-même ce qui
est bon ; nul ne choisirait de tout posséder en devenant d'abord quelqu'un d'autre » (*EN,* IX, 8, 1166 *a* 19-21). Rémi Brague relève en *EE,*
VII, 6, 1240 *b* 4 sq., sept occurrences de εἷς, signifiant tantôt « unique,
existant en un seul exemplaire », tantôt « unifié, d'un seul tenant »[2].
Aristote explique fort bien en ce même chapitre que toutes les affirmations usuelles touchant l'amitié véritable « se laissent transférer à
l'individu seul. (...) Se souhaiter par-dessus tout l'existence, vivre
ensemble, partager joie et peine, et donc être une seule âme, ne pas
pouvoir vivre l'un sans l'autre mais, s'il le faut, mourir ensemble, tel
est le lot de l'individu : il est pour ainsi dire son propre compagnon.
Or tous ces sentiments appartiennent à l'homme bon dans sa relation
à lui-même ; dans l'homme méchant, ils sont dissociés, c'est-à-dire
chez l'homme qui n'est pas maître de lui-même. (...) Par conséquent,
même l'amitié d'un homme pour lui-même se ramène à l'amitié de
l'homme bon (1240 *b* 3-14 ; *b* 17-20) ».

Ainsi donc, l'homme absolument bon (ὁ ἁπλῶς ὢν ἀγαθὸς)
cherche-t-il à être un ami pour lui-même : « Il possède en lui-même
deux parties qui par nature veulent être amies et qu'il est impossible de

---

1. Cf. *EN,* IX, 8, 1169 *a* 6-11. Pour un résumé lumineux de toute la question de « l'égoïsme
paradoxal de l'homme de bien », on ne saurait trop recommander la *Grande Morale,* II, 14, 1-3,
1212 *a* 9-23.
2. Cf. Brague, *op. cit.,* p. 140.

séparer » (cf. *b* 27-30). Ceci est propre à l'être humain parmi les vivants. « Le cheval n'est pas en désaccord avec lui-même, il n'est donc pas un ami pour lui-même. Pas davantage les petits enfants jusqu'à ce qu'ils aient en fait la possibilité du choix délibéré (προαίρεσιν) car alors l'enfant est en désaccord avec la concupiscence (πρὸς τῆν ἐπιθυμίαν) » (*b* 32-35)[1].

Rien d'étonnant dès lors à ce que l'amitié occupe une telle prééminence dans l'éthique aristotélicienne. En sa forme parfaite, elle suppose la vertu, un soi achevé et unifié, et a tout du défi par excellence. Quelque chose de comparable à cette volonté bonne sur laquelle s'ouvrent les *Fondements de la métaphysique des mœurs* de Kant : « De tout ce qu'il est possible de concevoir dans le monde, et même en général hors du monde, il n'est rien qui puisse sans restriction être tenu pour bon, si ce n'est seulement une bonne volonté » (trad. Delbos).

3 / L'AUTRE SOI

D'autant plus que le transfert que nous venons d'évoquer en citant l'*Ethique à Eudème* s'effectue aussi en sens inverse, mais dans ce cas-là nous allons au plus profond. Le thème de l'ami comme un « autre soi » découle directement du précédent : l'amitié n'a d'autre origine que le rapport intime à soi-même, lequel se retrouve en toute forme d'amitié, un peu comme, *mutatis mutandis,* l'auto-affection, selon Michel Henry, est présente en toute affectivité. « Les sentiments affectifs (τὰ φιλικὰ) que nous ressentons à l'égard de nos amis, et les caractères qui servent à définir les diverses amitiés semblent bien dériver des relations de l'individu avec lui-même » (*EN*, IX, 4, 1166 *a* 1-2). Suit une énumération de caractéristiques communes au rapport à soi de chacun et au rapport à nos amis, analogue à celle, précitée, de l'*Ethique à Eudème* : on souhaite à son ami l'existence et la vie, pour l'amour de

---

1. Lisant, avec tous les manuscrits, παῖς, « enfant ». Mais νοῦς, « intellect », proposé par certains, irait tout aussi bien.

son ami même, et ainsi de suite. Aristote conclut plus loin : « Dès lors, du fait que chacun de ces caractères appartient à l'homme de bien dans sa relation avec lui-même, et qu'il est avec son ami dans une relation semblable à celle qu'il entretient avec lui-même (car l'ami est un autre soi-même [ἄλλος αὐτός]), il en résulte que l'amitié semble consister elle aussi en l'un ou l'autre de ces caractères, et que ceux qui les possèdent sont liés d'amitié » (1166 a 29-33). De là l'exhortation, en fin de chapitre, à la rectitude morale : une disposition amicale véritable envers soi-même entraînera une amitié analogue envers autrui[1].

L'ami est donc un autre *soi* au sens fort, d'autant plus paradoxalement que chacun de nous est unique, au sens décrit. Jean-Louis Chrétien l'exprime on ne peut mieux : « C'est ici que survient pour Aristote le miracle de l'amitié — ce partage de ce qui est sans partage, cette cession de l'incessible, cette mise en commun de ce qui est absolument propre. Nous pouvons nous réjouir de l'être de l'ami comme du nôtre propre, nous réjouir qu'il soit, simplement. »[2]

Mais comment pouvons-nous ainsi nous en réjouir ? De ce que, précisément, notre ami est un *heteros autos* comme le répète à deux reprises maintenant *EN*, IX, 9 (en 1069 b 6-7 et 1170 b 6-7), certainement le sommet de tous les nombreux chapitres d'Aristote relatifs à l'amitié. La vie humaine se définit avant tout par la perception et la pensée *(aisthêsis* et *noêsis)* (cf. 1170 a 13 sq.), « et l'élément principal réside dans l'acte (ἐν τῇ ἐνεργείᾳ) » *(a* 18). Dans le plein acte, pourrait-on ajouter, présent à soi. Pour le *spoudaios*, l'homme de bien, vivre est bon et délectable : mais vivre et être conscient de vivre ne font qu'un : percevoir que l'on perçoit, penser que l'on pense (κἂν νοῶμεν,

---

1. Cf. 1166 b 26-29. (Même affirmation en *EE*, 1240 a 21-23 : « C'est à partir de la disposition envers soi-même qu'on distingue les modes d'aimer qui restent (...). ») Julia Annas n'a probablement pas tort de voir en ce thème de l'autre soi le nerf de l'argument en *EN*, IX, 4 ; cf. *loc. cit.*, p. 542 et 544. Pour une tentative récente intéressante d'expliquer comment l'amitié envers soi-même peut être à l'origine de l'amitié véritable, cf. Paul Schollmeier, An Aristotelian Origin for Good Friendship, in *Revue de philosophie ancienne*, VIII, n° 2, 1990, p. 173-190. D'autre part, sur « toute la sphère de la passivité intime », cf. Paul Ricœur, *op. cit.*, p. 371 sq.

2. Jean-Louis Chrétien, *La voix nue. Phénoménologie de la promesse*, Paris, Minuit, 1990, p. 217 ; tout le chapitre (p. 209-224), intitulé « Le regard de l'amitié », est remarquable. Sur l'autre n'apparaissant que dans le regard d'un autre, voir aussi les belles pages d'Henri Maldiney, *Penser l'homme et la folie*, Paris, Jérôme Millon, 1991, p. 355 sq. ; mieux, le chapitre entier sur la personne, p. 325-359.

ὅτι νοοῦμεν : 1170 *a* 32), et donc être conscient d'exister. Le plein acte est éveil et plaisir, car pour l'homme de bien l'existence même (τὸ εἶναι : 1170 *b* 4) est bonne ; et la perception de ce qui est de soi bon est naturellement agréable.

Dans les premiers chapitres du livre VIII, touchant les espèces d'amitié, il était clair que l'amitié parfaite se définissait par l'amour des amis *pour eux-mêmes* (cf. VIII, 4, 1156 *b* 9-11 ; *b* 21 ; 1157 *a* 18-19) et non pour quelque raison extrinsèque comme l'utilité ou le seul agrément. On lisait alors : « Les hommes bons sont à la fois agréables absolument et agréables les uns pour les autres, car chacun a du plaisir dans les actions qui lui sont propres et par suite dans celles qui leur ressemblent ; or les actions des hommes bons sont identiques ou semblables » (1156 *b* 15-17).

Mais ici, en IX, 9, la lumière se fait beaucoup plus précise. « Et si la vie est désirable, et désirable surtout pour les bons, parce que l'existence est une chose bonne pour eux et une chose agréable (car la conscience qu'ils ont de posséder en eux ce qui est bon par soi est pour eux un sujet de joie) : et si l'homme vertueux est envers son ami comme il est envers lui-même (son ami étant un autre lui-même (ἕτερος γὰρ αὐτος ὁ φίλος ἐστίν) — dans ces conditions, de même que pour chacun de nous sa propre existence est une chose désirable, de même est désirable pour lui au même degré, ou à peu de choses près, l'existence de son ami. (...) Il a besoin, par conséquent, de participer aussi à la conscience qu'a son ami de sa propre existence, ce qui ne saurait se réaliser qu'en vivant avec lui et en mettant en commun discussions et pensées » (1170 *b* 2-8 ; *b* 10-12).

On ne saurait quitter ce thème sans rappeler un texte de la *Grande Morale* sur l'autarcie, que Pierre Aubenque a beaucoup contribué à faire connaître. Après avoir dénoncé la contemplation anthromorphique de soi comme une absurdité évidente, l'auteur de cet ouvrage (qui pourrait fort bien être Aristote) fait remarquer que l'ami, lui, « aura les qualités d'un autre moi-même (à condition bien sûr de prendre "ami" au sens fort) ; comme on dit "C'est un autre Héraclès", on dit "un ami c'est un autre moi-même" ». Les reproches que nous adressons à d'autres, sans nous rendre compte que nous les méritons nous aussi, prouvent combien difficile il est de se connaître soi-même. « C'est en tournant nos regards vers notre ami que nous pourrions nous découvrir, puisqu'un ami est un autre soi-même. Concluons : la connaissance de soi est un plaisir qui n'est pas possible sans la présence de quelqu'un d'autre qui soit notre ami : l'homme qui se suffit à soi-même aurait donc besoin d'amitié pour apprendre à se connaître soi-même. »[1]

Dans *The Sovereignty of Good*, Iris Murdoch fait observer que le bien est « non représentable et indéfinissable », et que « s'il y avait des anges ils pourraient définir le bien mais nous ne comprendrions pas la définition »[2]. On aura reconnu en elle ici la fidèle disciple de Platon : le bien est *epekeina tês ousias* (*République*, VI, 509 b), au-delà de l'être, de la substance, de l'essence — de la définition.

Or, par-delà les formules, les ressemblances et les dissemblances, il semble que de toute façon le lien entre l'*Anerkennung* selon Hegel et la *philia* d'après Aristote s'établit sans problème par le bien justement. « C'est là le fond de la joie d'amour, lorsqu'elle existe : nous sentir justifiés d'exister. »[3] Cette phrase de Sartre n'a rien perdu de sa vérité. C'est dans la reconnaissance par l'autre que la dignité de chacun apparaît, avons-nous entrevu, et par excellence en l'amour ou l'amitié, qui déclarent : « il est bon que tu existes ». *Volo quod sis* (saint Augustin). En dernière analyse, l'aimable proprement dit n'est autre que le bien : de là qu'on puisse affirmer, avec Augustin encore, *dilige, et quod vis fac* : « aime et fais ce que veux »[4]. Sous leurs formes en tout cas les plus achevées, l'amitié et la reconnaissance apparaissent ainsi comme autant de figures du bien. Il n'est pas sûr, à vrai dire, qu'on puisse le définir par d'autres voies que celles-là ou de semblables.

1. *Magna Moralia*, II, 15, 1213 *a* 10 sq. ; ἕτερος ἐγώ, dit le texte [1213 *a* 24 ; cf. *a* 11] ; donc cette fois, littéralement, *alter ego*. Cf. Pierre Aubenque, *La prudence chez Aristote*, Paris, PUF, 1963, Appendice, p. 179-183. Pour l'histoire subséquente du thème de l'autre soi, voir Klaus Hedwig, *Alter Ipse. Über die Rezeption eines Aristotelischen Begriffes bei Thomas von Aquin*, in *Archiv für Geschichte der Philosophie*, 1990, Heft 3, p. 253-274.
2. *The Sovereignty of Good*, op. cit., p. 74 et 99.
3. Jean-Paul Sartre, *L'être et le néant*, Paris, Gallimard, 1943, p. 439.
4. Saint Augustin, *In Iam Epist. Joan.*, VII, 8. « L'amour contient le bien qu'il aime » (Pierre Vadeboncœur, *Le bonheur excessif*, Montréal, Bellarmin, 1992, p. 82-83 ; cf. 61-63).

Conclusion

« L'aigle est au futur

Je sais, Amie, que l'avenir est rare. »

René Char[1].

Le barbare, disions-nous au début, est incapable de reconnaître sa propre humanité, puisqu'elle est identique à celle de sa victime, en un sens qui est tout sauf abstrait. La haine de soi qui le ronge y fait entièrement obstacle. Le point central est celui que nous venons d'entrevoir à propos de l'amitié : le soi humain profond se découvre dans la relation éthique que chacun entretient avec soi. C'est là que peut se trouver cette humanité qui passe infiniment l'humanité au sens recherché par Pascal. Les biens dont l'échange assure des amitiés durables demeurent tous toujours au fond de nous-mêmes, donnés dans l'expérience intime : penser, aimer, le désir de justice, la quête de sens ou de vérité, rien de cela n'est « objet », là devant nous ; ils perdent au reste vite toute « réalité » pour peu qu'on les refoule. Ce qui les porte au grand jour, en revanche, c'est précisément l'amitié, puisque je les vois alors chez mon ami ou mon amie et dans la réciprocité qu'ils alimentent et font durer.

Le paradoxe c'est que ces biens, donnés pourtant dans l'expérience personnelle, sont tous en réalité des biens communs, « diffusifs de soi » dans le langage des Platoniciens. Les biens matériels divisent : il ne reste plus que la moitié de cette pomme pour vous car j'ai mangé l'autre. Les biens culturels, spirituels, d'ordre moral, unissent et au lieu de s'épuiser croissent à mesure qu'on les distribue. Mais l'attachement à de tels biens ne peut se réaliser que dans le rapport à soi d'abord. Le

---

1. René Char, *La parole en archipel*, et *Aromates chasseurs*, in *Œuvres complètes*, Paris, Gallimard, « Pléiade », 1983, p. 377 et p. 520.

cas extrême du barbare, ou de l'homme pervers, le manifeste *a contra-rio*, puisqu'ils sont immédiatement rejetés par celui qui est tellement divisé contre lui-même qu'il n'a plus de soi véritable à aimer et déteste tout ce qu'il y trouve, à commencer justement par son humanité. La haine désire tout simplement faire du mal et que cesse d'exister ce qu'elle hait ; elle est proprement homicide et permet de comprendre au moins partiellement les horreurs dont nous avons dû faire état au début.

L'*exemplum* de l'humanité, pour reprendre à nouveau l'expression de Jean-Luc Nancy, n'est pas plus le nazi que la « personne » à la Engelhardt ou quelque autre abstraction. C'est au contraire l'homme tout court, capable de générosité, d'actes courageux, magnanimes même, de justice, d'amitié. Qui peut plus, peut moins — *virtus ulti-mum potentiae,* dit la maxime, la vertu est l'extrême, le point culmi-nant de la potentialité, qui par conséquent révèle le mieux cette der-nière. Les Jeux olympiques nous permettent d'évaluer la pleine mesure des capacités humaines au niveau du corps principalement. Les défis moraux de même, mais en ce qui concerne cette fois davantage l'être humain comme tel. En ce sens, on peut donner rai-son à Kant d'avoir insisté qu'il y a dignité humaine quand il y a vertu — en termes grecs, chez le *spoudaios,* l'homme ou la femme intègre dirions-nous aujourd'hui peut-être. Mais l'excellence mani-feste une capacité sans laquelle elle ne pourrait jamais être réalisée : rien ne vient de rien ; c'est l'humaine nature qui est ainsi portée à un achèvement et qui est ainsi manifestée.

Il ne s'agit toutefois ici aucunement d'une connaissance théorique, spéculative, « métaphysique », ou « scientifique », de ce qu'est un être humain. Il s'agit de tout autre chose : de l'accès à l'humanité dans l'ac-cès à soi éthique, avons-nous dit, vécu en ce sens-là. Or se connaître de cette manière, c'est aussi éprouver sa propre vulnérabilité, sa faiblesse native, sa propre pauvreté, tout ce qui est virtualité inachevée. (C'est le monstre d'égoïsme ou de vanité qui n'en est pas conscient — et cela nous ramène au point de départ : le *phaulos,* ou « pervers ».) Nous voilà de nouveau auprès d'Antigone. Elle exige qu'on respecte le corps de son frère parce qu'elle entrevoit en son propre cœur tout ce que l'humanité peut signifier de mystérieux et de grand, qui échappe tota-lement à l'œil extérieur.

Arrêtons-nous un moment — afin de mieux voir — à l'exemple relativement neutre de l'indigence de pensées. « Mais, à vrai dire, alors même que nous sommes dénués de pensées, nous ne renonçons pas au pouvoir que nous avons de penser. Nous en usons même nécessairement, quoique d'une manière étrange, en ce sens que dans l'absence de pensées nous laissons en friche notre aptitude à penser. Mais seul peut rester en friche un sol qui est en soi fertile, par exemple un champ. Une autoroute, sur laquelle rien ne pousse, ne sera jamais une jachère. De même que, si nous pouvons devenir sourds, c'est uniquement parce que nous entendons, ou que, si nous pouvons vieillir, c'est uniquement parce que nous avons été jeunes : de même, si nous pouvons devenir pauvres en pensées ou même dénués de pensées, c'est seulement parce qu'au fond de son être l'homme possède le pouvoir de penser, "l'esprit et l'entendement", et parce que sa destinée est de penser. Ce que nous possédons, sciemment ou non, c'est cela seul que nous pouvons perdre ou dont nous pouvons nous défaire. »[1]

On aura remarqué en outre, dans ces propos limpides qui se passent de commentaires, comment la succession des opposés aide à voir la puissance qui est toujours, avons-nous vu, puissance simultanée des contraires. C'est là un des sens profonds de l'unité des contraires que découvrait déjà Héraclite : « Sont le même le vivant et le mort, et l'éveillé et l'endormi, le jeune et le vieux ; car ces états-ci, s'étant renversés, sont ceux-là, ceux-là, s'étant renversés à rebours, sont ceux-ci. »[2]

L'être humain intègre, le *spoudaios,* est expert en humanité. Etant capable d'amitié véritable au sens décrit, il est en mesure de voir en tout homme ou femme un « autre soi » ; cette pauvreté ou vulnérabilité qu'il éprouve nécessairement en lui-même — car elle est réelle pour tous, constitutive de notre condition humaine — il la pressent chez tout humain qui vient en ce monde. C'est la reconnaissance portée elle aussi à son achèvement. L'état diminué de l'autre ne l'empêchera pas plus de voir son contraire, la grandeur, que l'indigence de

---

1. Martin Heidegger, « Sérénité », trad. André Préau, in *Questions III,* Paris, Gallimard, 1966, p. 164.
2. Héraclite, *in* DK 22 B 88 ; trad. Marcel Conche, *op. cit.,* p. 372 (Conche, fr. 107).

pensées ne cache le pouvoir de penser, dans l'exemple que nous venons de considérer ; il le fait voir, bien plutôt. Voilà qui donne sens aux phrases citées au début, des lois de Manu en Inde, ou d'*Œdipe à Colone*. Il s'agit d'honorer l'humain partout où il se trouve, surtout quand il est diminué.

Index des noms

Index des notions

Table

Imprimé en France
Imprimerie des Presses Universitaires de France
73, avenue Ronsard, 41100 Vendôme
Mai 1995 — N° 41 249